Les étapes de la rééducation

Des jeunes délinquants et des autres…

Autres ouvrages en psychoéducation
chez BÉLIVEAU ÉDITEUR

L'accompagnement d'un enfant différent au quotidien. *Un récit rempli de vie et d'espoir.* Manon Couture.

Briser l'isolement *entre jeune en difficulté, éducateurs et parents.* Gilles Gendreau et collaborateurs.

Capteurs de rêves. *Rencontre d'accompagnement clinique psychoéducative.* Daniel Puskas.

L'éducateur à travers le temps. *L'intervention et ses multiples visages.* Renée Dufour.

L'éducateur spécialisé. *Un intervenant au cœur du quotidien.* Jean Chapleau.

Handicaps et retards de développement. *Prévention et intervention précoce.* Yvon L'Abbé, James Lespinasse, Robert Labine, Marie Walther, Nicole Lemieux, Claude Goyette. Fléchère Fortin.

Jeunes en difficulté *et intervention psychoéducative.* Gilles Gendreau et collaborateurs.

Psychoéducation. *Une conception, une méthode. Marcel Renou.*

Récits d'adoption. *Cinq aventures familiales.* Louise Noël.

Vers l'autonomie psychique. *De la naissance à la mort.* Jeannine Guindon.

JEANNINE GUINDON

Les étapes de la rééducation

Des jeunes délinquants et des autres…

BÉLIVEAU
éditeur

Conception et réalisation de la couverture: Christian Campana

Dépôt légal: 4e trimestre 1995
Bibliothèque nationale du Québec
Bibliothèque nationale du Canada

ISBN 978-2-89092-192-4

BÉLIVEAU éditeur
920, rue Jean-Neveu
Longueuil (Québec) Canada J4G 2M1
514 253-0403 / 450 679-1933 Téléc.: 450 679-6648

www.beliveauediteur.com
admin@beliveauediteur.com

Gouvernement du Québec — Programme de crédit d'impôt pour l'édition de livres — Gestion SODEC — www.sodec.gouv.qc.ca.

Nous reconnaissons l'aide financière du gouvernement du Canada par l'entremise du Fonds du livre du Canada pour nos activités d'édition.

IMPRIMÉ AU CANADA

Présentation

Dans la présentation de ce livre qui a connu deux éditions et a été réimprimé plusieurs fois, Henri Bissonnier écrivait :

> « Jeannine Guindon connaît à la fois par leurs œuvres et, personnellement, plusieurs des maîtres de la psychologie anglo-américaine : Erikson, Rapaport, Redl..., en même temps qu'elle a étudié consciencieusement les européens : Piaget, Inhelder... À ces études théoriques, l'auteure du présent ouvrage joint une exceptionnelle expérience pratique, dans le cadre notamment d'un centre de garçons présentant des troubles de la personnalité et d'un établissement de jeunes gens ayant commis des actes graves de délinquance, mais aussi auprès de jeunes filles inadaptées sociales. Elle suit, inspire et contrôle, depuis de longues années, des réalisations maintenant mondialement réputées en matière d'éducation spéciale au sens plénier du mot. »

Au lecteur pressé et désireux de trouver une recette, Bissonnier faisait une mise en garde contre le danger de chercher dans les « méthodes exposées une application qui en méconnaîtrait l'inspiration profonde, risquant de conduire à la déception, voire à l'échec ». Et au lecteur animé de l'esprit de recherche qui court le risque de s'estimer enfermé dans un système clos et définitif, il dit que « le désir de l'auteur, tout au contraire, est de stimuler, avec des applications et des ouvertures nouvelles, la réflexion et la remise en question ».

Après la publication de sa thèse dont ce livre est une adaptation, un certain nombre de psychologues se sont montrés intéressés aux applications cliniques possibles. Voyant les modifications adoptées dans sa façon d'accompagner les personnes en thérapie, certains lui ont demandé de les former à cette approche. La façon de concevoir et de développer l'autonomie psychique s'est ainsi précisée de plus en plus et s'est élargie à toute personne, enfant ou adulte.

Jeannine Guindon a continuellement repris sa réflexion et sa recherche n'a pas cessé depuis la parution de ce texte. Bissonnier le reconnaît quand il signe en 1982 la présentation du deuxième livre de cette auteure publié sous le titre *Vers l'autonomie psychique de la naissance à la mort* :

> « La conception de Jeannine Guindon elle-même a considérablement évolué. Elle n'hésite pas à le reconnaître et même à le souligner. En cela, elle a bien raison. Que de maîtres à penser se sont emprisonnés dans un système, ont été incapables de s'en évader et, de surcroît, y ont enfermé les autres, allant jusqu'à les condamner quand ils cherchaient à découvrir du nouveau ou même, simplement, à faire évoluer les théories reçues ! Nous pensons bien que l'auteure des pages qui vont suivre est, sera toujours disposée ainsi à reconsidérer et à remettre en question ses manières de voir, de même qu'à y encourager ses nombreux disciples. Une telle attitude n'est-elle pas la condition primordiale de toute recherche et de tout progrès ? »

Après sa présence au Centre d'orientation auprès d'enfants supérieurement intelligents mais mésadaptés, son travail de formation auprès des éducateurs du Centre pour jeunes délinquants de Boscoville, son œuvre de recherche à l'École de psychoéducation de Montréal, Jeannine Guindon a fondé l'Institut de formation humaine intégrale de Montréal en 1976. Depuis vingt ans, elle y poursuit son travail de recherche avec l'apport enrichissant de nombreux collaborateurs. Cette équipe de professionnels se consacre à la formation de formateurs d'une quarantaine de pays des cinq continents.

Dans son livre sur l'autonomie psychique, l'auteure fait état de sa recherche et offre une nouvelle synthèse de son modèle théorique. Une recherche qui n'était qu'annoncée s'est depuis développée pour donner *Prendre sa vie en main, l'enjeu de la vingtaine* de même qu'un autre écrit qui sera bientôt édité sur les phases de la vie adulte conçues comme une croissance continue au rythme des décennies tout au long de l'existence. Son cadre de référence théorique s'enrichit mais les racines se retrouvent dans celui qui est présenté au premier chapitre du présent écrit.

Le modèle théorique présenté dans son deuxième livre montre comment se construisent les niveaux d'organisation psychique de la première année de vie à la fin de l'adolescence. Une attention spéciale est apportée pour montrer comment se conjuguent par l'actualisation des forces vitales humaines les dimensions affectives et cognitives chez l'enfant, reprenant ainsi ce qu'elle a nommé les concepts intégrés dans le présent volume (p. 23) où elle affirme que l'éducateur « est à la recherche d'un cadre de référence théorique où les différents concepts sont intégrés dans une conception unifiée de la personnalité ».

Ce genre de concept dynamique permet de mieux suivre l'évolution qui se fait par étapes. La rééducation et l'éducation se font par une discipline qui intègre les dimensions affectives et cognitives et tient compte du fait que, dans l'expérience, les deux sont vécues ensemble et non de façon parallèle. Les concepts intégrés s'utilisent dans un contact direct avec les personnes insérées dans leur contexte de vie par une observation participante (p. 134). Associer les éléments atomistiques ne suffit pas pour comprendre le développement humain qui demande de percevoir les interrelations transformantes entre chacun de ses éléments en interaction avec le milieu où l'individu évolue. La somme de chacune des propriétés des éléments expliqués ne saurait rendre compte du total à interpréter.

Le concept des quatre **étapes** présenté ici pour la rééducation des jeunes délinquants (acclimatation, contrôle, production, personnalité) n'a cessé de s'enrichir. En 1979, une nouvelle formulation traite des quatre **axes** comme des angles de vision du vécu de la personne (corps vécu, productivité, adaptabilité, rencontres significatives). Les **sois** sont présentés en 1982 comme les éléments constitutifs de la représentation de soi, de l'entourage et des autres (soi corporel, soi productif, soi adaptatif, soi social). La recherche précise en 1985 le concept de l'**identité de soi** qui, en lien avec le sens qu'une personne donne à sa vie, unifie les facettes de sa personnalité (corporelle, d'exécutant, individuelle, psychosexuelle, psychosociale).

L'auteure a aussi développé un concept dit « charnière » qui vise à conjuguer de façon harmonieuse avec l'expérience les dimensions théoriques de son cadre de référence. Ce concept, présenté dans son livre sur l'autonomie psychique, intègre l'individu et son environnement en affirmant que « la représentation de soi différenciée est à la base d'une représentation différenciée de l'entourage et des autres ». La psychoéducation demande d'une part de passer de l'observation de l'expérience à une généralisation qui enrichit l'aspect théorique et, d'autre part, de revenir à l'expérience avec des instruments adéquats qui demandent de bien percevoir celui ou celle auprès de qui on veut intervenir afin de procéder de façon ajustée pour assurer sa croissance. Tous les éléments qui ont permis d'aboutir à ce concept, la personne du jeune et l'interaction avec son milieu éducatif, étaient déjà présents implicitement dans le premier modèle théorique de ce livre.

Dans ce volume, l'auteure parle des forces vitales humaines (pp. 143-151) sans inclure l'amour. Son deuxième livre l'inclut à chacun des niveaux de l'organisation psychique du développement humain normal et, dans un article publié par la suite, elle fait des forces vitales une présentation intégrée. La force de l'amour, dans ses aspects de mutualité, de sollicitude et de sagesse, est perçue à la fois comme une force synthèse et une force motrice. « En se conjuguant les unes aux autres, les forces de la poursuite des buts, du vouloir, de l'espérance, de la compétence et de la fidélité favorisent l'ouverture de la personne tant à soi qu'aux autres et à l'entourage et assurent la croissance de l'amour. Mais l'amour, en retour, stimule l'actualisation de chacune des autres forces et s'appuie sur elles pour s'intensifier de plus en plus. » *(SANS FRONTIÈRES les forces psychologiques*, 1994, vol. 9, n° 1, p. 3.)

Dans une entrevue, Jeannine Guindon affirme à ceux qui s'étonnent de voir régulièrement des changements dans sa conceptualisation : « Nous améliorons notre façon d'observer dans des contextes différents. Avec l'aide des professionnels de notre équipe et des collaborateurs dans de nombreux pays, nous nous sommes intéressés à étudier les traits culturels et l'entourage différents d'un pays à l'autre. L'observation dans notre milieu autant qu'ailleurs nous incite à enrichir de façon cohérente ce modèle appelé à se développer sans cesse à l'écoute de l'expérience et des personnes. » Pour elle, l'évolution continuelle des concepts par la recherche permet de saisir le vécu avec un équipement de plus en plus affiné et adéquat et de rester attentif à la vie en mouvement en considérant que « la connaissance a des modes de structuration imprévisibles, multiples et sans cesse renouvelés » comme l'affirmait Piaget.

Julien Alain

Introduction

Malgré une surabondance de publications dans le domaine de la délinquance juvénile, très peu d'expériences (Aichhorn, Friedlander, Jones, Redl) sur le processus de rééducation, étudié dans son ensemble, ont été rapportées jusqu'ici.

Il y a à peine vingt ans, la conception d'un Centre de rééducation pour jeunes adultes délinquants était perçue comme tout à fait utopique et vouée à l'échec.

Bon nombre de spécialistes (Bowlby, Glover, Friedlander), qui s'étaient intéressés à cette question, avaient cessé de croire en la possibilité d'une rééducation du jeune adulte délinquant ; à leur avis, le processus de la délinquance avait déjà atteint à cet âge une phase trop critique pour qu'il soit encore possible de songer à une rééducation.

À cette époque, le jeune adulte délinquant était généralement considéré comme « inéducable », terme qui était déjà utilisé pour qualifier un bon nombre d'enfants et d'adolescents souffrant de carences affectives, dues à l'absence des soins maternels durant les premières années de leur vie. Des recherches effectuées dans différents pays (Bowlby, notamment) venaient confirmer les observations tendant à montrer que de tels enfants ne se développaient pas normalement. On en a déduit que ces enfants étaient « inéducables », bien qu'aucune tentative n'ait encore été faite pour créer les conditions qui permettraient une rééducation.

Or n'était-il pas inadmissible de considérer les jeunes délinquants comme étant « inéducables » avant que soit tentée une expérience de rééducation dans un centre organisé à cette fin ? Ne fallait-il pas qu'un cadre de vie soit spécifiquement aménagé de façon que ce milieu se trouve en mesure d'assumer le jeune dans tous les aspects de la vie actuelle avec la présence d'adultes spécialement formés ? Ne fallait-il pas, enfin, bénéficier d'un laps de temps suffisamment prolongé pour que ces jeunes puissent vivre une expérience vraiment corrective ?

L'occasion de mettre à exécution cette rééducation se présenta il y a plus de vingt ans. Mais, avant d'organiser un centre de rééducation, il fallait songer à former des psychoéducateurs capables de mettre en branle ce processus de rééducation en créant un cadre de vie où les adolescents seraient stimulés de façon qu'ils puissent enfin utiliser leurs potentialités tant physiques qu'affectives, cognitives, sociales et, éventuellement, religieuses.

L'expérience clinique de « Boscoville », établissement situé à Montréal au Québec, fournira le point d'appui concret de cet ouvrage. On essaiera de dégager les éléments communs aux différentes étapes du processus de rééducation. Provenant des interactions entre les influences positives du milieu et les forces autonomes du moi adolescent, ils constituent, en effet, le processus de rééducation.

Cette expérience clinique s'est inspirée de conceptions variées, et la première préoccupation sera de situer la pratique par rapport à la théorie. Ce sera l'objet du premier chapitre. Étant donné les multiples facettes du travail clinique de l'éducateur qui s'adonne à la rééducation du jeune délinquant à travers une participation directe à la vie même de celui-ci et par une observation engagée, il est en effet nécessaire de connaître les théories qui semblent le mieux rendre compte du développement de l'enfant, tant au point de vue affectif que cognitif, normal que pathologique.

La formation des éducateurs a été conçue et, par la suite, poursuivie en deux étapes. Pendant de longues années, on s'est contenté de leur fournir une base théorique substantielle concernant le développement de l'enfant normal ainsi que les inadaptations pouvant surgir au cours de ce développement. Il a été possible ensuite de chercher comment rééduquer les jeunes inadaptés et notamment les jeunes délinquants. C'est ce que le présent essai tente d'expliciter.

Cette tentative de conceptualisation s'inspire de l'expérience clinique menée par une équipe composée d'une vingtaine d'éducateurs qui ont, au cours des dernières années, accumulé quotidiennement des faits d'observation au moyen de la méthode d'observation engagée [1] et cela auprès de plusieurs centaines de jeunes adultes délinquants.

Grâce à cette méthode d'observation engagée, ces éducateurs ont pu suivre le déroulement du processus, en étroite collaboration avec quelques psychologues cliniciens [2] qui ont poursuivi parallèlement une recherche d'ensemble sur le « processus de socialisation » chez les jeunes délinquants. Les observations recueillies quotidiennement par les éducateurs ont fait l'objet d'études approfondies, et ceci plus particulièrement au cours de sessions intensives annuelles. Les équipes d'éducateurs ont poursuivi ces études avec l'aide de psychologues vacataires qui ont participé aux évaluations psychologiques au cours du processus de rééducation de bon nombre de jeunes délinquants.

Poursuivies pendant plusieurs années, ces recherches ont abouti au partage du processus de rééducation en quatre étapes. L'étude assez complexe des éléments communs qui se retrouvent dans chaque étape du processus rééducatif a incité l'auteur, à titre de consultante, à poursuivre l'investigation dans ce domaine.

---

1. L'éducateur ne se contente pas de regarder le jeune : il agit en face du jeune et observe l'ensemble de la situation.
2. Noël Mailloux en particulier. *Cf.* dans Suggestions de lecture, p. 328, la liste des ouvrages de cet auteur auxquels nous nous sommes référé.

Le processus de rééducation par l'actualisation des forces du moi peut fournir une méthode susceptible de s'appliquer à d'autres genres d'enfants inadaptés, et même aux sujets normaux. Le chapitre 9 élaborera le processus éducatif chez les sujets normaux.

◆ PREMIÈRE PARTIE ◆

Éléments fondamentaux

◆ 1 ◆

À la recherche d'un modèle théorique

Rétrospective

Afin de situer la présente étude dans son cadre historique, il faut remonter le cours de 20 années, pendant lesquelles des expériences cliniques ont été réalisées et étudiées. Une brève rétrospective historique permettra de comprendre le rapprochement qui existe entre les données théoriques et les concepts cliniques, d'une part, et, d'autre part, la conception actuelle du processus de rééducation au Québec. En effet, tandis que les diverses expériences cliniques faisaient émerger cette conception du processus de rééducation, les données théoriques et les concepts cliniques inspiraient, de leur côté, l'étude de ces expériences.

Les observations qui servent de base à la présente recherche ont été recueillies dans le cadre de plusieurs internats de rééducation, mais l'expérience a tout d'abord pris naissance à l'internat du Centre d'orientation de Montréal[1]. Depuis plus d'une vingtaine d'années, cet internat s'occupe de la rééducation intégrale de garçons de 7 à 12 ans, supérieurement intelligents, mais présentant de sérieux problèmes de personnalité. Cet internat de rééducation s'est développé sous la direction avisée de Noël Mailloux, grâce à la contribution d'une équipe pluridisciplinaire profondément engagée. À cette équipe s'est ajouté un noyau d'éducateurs qui désiraient se former professionnellement à la même tâche. Ce centre a continuellement manifesté un esprit de recherche et un besoin d'explorer de plus en plus profondément tous les aspects du processus de rééducation.

Vers le début de l'année 1948, cette équipe pluridisciplinaire a eu l'occasion de recevoir la visite de Fritz Redl, psychanalyste bien connu et alors directeur d'un internat similaire, connu sous le nom de Pioneer House. C'était précisément à l'époque où il se voyait obligé de fermer les portes de ce *home* à cause de l'anémie financière, selon ses propres termes. Ce fut, dans un champ d'activités communes, l'occasion d'échanges très fructueux sur l'application du processus de rééducation « totale », selon la terminologie employée par Redl. Ces échanges ont eu une influence décisive sur le cheminement du Centre d'orientation.

Le fonctionnement de cet internat fut aussi influencé par l'apport de Bruno Bettelheim[2] qui, à la demande de Fritz Redl, a ouvert son institution à nos éducateurs en formation. Sa conception du traitement résidentiel et de la pratique d'une thérapie par le milieu nous ont aidés à préciser quelque peu notre expérience, des stages d'été ayant favorisé nos échanges.

---

1. Le Centre d'orientation de Montréal comportait outre l'internat dont il est question ici, une consultation à but psychothérapeutique pour enfants et pour adultes.
2. Voir en particulier *Love is not Enough*, traduit en français sous le titre *Le traitement des troubles affectifs chez l'enfant*, Éditions Fleurus, 1970.

Children who Hate [3], le premier volume de Fritz Redl, publié en 1951, a fourni un cadre théorique tout à fait adapté au travail des éducateurs en internat de rééducation. À cette époque, son équipe d'éducateurs se préoccupait, en tenant compte de la suggestion de Redl, d'établir des types de « perturbations des fonctions du moi » dans la vie quotidienne des enfants en rééducation. À partir des fonctions de contrôle du moi, le deuxième volume de Redl, *Controls from within* [4], publié l'année suivante, exposait l'élaboration des techniques destinées à établir un plan de soutien et de renforcement des fonctions déficientes, en vue de faire vivre aux enfants perturbés une certaine adaptation à la vie quotidienne. Fortement préoccupée des perturbations des fonctions du moi, l'équipe de Montréal a graduellement porté son attention sur le fonctionnement normal du moi au niveau de l'adaptation à la vie quotidienne. Cette nouvelle découverte a graduellement amené les éducateurs à miser sur ce qui demeure positif chez l'enfant perturbé.

L'internat de rééducation de Boscoville qui devait ouvrir ses portes l'année suivante fit appel à nos services pour faire la sélection des candidats-éducateurs et assumer leur formation professionnelle. Un programme de formation professionnelle a été élaboré dans une optique exclusivement orientée vers cette conception de la rééducation qu'avait mise en pratique le Centre d'orientation, optique adaptée toutefois à des jeunes adultes délinquants de 16 à 21 ans. Le Centre de formation d'éducateurs spécialisés de Montréal doit son origine à l'initiative du Centre d'orientation ; il fut annexé l'année suivante à l'Institut de psychologie de l'Université de Montréal.

Il s'est avéré d'importance capitale d'intégrer dans le programme de formation des éducateurs spécialisés pour le travail

---

3. Traduit en français sous le titre *L'enfant agressif*, tome I : *Le moi désorganisé*, Éditions Fleurus, 1964.
4. *L'enfant agressif*, tome II : *Méthodes de rééducation*, Éditions Fleurus, 1964.

en internat de rééducation, la recherche d'une conception épigénétique du développement de la personnalité [5]. Cette conception épigénétique, englobant toutes les déviations qui peuvent se manifester, fournit à l'éducateur clinicien un certain cadre théorique capable de sous-tendre le processus de rééducation mis en application dans les divers internats.

À cette préoccupation majeure est venue s'ajouter celle de la rééducation du fonctionnement intellectuel, afin de vraiment répondre aux besoins particuliers de ces jeunes adultes délinquants, tous intelligents et, pour la plupart d'entre eux, en rupture de ban avec l'école, prototype de la société entière. Il est apparu que, sans une revalorisation du potentiel intellectuel des jeunes, une réadaptation sociale pouvait difficilement s'opérer. Notre collègue Gilles Gendreau, alors directeur de Boscoville, à la suite de cours donnés par Jean Piaget, s'est alors ingénié à appliquer à la rééducation du fonctionnement intellectuel les synthèses de ce grand maître.

Depuis ces débuts, le Centre de formation d'éducateurs spécialisés de Montréal s'est intéressé à l'approfondissement de la conception épigénétique intégrale. Elle semble capable de rendre compte de tous les aspects de la personnalité (aspects affectif, cognitif, social, religieux) ainsi que des déviations qui atteignent ces divers secteurs. Tous les membres de la grande équipe que groupe actuellement le Centre de formation d'éducateurs spécialisés ont à cœur cette recherche. Malgré une disponibilité remarquable de la part de tous les membres de cette équipe, dont la plupart s'engagent dans cette étude en dehors de leur horaire régulier de travail professionnel, la tâche accomplie est encore très limitée, surtout en ce qui concerne certains secteurs. C'est tout d'abord l'aspect affectif qui a fait l'objet des études entreprises ; par la suite, l'aspect cognitif a été pris en considération ; puis, finalement, l'aspect social. À cet effet ont été

5. Épigénèse : apparition chez l'être vivant en développement d'une forme nouvelle qui n'existait pas en germe. La doctrine de l'épigénèse est opposée à celle de la préformation (*Dictionnaire Robert*).

utilisées les interactions de la vie de groupe dans des séances hebdomadaires de groupe.

Un autre intérêt partagé par tous les membres de l'équipe à été la constante préoccupation d'intégrer la théorie tant à la pratique professionnelle qu'à la recherche. Cette intégration se fait à l'intérieur de l'équipe cohérente que forme le corps enseignant — professionnels ayant, pour la plupart, une longue expérience de la rééducation — les chercheurs et les superviseurs, ainsi que les différentes équipes professionnelles des institutions accréditées par le Centre de formation d'éducateurs spécialisés pour la formation pratique de ses élèves-éducateurs.

Pour terminer cette rétrospective, il suffit donc de faire mention des internats de rééducation servant de terrain de stage au Centre de formation d'éducateurs spécialisés. En 1957, Clairséjour, internat de rééducation pour enfants caractériels de 7 à 12 ans, était accrédité par le Centre de formation ; en 1963, l'École Sainte-Hélène a été fondée d'après la conception proposée par ce centre. Cet établissement, qui assume la rééducation des jeunes filles délinquantes de 12 à 18 ans, est devenu, lui aussi, champ d'application. L'École Sainte-Agnès, internat de rééducation qui s'occupe aussi de la rééducation des jeunes adultes délinquantes (16 à 21 ans), en est à instaurer graduellement toutes les conditions requises pour mettre en œuvre le processus de rééducation décrit ici, tout en tenant compte des modalités qui s'imposent pour l'adapter aux jeunes délinquantes. Cette école est en voie de formation.

Le processus de rééducation, tel qu'il sera explicité dans ce travail, résulte de tous les échanges qui se sont multipliés au sein de cette équipe dont font partie les internats accrédités. Dans ces internats, l'application de ce processus est constamment l'objet d'études systématiques, surtout depuis les cinq dernières années.

Mais c'est, sans aucun doute, l'équipe professionnelle du centre de rééducation de Boscoville qui a poursuivi d'une façon plus systématique l'étude des problèmes qui avaient été soulevés par Redl ; ces problèmes sont d'ordre thérapeutique et ils ont été considérés comme ayant la plus grande importance. Redl les évoque en ces termes :

> « La nécessité d'une stratégie de traitement total, avec une distribution étudiée des diverses étapes de son déroulement et de ses divers aspects, constitue l'un des problèmes thérapeutiques les plus importants (...) Les techniques en rapport avec le maniement du comportement extérieur de ces inadaptés n'ont été qu'une réponse partielle et limitée aux nombreux problèmes soulevés par le processus de rééducation. La question la plus urgente et qui demeure sans réponse est celle-ci : sur quels critères est-il permis de se baser pour constater si notre travail a atteint oui ou non les buts cliniques poursuivis ? » (Tome I, p. 252[6].)

L'équipe pluridisciplinaire de Boscoville, de concert avec celle, plus restreinte, des éducateurs, a relevé le souhait de Redl qui voulait que ces aspects soient l'objet de recherches. C'est une réponse partielle à ces multiples problèmes que ce travail se propose d'apporter. À l'instar de Redl, le terme « recherche » est utilisé dans son sens le plus large.

> « Comme beaucoup de spécialistes de la recherche sont très pointilleux sur cette question et risquent de voir d'un mauvais œil le mot « recherche » utilisé dans un livre qui ne semble comprendre ni données quantitatives, ni tableaux, ni statistiques, nous nous hâtons de concéder que, de leur point de vue, nous aurions mieux fait d'employer le mot « exploration » (...) Une semblable exploration nous semble très nécessaire avant qu'on puisse entreprendre une recherche valable sur le plan quantitatif. » (Tome 1, p. 12.)

---

6. F. Redl & D. Wineman, *The Aggressive Child*, tome I : *Children who Hate*, New York, Free Press. Trad. française parue en 1964, aux Éditions Fleurus, même collection, sous le titre : *L'enfant agressif*, tome I : *Le moi désorganisé*. La pagination indiquée se réfère à cette traduction.

Nos modèles théoriques

La présente étude constitue, selon les propres termes de Redl, un « essai de préparation du terrain pour une recherche plus vaste et mieux organisée, et nous sommes conscients de ses limites ».

Erik H. Erikson

Le contexte historique dans lequel a évolué cette étude étant esquissé, il convient désormais d'apporter les raisons qui nous ont incité à emprunter à Erik H. Erikson son mode de pensée clinique. La tendance qu'a Erikson de toujours partir d'observations empiriques pour en arriver à formuler ses concepts cliniques par voies de généralisations inductives offre un intérêt tout particulier à l'éducateur clinicien. En effet, la méthode d'observation engagée est celle qui lui est le plus accessible ; c'est celle qu'il emploie de préférence pour approfondir l'étude des phénomènes observés.

Par une recherche toujours plus poussée de son concept d'épigénèse, en application aux divers aspects du développement, Erikson se préoccupe constamment d'en arriver à présenter la synthèse d'une épigénèse intégrale. Il a fait appel à l'épigénèse des structures cognitives de Piaget. Cet effort d'intégration et de synthèse rejoint une préoccupation majeure de l'éducateur : celui-ci est, en effet, à la recherche d'un cadre de référence théorique où les différents concepts sont intégrés dans une conception unifiée de la personnalité.

De plus, Erikson a tendance à analyser tout événement humain en terme de processus. À son avis, un événement ne s'explique que par l'étude de la Gestalt évoquée par chaque aspect envisagé en constante corrélation avec les autres aspects. Cette façon de procéder aide l'éducateur à mieux observer et, de ce fait, à mieux influencer le processus de rééducation sous ses divers angles. Pour en arriver là, il devra graduellement clarifier les rapports et les relations qui existent entre les faits connus, perçus sous les divers angles du processus.

En précisant le rôle prépondérant que la société est appelée à jouer en ce qui concerne la transmission des valeurs, Erikson met l'accent sur la place que celle-ci occupe dans le développement de l'individu. La société transmet les valeurs à l'individu au moyen de ses formes, de ses mœurs, de ses traditions, de son mode de vie, au moyen de ses structures mêmes. Erikson indique quelles conditions optimales la société doit offrir pour favoriser le développement de l'individu[7]. L'éducateur, en tenant compte des besoins propres aux inadaptés, peut s'en servir pour édifier la micro-société que sera l'internat de rééducation.

La société préconisée par Erikson doit fournir une « alimentation »[8] à caractère hautement organisé pour développer dans ses membres des modalités aussi complexes que les valeurs, l'idéologie et l'identité ; cette alimentation devrait être apportée, sous diverses formes et selon diverses étapes, dans les internats de rééducation afin que les inadaptés puissent évoluer favorablement.

Les conditions générales de la rééducation sont formulées ici de façon synthétique ; elles s'inspirent du principe épigénétique intégral, lequel régularise non seulement les forces autonomes du moi dans l'individu, mais aussi les échanges entre les générations et les structures de la société. Cette formulation, tout en permettant de préciser les conditions générales d'application du processus, souligne les modalités complexes de transmission des

---

7. *Cf.* E. H. Erikson : 1) « Identity and Uprootedness in our Time », *Insight and Responsability*, New York, Norton & Co., 1964, p. 83-107. — 2) « Human Strenght and the Cycle of Generations », *Insight and Responsability*, New York, Norton & Co., 1964, p. 111-157. — 3) « Psychological Reality and Historical Actuality », *Insight and Responsability*, New York, Norton & Co., 1964, p. 161-215.
8. Par ce terme, Rapaport désigne l'apport qui doit être fait pour que se construisent les différentes structures de la personnalité. L'« alimentation » provient du milieu d'une part, et du sujet lui-même d'autre part (voir plus loin, p. 27).

valeurs et de l'idéologie, ces deux éléments étant indispensables à l'affermissement de l'identité positive chez l'individu.

Rapaport

Rapaport[9] mentionne que l'énoncé d'une théorie est aussi essentiel à la science que la mesure et il ajoute que les méthodes de toute science doivent être adaptées à la matière étudiée. Il s'élève contre une adhésion servile, soit à l'idéal proposé par la méthode scientifique, soit à la « rage de mesurer ». Il remarque que la théorie psychanalytique est assez adéquate pour permettre de poursuivre des buts cliniques, mais qu'elle devra devenir beaucoup plus systématique avant que des expériences puissent être conçues de façon telle qu'elles ne viendront pas simplement confirmer ou réfuter des propositions, mais bien plutôt les spécifier ou les modifier.

Ces remarques incitent à un essai de systématisation, tant au niveau des concepts utilisés qu'au niveau des éléments communs à l'ensemble du processus de rééducation. Si les résultats obtenus par la confrontation des réflexions opérées à chacun de ces deux niveaux exigent une planification nouvelle, il sera plus facile d'entrevoir les modifications qui s'imposent.

Le travail du clinicien consiste, d'un côté, à envisager les hypothèses théoriques existantes et, d'un autre côté, à étudier les phénomènes concrets de façon de plus en plus détaillée. Les nouvelles hypothèses que l'investigateur tentera de susciter n'auront pas d'autre fonction que d'augmenter leur valeur de prédiction. Les hypothèses générales doivent être fréquemment précisées pour qu'elles soient plus efficacement adaptées aux buts poursuivis, surtout lorsque s'ouvrent de nouveaux domaines d'investigation.

Pour qu'un essai de systématisation des concepts théoriques puissent être quelque peu valable, Rapaport[10] conseille, dans le

9. *Cf.* « The Structure of Psychoanalytic Theory », *Psychol. Issues*, New York, II, n° 2.

10. *Present-day Ego Psychology*, dans Gill, M. M. (ed.), The Collected Papers of David Rapaport (1967), New York, Basic Books Inc.

but de faire avancer la théorie, de procéder simultanément à l'étude minutieuse de la théorie existante pour l'accommoder à de nouveaux aspects des problèmes étudiés et d'accumuler des observations en vue d'aboutir à des généralisations inductives. C'est ce qui est tenté dans le présent ouvrage.

Une théorie sera validée s'il s'avère qu'elle « n'entre pas en contradiction avec des connaissances vérifiées, qu'elle offre la capacité de fournir de nouvelles hypothèses fructueuses et permet une base plus complète, c'est-à-dire plus généralisée, d'où surgissent de nouvelles hypothèses »[11].

Il est bien certain que seule la confrontation de la théorie et de l'observation rend vraiment possible la mise en relief des expériences cliniques.

Éducation et rééducation

De prime abord, le problème de la rééducation soulève celui de l'éducation, domaine si discuté qu'il est impossible de s'y engager. Mais, ce problème n'est-il pas analogue à celui de la maladie et de la santé ? Vouloir connaître à fond ce qu'est la santé avant d'aborder l'étude des maladies serait inconcevable.

Le problème du processus d'éducation de l'enfant normal, envisagé dans son ensemble, est à peine effleuré par les psychologues qui s'intéressent à l'éducation. Le psychologue peut cerner certains aspects isolés du processus si complexe de l'éducation de l'enfant normal ou de la rééducation d'enfants inadaptés, que ce soit sous l'angle particulier de la perception, de l'intelligence, de la motivation, de l'apprentissage. Il en est autrement pour l'éducateur qui est forcé de recourir à des concepts sauvegardant l'unité même de la personne. Le clinicien, comme

11. Hartmann, Kris et Loewenstein, *The Function of Theory in Psychoanalysis. Drives, Affects, Behavior.* Ed. R. M. Loewenstein, p. 13-37, New York, International Universities Press.

le souligne Erikson [12], est beaucoup moins prudent dans sa façon d'aborder l'étude macroscopique de l'individu que ne le sont les tenants de la méthode expérimentale, et il n'approche pas son sujet d'étude avec la même rigueur scientifique que des psychologues généticiens. En utilisant des concepts molaires qui qualifient le caractère global du processus de comportement, il parlera avec une certaine aisance de concepts tels que stades de développement, forces du moi, etc. Ces concepts ne se prêtent pas à une totale rigueur scientifique, car le clinicien doit recourir à des théories et à des méthodes qui offrent à l'individu *a whole world to be whole in* [13]. Le choix des concepts utilisés dans ce travail sera forcément influencé par ce point de vue. Pour pallier quelque peu le manque de rigueur scientifique que suppose l'utilisation de concepts macroscopiques, une certaine systématisation théorique s'impose. Si une telle systématisation peut sembler assez prématurée, il lui faut reconnaître l'avantage de rendre transmissible l'expérience clinique.

Le processus de rééducation exposé ici sera donc fondé sur l'actualisation des forces du moi, et le modèle théorique utilisé pour démontrer comment s'opère la restructuration du moi délinquant sera celui de la formation des structures dans le moi.

L'utilisation des concepts d'Erikson qui englobent l'apport de Piaget pour rendre compte de l'épigénèse des structures cognitives permettra, nous l'avons déjà fait pressentir, de présenter une conception qui, tout en respectant les données psychanalytiques des forces instinctuelles, intégrera le point de vue de l'apprentissage à celui de la structure.

Le concept d'alimentation (Piaget)

Pour faire le pont entre les deux grands théoriciens que sont Erikson et Piaget, Rapaport [14] a recours au concept d'alimentation utilisé par Piaget. Selon Piaget, les structures de l'intelli-

12. Erikson, dans les trois textes cités, note n° 7.
13. Un monde complet où être complètement « soi-même ».
14. *The Theory of Ego Autonomy*, dans Gill, M. M. (ed.), The Collected Papers of David Rapaport (1967), New York, Basic Books Inc.

gence émergent de la différenciation des coordinations sensori-motrices données héréditairement. Pour ce faire, elles requièrent une alimentation ; de même, d'ailleurs, selon Rapaport, le développement et la conservation des structures psychologiques profondes demandent une alimentation.

Erikson [15] a montré que cette alimentation était intégrée par le sujet en fonction du stade qu'il vit actuellement. Selon la théorie psychanalytique, chaque phase est caractérisée par une zone érogène. Erikson a conceptualisé sous le vocable « mode d'organes » cette façon que chaque individu a d'appréhender le monde en fonction de zones corporelles successivement privilégiées. Il a démontré également que l'avènement de la différenciation des zones érogènes et les modalités de comportement qui en découlent sont déterminés par l'influence des traditions et des institutions émanant de la société dans laquelle l'individu se développe.

Les structures dans le moi

C'est ainsi que les modes d'organes (d'Erikson) et les coordinations sensori-motrices (de Piaget) semblent être des points de départ analogues pour le développement des structures dans le moi. De la même façon, la société et les diverses institutions dont parle Erikson et les stimuli de Piaget apparaissent comme des aliments qui concourent au développement de ces structures. Les structures de l'intelligence apparaissent à leur tour comme découlant de l'alimentation apportée par l'entourage ; les structures psychologiques d'Erikson dépendent de l'apport du milieu de vie de l'individu. Ces structures psychologiques recouvrent à la fois des modalités primitives de comportement, comme recevoir et prendre, et des modalités complexes, telles que les valeurs, le rôle, l'idéologie et l'identité.

De plus, Erikson a souligné le fait que le développement des structures — qu'il identifie quelquefois au développement du

15. *Cf. Childhood and Society*, 1950, Édition française : *Enfance et société*, Neuchâtel, Delachaux et Niestlé, 1959.

moi — est tout autant déterminé par les pulsions que par l'apport de l'entourage. Ce développement, par ailleurs, suit une séquence logique qui lui est propre, c'est-à-dire que ce développement est *autonome*. Si le développement de l'ego n'était pas autonome, seule l'autonomie secondaire du moi pourrait se concevoir comme découlant, soit des pulsions, soit des influences de l'entourage, ou d'une combinaison des deux. Étant autonome, le moi régularise les contributions provenant des deux sources qui concourent à la formation de ses structures : celles de l'entourage et celle des pulsions. Il contribue en outre à relier les appareils d'autonomie secondaire à ceux d'autonomie primaire.

En résumé, cette conception théorique explique, en termes généraux, l'acquisition des structures dans le moi, suppose l'autonomie relative de ce développement et fournit les concepts les plus essentiels à l'élaboration du processus de rééducation. De plus, puisque le développement de l'ego « suit une séquence logique qui lui est propre », il est tout à fait normal d'en tenir compte dans la rééducation.

L'alimentation interne

Un autre point théorique qu'il convient de souligner brièvement est le suivant : dans le moi, les structures peuvent persister et demeurer efficaces même lorsqu'elles sont privées d'alimentation externe. Ceci permet, par exemple, d'expliquer l'absence de récidive chez les jeunes gens qui, après rééducation, peuvent réintégrer leur milieu d'origine bien que celui-ci ne soit pas tellement apte à les alimenter convenablement. Il semble juste de supposer que, chez toute personne, l'alimentation externe peut être, jusqu'à un certain degré, remplacée par l'alimentation interne.

Rapaport [16] donne, à ce sujet, une explication. On peut, selon lui, supposer qu'il existe à l'intérieur des divers systèmes une coopération par laquelle une sous-structure du moi pourra faire

16. *Op. cit.* (*cf.* note 14).

surgir l'ensemble des forces de celui-ci. Cette sous-structure déclenche une activité motrice ou idéative et assure ainsi l'alimentation d'autres sous-structures, qu'elle rend aptes à fonctionner et à donner naissance à des intérêts. Ceux-ci, à leur tour, déclencheront l'activité, procurant ainsi une alimentation à d'autres sous-structures du moi. Rapaport ajoute qu'il est probable que des cercles fermés de structures qui se soutiennent mutuellement peuvent persister à l'intérieur de certaines limites et acquérir par la suite une autonomie relative. Puisque des structures variées requièrent une alimentation externe différente, il est probable que chacune des structures requerra aussi un type différent d'aliment interne.

L'efficience

Les récentes conceptions de White [17] qui mettent l'accent sur l'apprentissage par l'action et ses conséquences, fournissent certains éléments nécessaires pour compléter l'élaboration théorique du processus de rééducation. Son concept d'efficience rend compte de la tendance active à exercer l'effort nécessaire pour influencer l'entourage ; tandis que le vocable « sentiment d'efficacité » désigne la satisfaction qui provient des effets produits.

Pour étayer ses concepts, White utilise abondamment les observations recueillies par Piaget. Il est d'accord avec celui-ci pour souligner l'existence dans le moi de la propension à explorer les propriétés de l'entourage.

Cette propension a pour effet d'aider le sujet à accumuler des connaissances à propos de ce qui peut se faire, de ce qui ne peut pas se faire et cela avec l'aide de l'entourage. Selon l'auteur, ce sont des énergies neutres, inhérentes à l'ego, qui sont aptes à promouvoir de façon continuelle l'exploration pour elle-même, et qui donnent naissance au sentiment de compétence. Ainsi que le suggère White, la « compétence », considérée comme une struc-

---

17. Dans « Ego and Reality in Psychoanalytic Theory », New York, *Psychol. Issues*, III, n° 3, 1963.

ture psychique, revêt un caractère dynamique de modèle tout prêt à l'action future ; autrement dit : elle implique une orientation dynamique. La reconnaissance par le sujet de sa propre compétence est donc le résultat cumulatif des interactions avec l'entourage.

Il paraît évident que la compétence s'acquiert par l'apprentissage, encore que les théories relatives à ce concept soient bien discutées. Toutefois, il semble bien que les lois régissant les relations avec la réalité ne soient pas généralement gouvernées par une réduction de tension, mais plutôt par une tension maintenue, et même par des régulations qui engendrent la tension.

En effet, les relations avec la réalité, d'après la théorie psychanalytique, sont l'œuvre de processus secondaires qui sont gouvernés par des lois autres que celles des processus primaires et des pulsions instinctuelles.

Il semble, d'autre part, certain que l'apprentissage ne peut avoir lieu qu'à travers la formation des structures psychiques dont l'élément central est l'alimentation.

Il est bon de rappeler ici que le concept de « structure » défini par Piaget [18], tout comme celui qui est utilisé par les psychanalystes, postule des couches hiérarchiques de structures progressivement différenciées. Ce concept de structure nous servira à montrer que le processus de rééducation du jeune délinquant consiste en une restructuration du moi, par l'actualisation des forces inhérentes à ce moi. Cette restructuration donnera lieu à l'acquisition de nouvelles orientations dynamiques.

Le développement humain

Mais comment s'opère le développement humain ? Selon Piaget [19], le développement est, en un sens, une équilibration

18. *Six études de psychologie*, Genève, Éd. Gauthier, 1964.
19. *Op. cit.*

progressive, un passage perpétuel d'un état d'équilibre rudimentaire à un état d'équilibre supérieur. Les données de la psychologie psychanalytique du développement concordent, en certains aspects, avec ce point de vue puisque, selon la théorie psychanalytique, le comportement est déterminé à la fois par les facteurs intrinsèques de maturation et par l'expérience.

Les facteurs intrinsèques de maturation sont impliqués dans deux processus : les processus primaires reliés aux pulsions instinctuelles et les processus secondaires reliés aux contraintes imposées aux pulsions instinctuelles, d'une part, et aux fonctions synthétiques, d'autre part.

Dans la présente étude, il ne sera question que des facteurs intrinsèques de maturation impliqués dans les processus secondaires, c'est-à-dire reliés aux fonctions synthétiques du moi et, corrélativement, aux contraintes imposées aux pulsions instinctuelles. En conformité avec l'opinion de Rapaport [20], l'étude va se centrer sur le problème du développement des structures en relation avec les différents types de contraintes rencontrées par le sujet et conduira à une théorie de l'apprentissage compatible avec le développement psychologique. Cet aspect du développement sera abordé uniquement sous l'angle des relations entre les facteurs de contrainte et l'apprentissage, contraintes essentielles pour le développement des structures psychiques de l'ego autonome. Le rôle des pulsions instinctuelles, tel qu'il se manifeste par des passages à l'acte offensifs, typiques du jeune adulte délinquant, ne sera abordé que par le biais des effets paralysants de ces pulsions sur l'activité du moi. Les mesures de contrainte, ou plutôt les interventions rééducatives spécifiques mises en application à l'occasion des passages à l'acte offensifs, en vue de modifier les modes de comportement, seront explicités.

---

20. Dans *On the Psychoanalytic Theory of Motivation*, dans M. Jones (ed.), Nebraska Symposium on motivation, 1960, University of Nebraska Press, p. 173-247.

En relation avec la psychologie du développement, Rapaport souligne que les mécanismes spécifiques impliqués dans les interactions entre les facteurs intrinsèques de maturation et l'expérience n'ont pas encore été explorés. L'auteur désigne ces interactions par le terme d'apprentissage.

La psychologie psychanalytique du développement postule un autre principe qui est partagé par les tenants de plusieurs autres théories, tels Piaget, Hunt, Werner : le processus de développement n'est pas une croissance quantitative continue, mais plutôt une suite de phases discontinues et qualitativement distinctes. Appliqué au processus de rééducation, ce principe permet de présenter le processus comme la succession d'étapes qualitativement distinctes.

Rappelons que [21] le comportement n'est pas totalement dépendant du milieu de vie puisqu'il est alimenté aussi par des pulsions qui proviennent de son organisation et qui sont les garanties ultimes contre l'esclavage du stimulus extérieur. Réciproquement, le comportement de l'organisme n'est pas simplement l'expression des forces internes, puisque les appareils même qui servent à l'organisme à entrer en contact avec l'entourage sont les garanties ultimes contre l'esclavage des pulsions. Les structures intrapsychiques qui constituent les garanties proximales de l'autonomie sont les structures cognitives, les valeurs, les idéologies et l'identité : structures intrapsychiques dont le développement marquera les diverses étapes du processus de rééducation.

Par ailleurs, l'équilibre de ces facteurs mutuels de contrôle, qui sont les garanties ultimes contre l'esclavage du stimulus et contre l'esclavage des pulsions, ne résulte pas d'interactions dues au hasard : cet équilibre est contrôlé par les lois de la séquence épigénétique, séquence désignée comme étant le développement de l'ego autonome.

---

21. *Cf.* Hartmann, *Ego Psychology and the Problem of Adaptation*, New York, International Universities Press, 1958.

Dans cette étude, l'autonomie du moi sera définie en terme d'activité autodéterminée ; l'altération ou l'affaiblissement du moi, en terme d'inactivité. Erikson [22] fait remarquer que le terme « inactivité » est plus approprié que celui de « passivité », car la passivité peut être une adaptation active, tandis que l'inactivité résulte d'une paralysie.

Pour compléter ce tour d'horizon, la révision des différents points de vue métapsychologiques s'impose. L'importance relative accordée à chacun de ces points de vue dans notre cadre de référence théorique sera indiquée par l'ordre dans lequel seront abordés les divers points de vue : génétique, de l'adaptation, structural et dynamique.

Le point de vue génétique joue un rôle primordial dans notre conception puisque les concepts de base du comportement humain sont formulés selon les termes de la psychologie du développement. Ce point de vue peut se définir comme celui qui exige que, dans l'explication de tout phénomène psychologique, soient incluses des propositions concernant l'origine psychique et le développement de ce phénomène. Ces propositions [23] peuvent s'énoncer ainsi :

1. Tout phénomène psychique a une origine psychologique et un développement.
2. Tout phénomène psychologique tire son origine de données innées qui parviennent à la maturité selon un plan de base épigénétique.
3. Les formes antérieures d'un phénomène psychologique, quoique remplacées par des formes ultérieures, demeurent partiellement actives.

Le point de vue de l'adaptation est tout aussi important que le premier. Il doit inclure des propositions indiquant en quoi

22. *Op. cit.*
23. Ces propositions s'appliquent aussi bien à la théorie de Piaget qu'à celle d'Erikson.

tout phénomène psychologique est en relation avec l'entourage. La formulation de ce point de vue se résume dans les propositions suivantes :

1. Il existe des états psychologiques d'adaptabilité et des processus d'adaptation à chaque étape de la vie.
2. Les processus (autoplastiques et/ou alloplastiques) d'adaptation maintiennent, récupèrent ou améliorent les états existants d'adaptabilité et, par le fait même, en assurent la survie.
3. L'homme s'adapte à la société et à l'entourage matériel et humain, produits de cette société.
4. Les relations d'adaptation sont mutuelles ; l'homme et l'entourage s'adaptent l'un à l'autre [24].

Le point de vue structural est le troisième par ordre d'importance. Il a largement inspiré le modèle théorique qui a servi à élaborer le processus de rééducation proposé aux jeunes délinquants de Boscoville. Ce point de vue, qui doit inclure des propositions concernant les configurations psychologiques durables (structures) impliquées dans le phénomène, est basé sur les propositions suivantes :

1. Il y a des structures psychologiques.
2. Les structures sont des configurations qui changent à un rythme lent.
3. Les structures sont des configurations à l'intérieur desquelles, entre lesquelles et au moyen desquelles les processus mentaux se déroulent.
4. Les structures sont ordonnées hiérarchiquement.

24. Les concepts de mutualité chez Erikson et d'équilibre chez Piaget se rattachent à ce point de vue.

5. Rubinstein [25] serait d'avis d'ajouter un postulat : les structures agissent les unes sur les autres, soit en facilitant, soit en inhibant ou même en modifiant leur fonctionnement réciproque.

Dans la théorie psychanalytique, selon Holt [26], le concept de « structure » est assez général pour inclure au moins trois sens différents :

1. Dans le sens le plus traditionnel, il désigne les grandes divisions de l'appareil psychique (ça, moi, surmoi).
2. Dans son sens le plus spécifique, il peut signifier l'organisation des contenus mentaux particuliers, comme par exemple la structure d'une perception.
3. Au niveau intermédiaire, il s'applique aux éléments opératoires d'un modèle qui expliquera comment la pensée et le comportement se produisent.

C'est dans ce troisième sens [27] que ce concept sera généralement utilisé dans cette étude.

À l'instar de Wolf [28], Klein [29] et White [30], ces structures peuvent être considérées comme des pouvoirs d'agir dans une direc-

---

25. « Explanatation and Mere Description : a Metascientific Examination of Certain Aspects of the Psychoanalytic Theory of Motivation, dans R. R. Holt (ed.), Motives and Thought », New York, *Psychol. Issues*, V, n°s 2-3, mon. 18/19, 1967.
26. « The Development of the Primary Process : a Structural View. Motives and Thought », New York, *Psychol. Issues*, V, n°s 2-3, 1967.
27. En accord avec la définition que Piaget a donnée des « structures ».
28. « Cognitive Considerations for a Psychoanalytic Theory of Language Acquisition », dans R. R. Holt (ed.), « Motives et Thought : Psychoanalytic essays in honor of David Rapaport », New York, International Univer. Press. *Psychol. Issues*, V, n°s 2-3, 1967.
29. « Peremptory Ideation : Structure and Force in Motivated Ideas. Motives and Thought », New York, *Psychol. Issues*, V, n°s 2-3, 1965.
30. *Op. cit.*

tion donnée ; ce serait par exemple le cas du concept de compétence, en tant que structure dynamique.

Le point de vue dynamique qui a trait aux forces impliquées dans le phénomène donne lieu à des propositions pouvant avoir rapport aux pulsions, aux conflits, mais aussi aux intérêts de l'ego. Ce postulat « qui affirme la présence des forces psychologiques », qu'elles soient inconscientes ou conscientes, permet d'étudier ces forces par des méthodes psychologiques sans avoir à recourir à un substrat organique.

Le processus de rééducation basé sur l'actualisation des forces du moi relève de ce point de vue.

Le principe épigénétique

La formulation théorique de notre processus de rééducation reposera, en majeure partie, sur la théorie d'Erikson puisqu'elle donne au principe épigénétique une place centrale. Dans cette conception de l'évolution de l'individu, chaque phase a pour tâche d'intégrer tous les aspects : la maturation somatique, la fonction actuelle de percevoir les expériences en fonction de la zone érogène privilégiée, le développement de la libido et les modes d'approche de la société.

Rappelons que différents modes de perception de la réalité se succèdent en fonction des zones érogènes progressivement découvertes par l'individu : dans la phase orale par exemple, le mode d'incorporation est d'abord passif-réceptif pour devenir, au second stade, actif-captatif ; la phase anale est caractérisée par les modes de rétention et d'élimination ; la phase phallique, par les modes d'intrusion et d'inclusion.

Au cours de l'évolution, ces zones érogènes sont graduellement délaissées, mais les « modes d'organes », ou façon d'appréhender la réalité, sont vécus par tout le corps et continuent à être employés de façon de plus en plus étendue par rapport à la réalité en général, et la société en particulier. Ces modes d'organes deviendront des modes de comportement. C'est par le truchement de ce concept de « mode d'organe » qu'Erikson fait le lien entre le rôle de la libido et le rôle du moi. Il est à noter que l'apport de la libido entre dans un développement continu et organisé de l'ego, selon un plan de base épigénétique qui se déroule à un rythme et dans une succession ascendante de stades spécifiques.

Mais, au cours du développement, ces modes d'organes deviennent des « modalités sociales » lorsque l'entourage offre les facilités et l'approbation nécessaires. C'est ainsi que les modalités sociales de « conserver » et « laisser-aller » découlent des modes de rétention et d'élimination, lorsque les attitudes sociales y sont favorables.

Un exemple

Mais un exemple permettra une meilleure compréhension ; voici donc comment Erikson explicite les diverses composantes de la première phase de la vie humaine (la phase « orale ») :

1. *Le mode d'organe* : la capacité innée plus ou moins coordonnée d'absorber par la bouche incite l'individu à vivre l'ensemble de la réalité selon un mode d'incorporation.
2. *Le développement libidinal* : à partir de la zone orale, dominante, le mode incorporatif se généralise à tous les organes des sens, ainsi qu'à la peau.
3. *La mutualité psychosociale* : l'enfant vit et aime par la bouche ; la mère vit et aime avec son sein.
4. *Le comportement* : outre son besoin irrésistible de nourriture, l'enfant manifeste sa réceptivité de bien d'autres façons. Il est désireux et capable de sucer des objets, de « prendre » avec ses yeux ce qui entre dans son champ visuel.
5. *Le mode d'approche de la société* : l'enfant est capable de recevoir et d'accepter ce qui est donné.
6. *La mutualité dans la relation à autrui* : l'organisme nouveau-né, tâtonnant et instable, n'apprend à recevoir qu'en appre-

nant à régler ses systèmes organiques sur la façon dont la mère le soigne.

7. *Préparation aux autres phases* : la détente musculaire que la mère développe chez l'enfant et réciproquement est d'une importance capitale, car elle est la première expérience d'un autrui amical. En recevant ce qu'on lui donne et en apprenant à faire faire par quelqu'un ce qu'il désire, le bébé développe en lui les bases du rôle de « donneur ».

   En rapport avec le type de « donneur » façonné chez la mère par les traditions sociales et le développement individuel, l'enfant devient un type correspondant de « donneur ». La façon de donner occupe une place prépondérante dans les formes, les mœurs, les traditions, le mode de vie et les structures de la société.

8. *La « force psychologique »*[31] *acquise à cette étape* : l'espérance[32], ou confiance dans l'avenir, émerge de l'ensemble du processus. Il semble possible d'en dégager trois coordonnées :
   a. La propre enfance de la mère : son passé lui a inspiré le désir et le besoin de transmettre le sentiment de sécurité qui lui venait de sa propre mère et de sa culture.
   b. L'interrelation mère-enfant : la mère qui fait naître le sentiment de sécurité le maintient et le développe dans son enfant qui, à son tour, peut inspirer confiance à son entourage.
   c. L'insertion de la mère et de l'enfant dans les institutions sociales : les adultes à qui incombe la responsabilité d'assurer la sécurité de l'enfant ont besoin du soutien de la société et, éventuellement, d'une redécouverte de la confiance. Cela peut se faire par le biais de rites religieux ou par le moyen de conseils avisés, ou les deux. La confiance généralisée de l'enfant se traduira dans les convictions qu'il aura étant adulte, convictions reliées à un

31. Nous définirons plus bas cette expression.
32. Nous ne trouvons pas de meilleur mot pour traduire le *hope* d'Erikson.

postulat prédominant constitué par la perception de l'ordre qui règne dans l'univers. Devenu adulte, le sujet pourra non seulement transmettre ses convictions à sa progéniture, mais il contribuera aussi à conserver ou à changer les institutions qui préservent les traditions auxquelles il tient.

Les forces psychologiques

Nous venons de voir qu'en poursuivant ses efforts de conceptualisation, à la recherche de concepts capables de traduire le processus épigénétique intégral — c'est-à-dire le processus total qui assure tout à la fois les échanges entre les générations et l'utilisation, en vue de développer les relations humaines, des structures et de la société — Erikson a introduit son concept de « forces vitales » ou vertus psychologiques [33].

Ces forces vitales sont des qualités essentielles qui émergent, dans chaque vie comme dans chaque génération, de la convergence de capacités qui se déploient en rapport avec les institutions existantes. Ces forces humaines que sont les vertus psychologiques forment une superstructure. Leur expression intègre les échelles de développement psychosexuel et psychosocial en même temps que l'échelle des structures cognitives.

Avant de parvenir à ce concept de « vertu psychologique », Erikson s'était en effet attardé à étudier les crises psychosociales particulières à chaque étape de la croissance : crises qui trouvent leur solution dans l'adoption d'une attitude de base, plus ou moins positive ou plus ou moins négative et contribuant, en quelque sorte, à former une certaine structure dans le développement du moi. À partir de ce concept d'épigénèse psychosociale, Erikson en est arrivé à envisager l'aspect épigénétique sous sa forme intégrale qui veut que la séquence des générations et la structure de la société contribuent à faire émerger dans le moi de l'individu des qualités humaines vitales. Ces forces vitales, ou les

33. Rappelons qu'étymologiquement « vertu » veut dire « force ».

rudiments de ces vertus psychologiques, se développent dans une séquence bien définie. Durant l'enfance : la confiance en l'avenir, le vouloir, la persévérance dans la poursuite des buts et la compétence ; durant l'adolescence : la fidélité dont l'aboutissement convergera vers les vertus centrales de la personnalité adulte : l'amour, la générativité et la sagesse.

Le développement de chacune de ces forces psychologiques, tout en étant codéterminé et par l'alimentation des pulsions — épigénèse psychosexuelle — et par l'alimentation de l'entourage — la structure de la société et les échanges entre les générations — suit une séquence logique qui lui est propre, conformément à des principes régulateurs particuliers. C'est précisément cette séquence logique du développement de chacune des forces du moi qui sera soulignée tout au long de cette approche particulière du processus de rééducation subdivisé dans ses quatre étapes : acclimatation, contrôle, productivité, personnalité.

Le milieu doit apporter une alimentation qui réponde aux besoins du jeune. Ceux-ci étant relativement communs à tous, la façon de la dispenser peut être généralisée à tous les jeunes, l'étude de chaque cas individuel ajoutant la compréhension des idiosyncrasies qui le caractérisent.

À partir de rudiments qui surgissent dès le premier stade, les forces du moi s'actualisent de plus en plus pour se manifester sous forme de qualités qui sont spécifiques à chacune des étapes. À la dernière étape, ces forces se structurent en « vertus psychologiques », telles qu'elles se retrouvent au stade du jeune adulte normal. Unifiant la personnalité en une première synthèse, ces forces vitales sont un principe de cohésion. La synthèse, faite par le moi vers la fin de l'adolescence et se concrétisant dans une prise de conscience par l'individu de sa propre identité, se renouvellera tout au cours de la vie pour permettre l'intégration progressive des expériences vécues.

Les forces vitales, perçues comme les cinq composantes des structures intrapsychiques qui se hiérarchisent progressivement à mesure que se déroule le processus de rééducation, assurent la continuité du développement du moi à travers les différentes synthèses renouvelées qui s'opèrent au cours du processus. Cet aspect de continuité dans le développement du processus rééducatif est tout aussi important que le sont, pour permettre de différencier les étapes de ce processus, les discontinuités spécifiques dans le développement du moi.

Une description assez détaillée de l'alimentation appropriée à chacune des forces du moi et correspondant en même temps à chacune des étapes de rééducation sera proposée dans un essai de synthèse des nombreuses données fournies par notre expérience clinique, basée sur l'observation du processus de rééducation de quelques centaines de jeunes adultes délinquants et s'étendant sur une quinzaine d'années.

Cette étude systématique de l'expérience clinique comporte, entre autres, un aspect qui a retenu tout particulièrement l'attention : l'échange entre les générations. Celui-ci se fait par le biais de l'activité présentée au jeune par l'éducateur qui est l'agent organisateur du milieu rééducatif. En accompagnant le jeune dans sa démarche rééducative, l'éducation a précisément pour objectif l'actualisation de chacune de ces forces vitales, actualisation qui se fera soit par l'utilisation rééducative des activités, soit par des interventions directes auprès du jeune ou par des échanges interpersonnels, selon l'étape d'évolution en cours. L'éducateur devra acquérir une maîtrise suffisante de sa personnalité pour devenir capable d'assumer l'attitude qui puisse le mieux possible faire appel à la participation engagée du jeune ; participation qui se manifestera par des caractéristiques particulières, en rapport avec le degré d'évolution atteint dans le processus rééducatif.

Le schéma adopté pour analyser les différentes transformations progressives qui se manifestent dans des comportements observables au cours du déroulement de ce processus chez le jeune adulte délinquant se calque sur celui qu'utilise Erikson dans l'analyse des diverses composantes positives ou négatives qui forment le concept d'identité aux stades d'adolescence et de jeune adulte[34]. Ce même schéma a servi à recueillir les données d'observation que les éducateurs ont accumulées durant six ans, données qui ont permis d'analyser les différentes transformations progressives perçues dans la personnalité du jeune adulte délinquant en voie de rééducation. Cette étude systématique, d'après des observations directement recueillies auprès de ces jeunes délinquants, n'a fait que corroborer les observations relevées par Erikson auprès de jeunes adultes névrotiques et prépsychotiques. Ces observations démontrent que :

— La confiance de base ne s'acquiert que par une conscience du déroulement temporel et se développe lorsque des expériences viennent confirmer les premières espérances.
— L'autonomie ne se renforce que par une affirmation de soi dans l'expérience vécue, et l'exercice de cette autonomie fait surgir les premiers rudiments de la capacité de vouloir.
— L'initiative ne se développe que par l'expérimentation des rôles vécus et par des prises de responsabilités réelles taillées à la mesure du jeune ; l'exercice de l'initiative fait surgir les rudiments de la capacité de persévérer dans la poursuite des buts.
— La satisfaction dans le travail ne s'intensifie que par l'anticipation du succès, et cette satisfaction répétée achemine le jeune vers l'acquisition d'une compétence.
— L'identité — à l'adolescence — ne s'affermit que par une vision de soi dans des structures sociales vécues dans un groupe, et l'affermissement de cette identité se traduit dans l'acquisition graduelle de cette force qu'est la fidélité.

L'étude de ces transformations progressives au cours du processus rééducatif démontrera comment les forces du moi, à

34. Erikson postule qu'à l'adolescence l'individu revit en condensé les crises successives de l'enfance et trouve des solutions nouvelles pour intégrer ses expériences ; il découvre finalement la solution qui est propre à l'adolescence : l'identité.

partir de rudiments qui apparaissent dès le début du processus, deviennent graduellement des forces psychologiques qui jouent le rôle de principe de cohésion, unifiant ainsi les diverses composantes de la personnalité en une synthèse unique. Cette synthèse qui témoigne de la restructuration du moi trouve son aboutissement dans la conscience d'une identité positive, solution normale à la crise de l'adolescence.

Le rôle de la société

La suite des générations et les structures de la société contribuent à faire émerger les forces vitales dans l'individu et cela sous le contrôle du moi de cet individu.

Car le moi est un organe de maîtrise active, non seulement pour se protéger contre des stimulations trop fortes provenant soit de l'intérieur de l'organisme, soit de l'entourage, ou des deux à la fois, mais aussi pour intégrer les forces d'adaptation et de production de l'individu grâce aux occasions favorables qui, selon toute probabilité, seront fournies en nombre toujours croissant par un milieu dit moyen.

C'est précisément l'actualisation de ces forces autonomes du moi qui édifiera les structures intrapsychiques tout au cours du processus de rééducation. Ces structures intrapsychiques qui constituent les « garanties proximales » de l'autonomie, selon Rapaport[35], se composent des éléments suivants : les structures cognitives, les valeurs, les idéologies et l'identité. Ces éléments formeront, en définitive, la majeure partie du contenu du processus rééducatif.

Pour expliquer comment se développent les structures intrapsychiques d'un moi autonome, nous utiliserons le concept d'« actualité » défini par Erikson[36]. Il faut tout d'abord bien comprendre que la réalité doit être perçue sous deux facettes : *la réalité phénoménologique*, c'est-à-dire le monde de l'expérience des

35. *The Theory of Ego Autonomy*, dans Gill, M. M. (ed.), The Collected Papers of David Rapaport (1967), New York, Basic Books, Inc.
36. *Op. cit.*

phénomènes, ce monde étant perçu avec un minimum de distorsion et un maximum de validité « coutumière », en accord avec l'état de la technique et de la culture ; l'*actualité*, c'est-à-dire le mode de participation partagée avec d'autres avec un minimum de manœuvres défensives et un maximum d'activation mutuelle.

Cette activation mutuelle est le nœud de la question, car les forces de l'ego, bien qu'elles emploient tous les moyens disponibles pour vérifier la réalité, dépendent, d'un stade à l'autre, d'un réseau d'influences mutuelles. À l'intérieur de ce réseau, la personne est incitée à l'activité de même qu'elle y incite les autres.

Pour Erikson l'actualité désigne, chez l'individu, tout ce qui touche au partage actif avec d'autres. Les membres d'un même groupe d'âge partageront, en effet, des ensembles analogues de capacités et de besoins, alors que les membres d'âges différents dépendront les uns des autres pour l'activation mutuelle des forces complémentaires de leur moi respectif. Cette dernière remarque pourrait bien être illustrée par l'exemplaire complémentarité qui existe entre le besoin et la capacité de donner propres à la mère, parvenue à une attitude de générativité, et le mode de réceptivité passive qui caractérise le nourrisson, malgré son impératif besoin de nourriture.

Les actualités sont donc codéterminées par les stades du développement de l'individu et par le milieu ; elles changent avec chacun de ces stades. En analogie avec les stades du développement, les étapes du processus de rééducation supposeront dans le développement du moi des configurations nouvelles qui, à leur tour ou corrélativement, exigeront du milieu l'existence de conditions appropriées à ces changements.

Notre conception du processus de rééducation

Chaque étape du processus de rééducation doit donc présenter aux jeunes des objectifs accordés aux intérêts et aux élans [37] ressentis par ces jeunes au moment où ils y entrent.

Quatre facteurs dont il faut tenir compte

À chaque étape du processus de rééducation, il faudra veiller à favoriser :

1. Une nouvelle configuration du passé et du futur.
2. Un nouvel ensemble de capacités, ce qui nécessitera la confrontation avec des tâches et des situations nouvelles.
3. Une nouvelle combinaison de pulsions et de défenses.
4. De nouvelles occasions de rencontres significatives (que ce soit au niveau de l'adulte ou des compagnons : de l'individu ou du groupe).

Il faut considérer d'autre part que, à chaque étape, doit se faire une adaptation mutuelle : le milieu s'adaptant à l'individu, l'individu au milieu. Deux accentuations différentes sont donc nécessaires au cours de chaque étape.

Dans un premier temps, à la période initiale de l'étape, ce sera au milieu de s'adapter afin de faire appel au développement de l'individu ; dans un second temps, ce sera à l'individu de s'accommoder aux conditions offertes, manifestant ainsi l'intégration personnelle des objectifs poursuivis durant cette étape. La période finale est perçue par les éducateurs comme devant être, pour l'individu, une phase de rendement.

Erikson souligne que l'adaptation à l'actuel nécessite une complémentarité entre la structure de la personnalité de l'indi-

37. En anglais : *acuteness and immediacy.*

vidu et la structure extérieure, c'est-à-dire la structure sociale dans laquelle l'individu est appelé à vivre.

Développer les forces du moi

Ce point de vue structural, même si on se limite à ce qui a trait à l'autonomie du moi, peut s'envisager sous plusieurs angles. Selon Rapaport[38], l'autonomie relative du moi est garantie par des structures intrapsychiques de protection contre les stimuli provenant des impulsions et contre les stimuli provenant du monde extérieur, mais aussi par la structure même et par l'organisation du moi, lequel se développe selon les lois de la séquence épigénétique. Le processus de rééducation par la mise en valeur des forces autonomes du moi consistera dans le développement de ces composantes structurales lesquelles englobent les structures cognitives, les valeurs, les idéologies et l'identité.

L'alimentation à fournir à chaque étape

Le processus de rééducation sera élaboré ici selon le modèle théorique exposé dans ce premier chapitre, c'est-à-dire comme une instance de la formation de structures dans le moi qui est corrélative à l'apprentissage, et cela à partir d'un élément central qui est l'alimentation.

Cet apport de l'entourage sera différent à chacune des étapes, de même que l'alimentation interne fournie par le sujet concerné. Cela pourra aller d'une simple stimulation sensorielle à ces expériences complexes qu'une société apporte pour maintenir en chacun de ses membres les idéologies et les façons d'être compatibles avec son organisation.

Au cours de la première étape du processus de rééducation, le milieu devra proposer à chaque jeune une façon de vivre procurant des points de repère globaux, dans une organisation cohérente mais systématiquement simplifiée tant en ce qui concerne l'espace et le temps que les moyens et les buts à poursuivre. Une

38. *Op. cit.*

telle structure est la condition nécessaire à l'actualisation des forces autonomes du moi chez le jeune délinquant car elle enlève, par le fait même de son organisation très structurée, toute occasion d'exploiter les situations et les personnes contrairement à ce qui est d'ordinaire accompli par les techniques défensives caractérielles de la personnalité délinquante.

Cette alimentation externe, si structurée, laissera graduellement la place à une « alimentation interne » à mesure que les structures intrapsychiques garantissant l'autonomie du moi seront développées, jusqu'au moment où ces structures intrapsychiques seront aptes à s'alimenter les unes les autres.

Mais, à la seconde étape, une structure extérieure demeurera indispensable. Toutefois, l'engagement du sujet y sera plus stable et plus poussé ; les sources d'alimentation s'intérioriseront au point d'aboutir à la quatrième étape au choix d'une profession et d'une polarisation idéologique lucidement déterminée.

La coïncidence entre les manifestations extérieures de l'alimentation externe ou interne, ou des deux, qui stimule le jeune et l'expérience significative ainsi vécue par lui, constitue cette « unité fonctionnelle » dont parle Erikson[39]. L'unité fonctionnelle est la capacité de réconcilier et de coordonner ses *patterns*[40] de croissance psychologiques, tant mentaux qu'affectifs, avec ce qu'offre en correspondance le milieu ambiant. Si cette unité fonctionnelle est réalisée assez fréquemment, les expériences vécues seront vraiment déterminantes et, par voie d'internalisation, se construira l'unité structurale de la personne.

Empruntant le concept « d'internalisation » à Hartmann[41], qui précise que ce concept est utilisé lorsque les régulations ayant pris naissance dans l'interaction avec le monde extérieur sont rempla-

39. *Op. cit.*
40. « *Pattern* désigne aussi bien une structure organique et physique qu'une structure du comportement » (Piéron, *Vocabulaire de psychologie*, P.U.F., Paris, 1963).
41. *Op. cit.*

cées par des régulations intérieures, Lustman[42] a essayé de définir les fonctions synthétiques de l'ego en termes de niveaux d'organisation et de hiérarchies des structures intrapsychiques. À son avis, dès qu'une fonction devient consolidée en structure, c'est-à-dire dès qu'elle commence à fonctionner avec un certain degré de stabilité, sa différenciation tend à se modifier par sa propre activité et par celle des autres forces en présence. Il ajoute que la « différenciation fonctionnelle » d'une structure peut vraiment provoquer le développement d'autres structures.

À travers les différentes étapes, ces structures psychiques se différencieront et deviendront plus nuancées, à mesure que le moi opérera de nouvelles synthèses. La période finale d'une étape est atteinte lorsque se manifeste, chez le jeune, une intégration personnelle des objectifs poursuivis. L'objectif final sera atteint lorsque le jeune se sera constitué une « identité » positive.

À la première étape, l'unité fonctionnelle, qui concourt à un début de construction de l'identité personnelle, se trouve dans la coïncidence entre le sentiment d'être à l'aise dans son corps (maîtrise des modes d'organes) et le sentiment d'être bien dans l'institution, perçue comme un univers maternel bienveillant et digne de confiance. Cette institution doit être aux yeux du jeune une image cohérente du monde, une première forme de totalité. Elle doit être perçue comme une totalité soignante et son programme de vie ne doit rien laisser au hasard : il englobe tous les moments de vie quotidienne aussi bien que les activités de jeux et de production.

Le premier élément de l'identité est unipolaire et consiste en la conscience que l'existence individuelle est une bonne chose.

La structure d'ensemble sera formée, à la première étape, si le jeune manifeste un moi corporel fortifié, c'est-à-dire si la participation effective de son corps vécu, à travers des conduites sensori-motrices qui respectent un ordre de succession spatio-

---

42. *Impulse, Control, Structure and the Synthetic Function. Psychoanalysis — a General Psychology*, R. M. Loewenstein, L. M. Newman, M. Schur et A. J. Solnit (eds), New York, International Universities Press, (1956).

temporel et de causalité dans les différentes activités structurant sa vie quotidienne, lui fait éprouver un sentiment de bien-être psychosocial. Le jeune vit alors en harmonie avec des conditions extérieures qu'il apprend à respecter ; il apprend à accepter une réalité phénoménologique, organisée il est vrai pour convenir aux intérêts et aux élans qui sont les siens.

De cette façon, le jeune devient capable, d'une part, d'utiliser les moyens prescrits pour l'exécution effective d'une production et, d'autre part, de réaliser une performance physique en conformité avec les règles du jeu, et même, de respecter les limites imposées par la répartition des rôles dans cet univers d'essai qu'est le jeu. Après avoir perçu l'institution comme totalité soignante, le jeune devient capable d'une perception cohérente du monde extérieur — perception qui contribuera à lui permettre de conserver ses acquisitions nouvelles.

La seconde étape fait vivre une autre coïncidence tout aussi importante que la première. D'une part, elle fait découvrir au jeune délinquant comment il se perçoit, c'est-à-dire comment il prend conscience de sa façon individuelle de maîtriser l'expérience — ce qui lui permet de se ressentir lui-même comme acceptable en tant que membre du groupe, sans sentiment d'infériorité. D'autre part, elle lui fait découvrir comment il vit dans le groupe, c'est-à-dire comment il prend conscience que le groupe l'accepte comme l'un de ses membres. Cette expérience lui apporte le sens de la bipolarité, lequel permet de considérer comme bonne l'existence des autres, et comme bonne son existence parmi les autres. Il s'ensuit que l'ouverture vers le monde extérieur s'agrandit et que son autonomie va en augmentant.

Durant cette étape, le milieu extérieur doit encore être très structuré surtout en ce qui concerne les cadres de toute activité. À l'intérieur de ces cadres seront laissés des choix limités, dictés par la logique des lois inorganiques des outils ou par l'apprentissage d'une démarche technologique.

La nouvelle structure d'ensemble qui découle de la deuxième étape se traduit, au niveau du comportement, par une intégration dans une certaine réalité sociale. Mais cette intégration présuppose, chez le jeune, la maîtrise de moyens d'action, organiques et inorganiques, pour répondre aux attentes des autres membres du groupe. Dans des conditions de réalité phénoménologique où un cadre spatio-temporel est prévu et où les objectifs à atteindre sont fixés, le jeune applique les techniques apprises en posant certains choix qui lui permettent de vérifier l'adéquacité des moyens, la logique de l'exécution, la durée temporelle nécessaire à une réalisation. D'autre part, l'expérience d'une vie de groupe suscite chez le jeune un sentiment d'appartenance à ce groupe ; ce sentiment se manifeste par des comportements extérieurs encouragés par le style de vie de son groupe. C'est ainsi que s'effectue la promotion du respect des valeurs, reconnues et affirmées par les pairs, et confirmées par les adultes. Le choix fait par le jeune d'un modèle qui, parmi ses compagnons, incarne le mieux ce style de vie, concrétise le processus d'intégration sociale effectuée à cette étape.

Tout au long de ***la troisième étape***, l'unité fonctionnelle se traduira par la coïncidence qui devra exister entre les aptitudes particulières dont le jeune prendra conscience au moyen de sa productivité personnelle et ce que le milieu lui offrira en fonction de ce qu'il peut saisir. Il lui faudra des responsabilités dans les tâches individuelles, dans les tâches de groupe — il sait faire preuve de coopération et de collaboration — et dans les rôles officiels à détenir dans l'intérêt du groupe. Il est devenu capable de s'identifier à un rôle, non seulement dans le monde du travail, mais aussi dans un groupe social. Les forces autonomes de son moi se seront accrues et seront capables d'effectuer une synthèse plus complexe, plus cohérente et beaucoup plus forte.

À cette étape, l'alimentation doit devenir beaucoup plus « interne » que dans les étapes antérieures car le jeune fait la découverte de ses aptitudes particulières et cherche activement à devenir compétent. Il planifie lui-même ses activités et aboutit à l'acquisition d'une méthode de travail.

Cette méthode de travail, caractéristique de la fin de la troisième étape, est la concrétisation de l'acquisition d'une certaine compétence en ce qui concerne la production. Elle tient compte des normes qualitatives, objectivement évaluées ; ces normes sont intériorisées et intégrées par le jeune ; il respecte toutes les conditions physiques et sociales impliquées dans le contexte institutionnel de vie.

Enfin, ***la quatrième étape*** permet au jeune de détecter la coïncidence entre, d'une part, son style personnel, l'expression de sa créativité dans sa vie professionnelle, dans sa vie personnelle, et, d'autre part, la réalité du monde extérieur dans ce qu'il propose : conditions de travail, perspective de vie familiale à organiser.

L'alimentation vient maintenant presque exclusivement de l'intérieur, puisque le jeune fait dès lors preuve d'un style et d'une créativité personnels ; puisqu'il se montre capable d'une recherche active de conditions de travail en accord avec ses aptitudes particulières, selon les places disponibles dans la société ; et puisqu'il se montre aussi capable d'élaborer une perspective personnelle de vie selon la polarisation idéologique pour laquelle il a opté.

La structure d'ensemble qui résulte de la dernière étape du processus de rééducation peut se déceler lorsque se manifeste la formation d'une identité positive chez le jeune, tant au niveau professionnel que personnel, et cela par une certaine synthèse qui débute et continue de se révéler dans le comportement quotidien. Le jeune fait preuve d'une participation, à la fois modèle et originale, à la vie de l'internat ; il devient capable de choisir des moyens de vivre ses idéaux d'action dans le secteur de son travail futur, en rapport avec sa compétence professionnelle, et dans celui des relations humaines. Lorsque cette identité positive repose sur des assises assez solides pour se manifester au niveau du travail et des relations humaines, le jeune devient capable de s'insérer dans le processus historique actuel, tout en conservant son identité propre.

Déjouer les passages à l'acte

Il faut maintenant étudier le moi délinquant dans son aspect défensif caractériel si typique. Il s'exprime sous forme de « passages à l'acte offensifs », tels l'exploitation des situations et des personnes, selon le principe de plaisir[43]. D'après Redl[44], toute une partie des forces de l'ego se consacre à la défense de sa délinquance, c'est-à-dire de ses pulsions, et une structure caractérielle défensive assure l'efficacité de ses techniques, dans sa lutte contre le monde extérieur pour :

1. Rechercher activement les moyens de jouir sans remords de gratifications délinquantes.
2. Se défendre contre le fait de devoir changer.
3. Se défendre surtout contre des personnes sérieusement désireuses de lui faire changer sa philosophie de base pour un système idéologique respectueux des valeurs de vie.

Ce problème de la mise en échec de ce « passage à l'acte offensif » du moi délinquant doit s'envisager parallèlement au développement des structures intrapsychiques des forces autonomes, selon les étapes de rééducation.

Théoriquement, cet aspect de la restructuration du moi du jeune délinquant suppose un changement de fonction des structures caractérielles défensives déjà en place, au bénéfice des autonomies du moi. Quelles hypothèses peuvent tenter d'expliquer un tel changement ?

---

43. Le délinquant peut être la proie de conflits intériorisés qui donnent lieu à des passages à l'acte « défensifs » en plus des passages à l'acte « offensifs ». Il sera important de déceler la nature de ces défenses puisque les interventions des éducateurs devront être nuancées en fonction de chaque cas individuel. Ces éléments ne peuvent être mis en relief que par une étude du cas individuel. Cet aspect ne sera donc pas traité ici puisqu'il y est question des éléments généraux du processus de rééducation.
44. Dans *Children who Hate, op. cit.*

Les facteurs intrinsèques de maturation

En abordant le problème des structures psychologiques, Peter Wolf[45] fait la remarque suivante : puisque toutes les structures à chaque stade du développement tendent à s'intégrer pour former un tout cohérent, chaque expérience va modifier entretemps, d'une part, les structures qui exécutent et contrôlent les pulsions et, d'autre part, les mécanismes d'adaptation à la réalité. Cet énoncé laisse entendre que des expériences qui favoriseraient l'adaptation à la réalité, en l'occurrence, par une actualisation des forces du moi, modifieraient, par le fait même, les structures qui exécutent et contrôlent les impulsions intrinsèques de maturation qui se développent dans une succession de stades prédéterminés. Selon lui, ces facteurs intrinsèques de maturation qui sont impliqués dans les processus secondaires sont reliés aux contraintes des pulsions instinctuelles et aux fonctions synthétiques du moi. Il est d'avis qu'en toute probabilité l'étude des relations de ces facteurs de contraintes des pulsions va se centrer sur le problème du développement de structures et conduira à une théorie de l'apprentissage compatible avec la psychologie du développement. Rapaport[46] mentionne que les processus secondaires, quels qu'ils soient, utilisent et intègrent les mécanismes des processus primaires, qui, à l'origine, étaient des moyens de gratification des désirs, en des moyens d'adaptation, selon le concept de « changement de fonction ». Ces structures défensives caractérielles peuvent en venir à opérer un changement de fonction jusqu'à devenir des moyens d'action et d'adaptation. Par exemple, l'acuité de perception, typique du jeune délinquant, se traduit, au début de sa rééducation, par une tendance à exploiter les personnes à son profit ; elle pourra être utilisée au cours de la dernière étape de rééducation pour aider plus efficacement un compagnon aux prises avec des difficultés d'acclimatation du milieu rééducatif.

45. « The Developmental Psychologies of Jean Piaget and Psychoanalysis », New York, *Psychol. Issues*, II, nº I (1960).

46. *The Theory of Ego Autonomy*, *op. cit.*

La différenciation fonctionnelle qui s'opère tout au long du processus de rééducation tend vers une hiérarchisation impliquant une cohésion synthétique, laquelle pourra accélérer un changement de fonction des structures caractérielles défensives. Du passage à l'acte offensif, le jeune évoluera vers une acceptation des normes sociales extérieures ; il deviendra plus disponible et plus actif au.fur et à mesure qu'il se libérera de ses manœuvres défensives.

Formes successives de la restructuration du moi

Mais, à chaque étape de la rééducation, se construira une nouvelle organisation des pulsions et des défenses. Au début, les éducateurs devront employer des interventions directes, lesquelles s'ajouteront à la ferme structuration du milieu extérieur. Puis, graduellement, seront élargis les cadres de l'expérience et une autonomie plus grande sera laissée au jeune, parallèlement à son affranchissement par rapport à ses manœuvres défensives.

Au cours de la première étape, l'activité provenant des techniques défensives caractérielles devra être contrecarrée. C'est une des raisons pour lesquelles l'institution doit se présenter comme très structurée. Quant aux interventions directes des éducateurs, elles devront se faire à bon escient pour empêcher le jeune d'exploiter les situations et les personnes à son avantage, et aussi afin de lui apporter l'assistance voulue pour qu'il se conforme au programme de vie proposé.

À la seconde étape, l'ego délinquant se défend d'un changement apporté à sa structure caractérielle en « contournant » les occasions offertes par le programme d'activités destiné à faire acquérir de nouvelles modalités d'action adaptées à la réalité phénoménologique et à la vie du groupe dans lequel il est inséré. Au cours de cette phase de rééducation, l'éducateur doit veiller à ce que le jeune s'engage dans l'activité en respectant les conditions de la réalité imposées par les lois inorganiques des outils, par le code du groupe et par la démarche technologique spécifique à l'activité en cours.

Les défenses de l'ego délinquant s'exercent surtout, à la troisième étape, contre la personne de l'éducateur, qui est perçu comme un modèle d'identification qui incarne les valeurs du milieu et qui oblige le jeune à renoncer définitivement à ses schèmes délinquants.

Enfin, à la dernière étape du processus, l'autonomie des forces du moi et la participation engagée du jeune face à ses options de valeurs manifestent, de toute évidence, le changement de fonction de la structure caractérielle. Maintenant, le jeune fait preuve d'une disponibilité et d'une ouverture aux autres qui ne peuvent s'allier aux manœuvres défensives utilisées avant la rééducation.

L'étude des changements qui interviennent au cours du processus rééducatif intégral ne sera vraiment complète que dans la mesure où elle sera entreprise à partir de reprises successives des données recueillies selon trois perspectives différentes :

1. L'ensemble institutionnel par rapport à l'individu.

2. L'individu par rapport à l'ensemble institutionnel.

3. Le processus même de la rééducation du moi de l'individu.

Le rôle de l'éducateur

Le rôle de l'éducateur auprès des jeunes est avant tout d'observer les rapports de l'individu et du milieu afin de les influencer en fonction des objectifs à atteindre.

L'internat de rééducation, perçu dans son ensemble comme une micro-société, devra favoriser les échanges entre les générations (adultes-jeunes), créer et développer les structures fonctionnelles qui assurent la continuité des échanges. Erikson souligne ainsi [47] l'importance de ces échanges :

> « La survivance psychosociale de l'homme n'est sauvegardée que grâce aux vertus vitales que les générations successives et alter-

47. « Human Strength and the Cycle of Generations », *op. cit.*

nantes développent dans une espèce de réciprocité, du fait qu'elles cohabitent dans des milieux organisés (p. 114). »

Un internat semble permettre cette réciprocité en ce qu'il favorise l'interaction continuelle entre les adultes et les adolescents, d'une part, et, d'autre part, en ce qu'il présente une organisation totale du milieu, en fonction des objectifs de la rééducation.

La présente étude est axée sur le développement des forces vitales chez l'adolescent délinquant. Ces forces psychologiques ne s'enracineront dans le moi adolescent que dans la mesure où elles s'intégreront à tous les aspects de la vie humaine : somatique, social, affectif, cognitif. Afin que tous ces aspects de la vie humaine puissent constituer une expérience rééducative, il convient que l'adolescent soit en constante relation avec des adultes préparés à leur tâche et en constante interaction avec tous les moyens psychopédagogiques mis en œuvre pour favoriser la découverte des valeurs de vie et l'adhésion progressive à ces valeurs. C'est, en effet, par le seul biais de l'expérimentation active que les valeurs seront rendues significatives au regard des jeunes.

Les facteurs de totalité et de continuité qui caractérisent le régime d'internat constituent les moyens de faire cette expérience. La continuité sera vécue au niveau des interactions d'influences qui ne cessent d'éveiller les forces du moi ; l'unité de l'expérience sera manifestée par une participation active à la réalité dans toutes les sphères vitales qui composent l'univers des adolescents. « Vivre ensemble dans un milieu organisé », selon la formule d'Erikson, pourrait être la définition du séjour en internat de rééducation.

La notion du vivre ensemble appelle ici quelques nuances : elle dépasse largement la simple proximité accidentelle. Il n'est nullement question qu'éducateurs et adolescents soient perpétuellement rivés au cadre institutionnel. Il s'agit bien plutôt, de la part des éducateurs, d'une participation au développement progressif du moi adolescent, selon des connaissances acquises et constamment approfondies, et à partir d'un engagement professionnel lucide et total. Des méthodes éprouvées et constamment soumises au perfectionnement viennent consolider cette participation.

Le développement progressif des forces vitales chez les jeunes, de même que le remaniement continuel des méthodes rééducatives, incitent l'éducateur à prendre part non seulement aux transformations qui affectent le moi des jeunes, mais aussi à toute l'institution ordonnée aux fins de ces transformations.

À partir de ces échanges entre les générations, il se créera une tradition, dans le meilleur sens du terme. Cette tradition transmettra, sous forme implicite et explicite, les valeurs préconisées par le milieu. Le programme de vie, qui englobera non seulement les activités proprement dites, mais aussi les moments libres et les temps dits de vie quotidienne, devra être organisé de façon à véhiculer les valeurs auxquelles tout le milieu adhère. Ainsi sera présentée aux jeunes une idéologie qui, surtout à l'adolescence, est essentielle à la définition de leur identité positive.

Les modèles qui incarneront cette idéologie sont les éducateurs professionnels qui assument l'organisation de tout le milieu rééducatif, en plus du processus de rééducation appliqué à l'individu en particulier.

Une seconde démarche se centrera sur l'accommodation de l'individu en voie de rééducation à cet ensemble institutionnel. Le chapitre 2 en traitera.

Le processus de rééducation des adolescents délinquants fera l'objet des chapitres 4 à 7.

Le chapitre 8 annoncera comment notre processus de rééducation pourrait s'appliquer à d'autres catégories de sujets.

• 2 •

Conditions générales d'application

Le développement progressif des forces vitales chez les jeunes, de même que le remaniement continuel des méthodes rééducatives incitent l'éducateur à prendre part non seulement aux transformations qui affectent le moi des jeunes, mais aussi à toute l'institution ordonnée aux fins de ces transformations. Il n'est pas possible d'être l'agent d'une actualisation des forces du moi sans être en même temps soi-même profondément engagé. C'est pourquoi il est d'une telle importance que l'éducateur ait lui-même fait l'expérience des valeurs de vie et se soit personnellement engagé face à ces valeurs. C'est à ce prix seulement qu'il pourra les transmettre aux jeunes.

Pour les adolescents, « vivre ensemble » devrait successivement signifier : devenir quelqu'un aux yeux des adultes ; accéder à un statut original et personnel aux yeux de ses pairs ; compter sur la disponibilité et sur la stabilité des personnes devenues significatives ; avoir ses modèles d'identification ; reconnaître, dans l'imbroglio des relations humaines, des hommes se référant aux valeurs choisies ; découvrir et acquérir son style personnel à l'intérieur d'une communauté humaine. Vivre ensemble comporterait donc une proximité réelle, une coexistence véritable de laquelle émerge cette micro-société où se déroulent et s'entrecroisent les cycles de vie. Ce vivre ensemble se greffe inéluctablement sur un « milieu total ».

Le milieu total est l'institution dont l'ensemble de l'organisation tend à éveiller les forces du moi adolescent, selon une stratégie progressive qui tient compte des déficits paralysants propres aux inadaptés. Une telle institution doit offrir un régime de vie apte à stimuler l'engagement du moi adolescent, et déployer une idéologie qui coïncide avec la réalité psychologique de ce moi, de façon à permettre au jeune de se situer dans de concrètes perspectives d'avenir.

Une organisation de ce genre offre à la fois des valeurs sociales, culturelles et humaines, susceptibles de provoquer l'adhésion des adolescents. Ceux-ci adhéreront à travers les activités auxquelles ils prendront part et à travers les liens affectifs qu'ils contracteront. C'est en ce sens que nous pouvons assigner à l'institution une tâche de régénération puisque cet attachement du jeune soulèvera les affects et les images de son enfance, tel qu'Erikson l'a souligné :

> « Lorsqu'il y a recommencement dans une vie, chaque nouvel attachement et engagement rejoint les affects et les images de notre enfance, jusqu'aux couches les plus profondes, là où les rois et les chefs étaient des pères et des grands frères, les contrées et les idées, des mères. » [48]

Le séjour en institution doit provoquer chez les adolescents délinquants une régénération. Autrement, serait-il question de rééducation ? Il est donc certain que l'expérience institutionnelle réveillera les affects profonds enfouis dans l'histoire des jeunes. C'est précisément le resurgissement de ces affects qui ouvre la

48. *Op. cit.*

brèche à un attachement réel du jeune envers le milieu qui l'accueille[49]. L'adolescent éprouvera d'abord une affection globale à l'égard de tout l'ensemble institutionnel ; il affichera fièrement son appartenance à l'institution. Peu à peu, l'accrochage s'affinera selon une différenciation fonctionnelle progressive. L'accrochage se manifestera à l'égard des activités, et même des locaux où se font ces activités ; à l'égard du groupe (pairs et éducateurs) où vit le jeune ; à l'égard de l'équipe des éducateurs, pour en arriver enfin à la sélection d'une personne devenue significative.

Pour que le processus de rééducation soit vigoureusement déclenché, il doit suivre les étapes de régénération :

1. L'institution (univers maternel) prend figure de maison sécurisante.
2. L'organisation du régime de vie invite au contrôle personnel (réduisant ainsi le passage à l'acte offensif).
3. Les activités assurent la découverte des capacités personnelles (sentiment d'autonomie et de compétence).
4. Les personnes deviennent progressivement des objets d'identification (formation de l'identité).
5. L'esprit qui se dégage de l'ensemble institutionnel constitue un tremplin pour un engagement personnel aux valeurs de plus en plus intériorisées (adhésion active à l'idéologie).

L'institution doit offrir les conditions fondamentales à un tel cheminement. Ces conditions ne seront remplies que par l'institution qui offre une authentique continuité dans les interactions et une totale cohérence dans l'ensemble de l'organisation : appui global et constant du moi adolescent.

---

49. L'une des caractéristiques les plus communes d'une population dépourvue de culture est cette qualité ténue de ses organisations familiales. Il apparaît évident que la famille désorganisée n'a rien à offrir qui puisse constituer des liens à l'objet, pouvant entraîner un processus de structuration interne. (Lustman, *Impulse, Control, Structure and the Synthetic Function. Psychoanalysis — a General Psychology*), *op. cit.*

L'institution, image cohérente du monde

L'idéologie

L'assimilation des valeurs suppose l'insertion dans un système idéologique auquel le milieu accorde une signification durable et essentielle.

L'institution devra donc incarner, dans toutes les fibres de son organisation, le système idéologique[50] qui deviendra pour les jeunes un point de référence à leur identité. C'est-à-dire que le corps institutionnel entier — personnes, structures, activités, routines, relations interpersonnelles — devra contribuer à la systématisation de l'idéologie. Ainsi, l'ensemble institutionnel — perçu par les jeunes comme une société —, unifié par les objectifs qu'il poursuit et les valeurs de fond qu'il préconise, engendrera-t-il un esprit qui, tôt ou tard, touchera le moi du jeune et l'influencera. L'ensemble institutionnel offrira aux jeunes une image cohérente du monde dès que tous les éléments vitaux s'harmoniseront en un système idéologique proportionné à leur besoin de solidarité.

L'esprit de l'institution devra susciter à la longue chez l'adolescent le désir d'une identification aux prototypes idéaux qui l'ont façonné. Ces prototypes s'incarnent tant dans la personne des éducateurs que dans celles des anciens ou des camarades plus âgés qui, ayant suffisamment intériorisé les valeurs, deviennent modèles d'action ou de comportement. C'est l'échange mutuel entre les générations (éducateurs-jeunes), tout autant qu'entre les « anciens » et les « nouveaux » arrivants — échange favorisé par l'esprit qui anime l'institution — qui fera surgir les forces humaines car, selon Erikson[51] :

50. Le mot « idéologie » est pris ici au sens de « philosophie du monde et de la vie » (*Dictionnaire Robert*).

51. *Op. cit.*

« Il est probable que ce que nous appelions les vertus de base, émergeant de l'échange mutuel entre les générations, aient leur contrepartie dans l'esprit des institutions qui tentent de formaliser et sauvegarder ces échanges. »

L'idéologie, diffusant des valeurs humaines, morales, culturelles, ne sera saisie et assimilée qu'à travers une expérience significative de ces valeurs. Cette expérience significative tient, en grande partie, à la solidarité qui existe en chaque groupe de rééducation. Deviendra effectivement solidaire, le groupe qui rassemble les efforts de chacun vers la poursuite des valeurs, lesquelles demandent à être continuellement vécues. Le rôle que jouera la polarisation idéologique a été clairement formulé par Erikson [52] :

« Une idéologie possède un pouvoir de contrainte (...) elle promet la participation à un effort de reconstruction sociale de base (...) elle donne corps à une image du monde totalement définie. »

La formation de l'identité est donc chose impossible sans la transmission d'une idéologie. Il ne sera d'ailleurs pas davantage possible de fournir une idéologie en dehors d'une structure sociale organisée en fonction de la poursuite de ces valeurs dont chacun est appelé à témoigner. Comme le souligne Erikson [53] :

« Identité et idéologie constituent deux aspects d'un même processus. Les deux procurent les conditions nécessaires à la poursuite de la maturation individuelle et, avec elle, nécessaires à la forme d'identification plus évoluée, c'est-à-dire à la solidarité qui lie les identités entre elles. »

Il apparaît que la formation de l'identité, travail capital du moi adolescent, requiert l'infiltration de la personne dans un système idéologique. Un tel système dépend de la cohérence du milieu qui en préconise les valeurs, et ce milieu témoigne de

52. « Problem of Ego Identity », dans *Identity and the Life Cycle. Psychol. Issues*, I, nº 1 (1959), p. 101-164.

53. *Ibid.*

l'épanouissement et de la satisfaction que procure la recherche de telles valeurs.

L'application du processus de rééducation réclame donc de l'institution qu'elle produise une image cohérente du monde. Les composantes de cette cohérence fondamentale sont : la qualité de la structure sociale institutionnelle ; la qualité de son réseau de relations ; le maintien des valeurs qui sont véhiculées par l'organisation ; le style de vie à l'intérieur de la structure institutionnelle.

Les structures

Toute structure formelle suppose la distribution rationnelle du travail en fonction d'objectifs précis et constamment redéfinis. Pour qu'une structure formelle puisse être dite « sociale », il convient qu'elle intègre dans ses rouages la totalité humaine de l'institution, de manière que chacun participe à son fonctionnement.

Ceci n'empêche nullement l'établissement d'une échelle hiérarchique. L'existence d'une hiérarchie des rôles concourt à la sécurité de tous les membres de la structure, de même qu'à la survivance d'un ordre social sans lequel tout groupe risque l'anarchie ou la dissolution. La cohésion des groupes d'adolescents est directement proportionnelle à la cohérence des couches organisées à l'intérieur de la structure totale. La structure sociale joue un rôle important en ce qui concerne le processus de rééducation car, tout en facilitant les échanges entre les générations, elle permet la transmission d'attitudes sociales, transmission qui sera d'autant plus efficace que les traditions sociales et les coutumes procureront à ces attitudes une certaine unité et une certaine permanence.

Ces caractéristiques d'unité et de permanence qui apporteront la sécurité dans la structure totale susciteront aussi la sécurité dans les groupes d'adolescents. De la même manière, la confiance en soi et dans les autres et, plus tard, l'identité, pourront se développer dans un ensemble structural où le style de vie respire la confiance mutuelle. Un tel ensemble structural présente les éléments nécessaires à la constitution d'un premier objet sécurisant selon le terme d'Odier puisque, en analogie avec le tout premier univers dans lequel un maternage digne de confiance transmet à l'enfant une première attitude de base de confiance, cet ensemble structural devra inspirer cette confiance.

La collectivité institutionnelle, pour être rééducative, devra offrir aux jeunes une structure sociale à la fois unifiée, fonctionnelle et personnalisante. Lorsque cette unité fonctionnelle est réalisée, elle s'appuie sur un système social ordonné, lui-même forgé par les relations interpersonnelles qui s'y déploient, et ceci à tous les échelons de la hiérarchie. Il sera question plus loin de ce réseau de relations qui doit animer la structure sociale ; ces deux aspects de la même réalité sont traités séparément ici pour les besoins d'une expression claire.

Maintes recherches s'appliquent à démontrer que la structure idéale d'une institution fondée sur le système de groupe consiste en une série d'équipes parallèles collaborant sur une ligne horizontale. La rééducation n'est possible que lorsqu'elle est menée auprès d'un groupe restreint d'adolescents assumé par quelques éducateurs. Les relations interpersonnelles sont la pierre angulaire d'une rééducation en profondeur, et leur intensité sera inversement proportionnelle au nombre d'individus impliqués. Les petits groupes sont tous désignés pour constituer la cellule vivante de l'institution, et toute la structure sociale devra être ordonnée à promouvoir et maintenir la vie en ces cellules dynamiques.

Il ne suffit pas que le groupe soit restreint pour constituer une « cellule vivante » mais il doit pouvoir occuper, dans l'espace, un secteur qui lui est propre ; il doit être capable de vivre, dans le temps, une stabilité qui soit facteur de cohésion et de reconnaissance mutuelle ; il doit être susceptible de se reconnaître, dans la vaste réalité institutionnelle, une identité originale. Ces groupes, limités quant au nombre (12 à 15 membres), devraient toujours être animés par la même équipe d'éducateurs. Ce facteur de continuité dans la présence et l'action des adultes demeure le pilier du climat affectif qui ne saurait être solidement maintenu autrement que par la coexistence intime et prolongée des mêmes personnes. C'est à cette petite équipe d'éducateurs qu'incombe non seulement le contrôle du groupe, mais également l'application totale du processus de rééducation.

La responsabilité officielle de l'exécution du travail rééducatif doit être assumée par un membre du groupe, ayant le rôle de leader. Sa tâche consistera à coordonner tous les éléments qui dynamisent la vie quotidienne et à animer l'entité groupe-adolescents. Cette personne devra incarner profondément le système idéologique de la maison ; son expérience rééducative, de même que ses qualités personnelles seront le gage de l'efficacité de son leadership.

La responsabilité de chaque membre de l'équipe ne doit pas s'en trouver atténuée. Le leader se préoccupe de faire appel à l'engagement fondamental de ses coéquipiers et de coordonner les interactions qui surgissent au sein du groupe total adolescents-adultes. Il n'en demeure pas moins que toute l'équipe vit l'expérience rééducative, et c'est précisément de cette participation engagée que dépendent l'intensité et l'efficacité des interactions rééducatives.

Poussé jusqu'au bout, ce principe de cohérence et de continuité à l'intérieur de la structure de groupe risque de faire surgir des difficultés sérieuses à l'occasion de toute discontinuité réelle — le départ d'un éducateur, par exemple. Ces phénomènes parfois inévitables doivent être prévus par l'équipe. Celle-ci devra non seulement absorber les chocs mais, de plus, créer les moyens qui permettront de les assumer d'une manière thérapeutique.

Les petites unités sont le noyau et le moteur de la rééducation, et leur organisation parallèle exige, de ce fait, une grande cohésion dans la structure de l'ensemble. Les équipes d'éducateurs qui animent un groupe de vie puisent leur ressourcement dans les échanges horizontaux qu'ils s'accordent. Ces échanges maintiennent le perfectionnement des méthodes rééducatives et l'approfondissement des connaissances humaines et, en outre, assurent le renouvellement constant d'un engagement plus lucidement vécu.

Pour être génératrice, une structure sociale — et c'est bien là le rôle de l'institution rééducative — doit sans cesse se remettre en question pour trouver les modalités les plus susceptibles de véhiculer les valeurs.

Les échanges entre éducateurs font surgir des modalités plus appropriées et sont d'autant plus souhaitables que, poursuivis à tous les échelons de la hiérarchie, ils permettent habituellement la rencontre de deux générations d'éducateurs. Si, à l'intérieur du groupe de jeunes, les interactions sont importantes, celles qui surgissent dans le groupe des éducateurs ne le sont pas moins.

Ce sont les échanges entre deux générations d'éducateurs, à partir d'expériences vécues, qui suscitent de nouvelles modalités. C'est ainsi que l'institution en vient à formuler et à organiser de nouveaux postes professionnels destinés à parfaire les moyens fondamentaux servant la rééducation. La tâche du membre spécialisé qui occupe le poste nouveau consiste habituellement à créer les moyens qui permettront, soit à un groupe particulier (coordonnateur de groupe), soit à l'ensemble institutionnel (coordonnateur d'activités), de vivre pleinement l'expérience rééducative.

Cependant, afin de n'être pas regardés comme étrangers mais bien comme coéquipiers, ces éducateurs gagneront à participer activement au travail de chaque équipe, ainsi qu'à demeurer en contact avec les adolescents. Certains secteurs trouveront intérêt à recourir à de tels coordonnateurs, dont la préoccupation particulière est de répandre et de maintenir l'esprit psychopédagogique de telle ou telle activité. La vie de groupe tout autant que l'aspect clinique de la rééducation y gagneraient s'il se trouvait dans l'institution des éducateurs spécialement intéressés à la mise en valeur de ces activités. Quand l'institution est assez grande, il est normal qu'un poste spécialisé soit prévu pour ce travail.

Une équipe pluridisciplinaire est nécessaire à l'institution qui porte la lourde responsabilité humaine et sociale de la rééducation. Cette équipe insérée dans les rouages institutionnels devrait aider à l'objectivation des méthodes rééducatives, selon le point de vue de chaque membre représenté. Elle comportera, entre autres, les membres suivants : le psychologue clinicien qui assure l'évaluation psychologique en cours de rééducation ; le psychiatre responsable de l'aspect psychothérapeutique en ce qui concerne les problèmes proprement pathologiques ; les psychologues de groupe qui mènent les séances de dynamique de groupe ; les travailleurs sociaux, s'intéressant à l'approche historique et à la relation entre la famille et l'institution ; le médecin généraliste qui évalue l'état physique des jeunes, en vue de leur participation aux activités.

L'équipe ainsi composée ne pourra devenir efficace que si elle participe à la vie qui se développe dans l'institution. Les éducateurs sont subjectivement impliqués dans la vie des groupes ; ils ne bénéficient pas du recul suffisant pour percevoir toutes les interactions qui peuvent s'y jouer et influencer l'évolution du groupe auquel ils appartiennent. Des échanges avec les personnes qui gardent ce recul par rapport au quotidien fourniront l'occasion d'objectiver la stratégie rééducative. De tels échanges requièrent un climat de confiance, à l'intérieur duquel chaque membre de l'équipe pluridisciplinaire est appelé à reconnaître la valeur et la qualité de l'apport professionnel des autres membres qui y participent.

Du fait qu'elle y participe, l'équipe pluridisciplinaire apporte l'objectivité qui doit présider à la création de méthodes psychopédagogiques. Ces méthodes visent à faire vivre le processus de rééducation, tant au groupe qu'à l'individu dont l'unicité doit être respectée.

La direction occupe nécessairement une place prépondérante dans l'organisation institutionnelle. De l'accomplissement de sa fonction dépendent directement le climat de la maison, le maintien de ses objectifs, le fonctionnement général de l'appareil thérapeutique forgé par l'ensemble institutionnel et, par un souci constant du perfectionnement professionnel de l'ensemble du personnel, l'évolution des méthodes psychoéducatives. La direction suscite ou permet la réalisation des projets qui découlent des échanges des diverses équipes — qu'elles soient multiprofessionnelles ou uniquement composées d'éducateurs — en tenant compte des modalités toujours remises à jour et en accord avec les objectifs fondamentaux de la maison.

La direction générale peut se composer d'abord d'un conseil d'administration (environ une dizaine d'administrateurs) dont trois membres au moins font partie intégrante de l'équipe institutionnelle, le directeur étant membre *ex officio*. Cette équipe administrative assume la responsabilité finale de la politique administrative afin d'assurer le fonctionnement harmonieux et l'évolution de l'institution, et délègue à la personne du directeur la responsabilité effective de la direction.

Le directeur, entouré d'une équipe choisie pour partager sa tâche constitue le centre institutionnel plutôt que son sommet hiérarchique. De ce centre institutionnel émane l'esprit qui doit animer l'institution prise comme entité : un style de direction qui se retrouve au niveau des équipes d'unité de vie, ainsi que les bases rationnelles du travail et des moyens à utiliser au niveau des équipes horizontales.

La direction porte la responsabilité générale de l'appareil organisationnel en ce qui concerne l'aspect matériel et l'aspect clinique. Il importe donc que les membres participant à la direction représentent authentiquement les éducateurs des groupes de vie, vers qui convergent bon nombre de décisions.

En plus de sa compétence en matière d'organisation, l'équipe de direction devra donc faire preuve d'une connaissance expérimentale du travail rééducatif avec lequel il lui faudra garder un contact concret, certains de ses membres demeurant en relations avec les adolescents en rééducation.

C'est au directeur, point de référence ultime, que les problèmes ambigus sont référés. Il peut, à travers le style de direction qu'il adopte, assurer la sécurité de toute l'équipe. « Tel il sera avec ses collaborateurs, tels ceux-ci seront avec leurs coéquipiers, et surtout avec les enfants. » Et, selon G. Amado [54], il y aurait lieu d'ajouter : « tels seront les enfants entre eux et tel sera chaque enfant avec lui-même ».

« L'esprit d'une institution » est l'ensemble des phénomènes qui la rendent vitale aux yeux de ceux qui l'habitent. Adolescents et éducateurs seront prêts à s'engager dans la collectivité institutionnelle dans la mesure où celle-ci formera cet ensemble complexe auquel ils se sentiront capables de communiquer leur propre dynamisme en même temps qu'ils en recevront une force. Erikson traduit cette condition en ces termes :

> « Je dirais qu'il y a une activation mutuelle entre les vertus émergeant de chaque cycle de vie et les forces inhérentes aux institutions humaines. Quelle que soit la manière dont nous pourrions démontrer cela, il restera toujours que la vertu dans l'individu et l'esprit des institutions se développent ensemble et engendrent une seule et même force. »

Que les éducateurs, les coordonnateurs, la direction et les adolescents forment théoriquement une entité, cela s'entend. Mais pour qu'une force unique puisse se dégager de cet ensemble — force à laquelle président l'esprit de la maison et le développement des forces individuelles — certaines conditions de cohérence à l'intérieur de l'organisation devront être considérées, certains efforts devront nécessairement être envisagés.

Le système idéologique motivant l'existence même de l'institution est à la source de l'esprit institutionnel. Ce système idéologique requiert la participation engagée d'hommes qui déploient des qualités fondamentales. Pour que ce système idéologique devienne le moteur d'un esprit permanent, quasi « traditionnel » [55], d'un esprit qui innerve le tissu total de l'organisation, il convient que des relations interpersonnelles de qualité aient cours à tous les niveaux de la structure sociale.

---

54. « Douze ans de pratique médico-pédagogique ; un centre d'observation à Vitry », dans *La psychiatrie de l'enfant*, tome IV, nº 2, Paris, 1962.
55. Au sens étymologique : « qui se transmet ». Voir plus loin, page 74.

La Maison qui présente, dans toutes les couches de sa structure, une puissante et effective collaboration répond aux exigences d'un esprit rééducatif. L'esprit d'une institution a pour fonction essentielle de se transmettre. C'est en émergeant de toutes les relations interpersonnelles qui la mettent en jeu qu'il assurera sa survivance. La force d'unité fonctionnelle qui subsiste au sein d'une organisation prend racine dans la qualité du réseau de communications qu'elle a instauré, et conditionne par le fait même la survivance de l'esprit de l'institution.

Si le terme efforts concertés est employé pour parler de la transmission des valeurs de vie aux adolescents, c'est qu'il s'agit de collaboration non seulement au niveau de l'action, mais encore au niveau des échanges pratiqués à l'intérieur de la structure. Ces échanges assurent la communication des réflexions personnelles de chacun des membres ainsi qu'une diffusion de leurs richesses individuelles, et permettent une mise en commun de la maturité particulière à chacun.

Concrètement, la rééducation des inadaptés sociaux requiert l'existence d'un cadre social vivant et cohérent dans lequel tout individu reçoit d'une part et, d'autre part donne, la force qui le meut. Il existe, à l'intérieur de l'institution, un échange mutuel qui va dans les deux sens : de la direction aux éducateurs ; des éducateurs à la direction. Ainsi l'agir individuel est enrichi ; chaque membre garde, toutefois, son autonomie propre : si tous participent à une philosophie commune, chacun respecte l'identité professionnelle des autres membres.

C'est l'élément de solidarité dans la poursuite des buts motivant chaque effort qui assure à l'éducateur la formation de son identité professionnelle. Si cette identité professionnelle n'est pas bien délimitée, les éducateurs ne sauront pas stimuler la formation de l'identité sociale de leur groupe respectif. Cette solidarité doit soutenir la participation de chaque membre de l'équipe d'éducateurs à l'engagement fondamental de l'institution qui se consacre à la rééducation des adolescents. Il n'y a pas plus de rééducation possible dans l'isolement qu'il n'y a d'épanouissement humain dans la sécheresse affective.

Respecter cette profonde nécessité de la communication, c'est permettre, à l'intérieur du programme de l'institution, des rencontres fréquentes où tous les membres du personnel trouveront la possibilité d'exprimer ce qu'ils sont, ce qu'ils sentent et ce qu'ils pensent. À l'occasion de ces rencontres, chacun sera à même, dans les différents secteurs du travail, de se rendre compte de tout ce qui peut amener une évolution professionnelle, de discerner les obstacles qui surgissent, d'éclairer les décisions, d'effectuer les changements appropriés. Cela suppose des réunions de type pédagogique et clinique, des réunions de synthèse, de surpervision. À ces réunions, il faudra ajouter des temps de recherche en commun. Afin d'en arriver à unifier l'action commune, la direction devra promouvoir le réseau de communications, informer des politiques adoptées, recevoir les suggestions des membres.

Une autre condition nécessaire à la construction d'une image cohérente du monde est le partage d'une idéologie. Mais, idéologie et identité étant les deux aspects d'un même processus, le développement de l'identité sera grandement favorisé par le fait d'appartenir à un milieu social qui participe à cette idéologie.

De même que l'identité négative chez le délinquant est encouragée par l'appartenance à un milieu social préconisant des schèmes délinquants, le fait d'insérer ces adolescents dans un univers socialement organisé, dans un micro-monde animé par un système idéologique tenant à des valeurs positives, constituera la première condition pour opérer chez eux un changement.

Appartenir à un milieu ce n'est pas seulement s'y insérer géographiquement, c'est participer à une structure sociale donnée — participation qui se concrétisera dans un rôle précis, ainsi que dans une tâche réelle. Or, il apparaît évident que l'organisation de ce micro-monde appartient à l'initiative des adultes, donc du personnel rééducateur. Une forte cohésion entre la multiplicité des tâches et la structure sociale sera indispensable pour rendre vraiment « une » et cohérente l'image du monde que l'institution figure. Cet objectif social et rééducatif sera atteint grâce à la participation de chacun au système idéologique et aux valeurs qui lui sont inhérentes.

Une institution ne sera rééducative que dans la mesure où elle diffusera un esprit vivant, intégrant les valeurs et les vertus qu'y déploie chaque participant. Un système idéologique unifié, connaissable et cohérent existera dans la mesure où les conditions déjà décrites seront prises en considération ; celles-ci, à leur tour, participeront à sa réalisation.

L'institution, lieu de transmission des valeurs

Certaines conditions s'imposent à la Maison de rééducation qui tend à devenir génératrice des valeurs. L'objectif de l'action rééducative est bien la rencontre et l'assimilation des valeurs par les jeunes, à l'intérieur d'un engagement personnel dans la vie de leur groupe. L'indice du succès de la rééducation se manifestera par l'intériorisation des valeurs du milieu.

Selon Erikson[56], ce processus d'intériorisation des valeurs coïncide avec la concrétisation du concept de mutualité :

> « Il semblerait que c'est dans cette mutualité du développement de l'une et l'autre génération que certaines valeurs fondamentales et universelles telles que l'amour, la foi, la vérité, la justice, l'ordre, le travail (...) deviennent et demeurent les facteurs combinés et essentiels au développement de l'ego individuel et du processus social. »

Il s'agira maintenant d'établir les moyens requis pour réaliser concrètement la mutualité dans la vie institutionnelle qui a pour rôle de véhiculer les valeurs de vie. Erikson utilise l'expression valeurs organisées pour identifier ces moyens. Les valeurs du milieu seront reconnues et adoptées comme telles par les jeunes dans la mesure où ceux-ci en auront vécu les éléments vitaux. Si elles ne sont pas vécues, les valeurs demeurent dépouillées de

56. *Op. cit.*

sens, car elles n'existent guère pour elles-mêmes. Vivre les valeurs, c'est, pour les adolescents, en faire l'expérience. Par exemple : face à la valeur « travail », le jeune qui fait l'expérience concrète d'un travail donné réussira : à maîtriser son organisme ; à dominer un secteur de la réalité ; à contrôler des instruments ; à opérer un changement dans le milieu extérieur, de manière à produire quelque chose portant la marque originale de son effort personnel.

L'expérience d'une valeur sera significative lorsque certains effets auront été obtenus : une satisfaction véritable dans l'activité et une reconnaissance de soi par les autres. L'estime personnelle est augmentée et l'image de soi corrigée, grâce à ces effets. Les jeunes délinquants trouveront, en effet, un maximum de satisfaction dans l'approfondissement et la réalisation de leur identité personnelle. C'est d'ailleurs là l'objectif et l'enjeu-clé du stade adolescent.

Il reste à déterminer comment l'institution peut devenir organisatrice des valeurs et, partant, comment elle peut en arriver à déclencher le processus d'intériorisation de ces valeurs chez le jeune.

Le groupe de vie s'insère dans une tradition, participe à des activités, nous l'avons vu précédemment. Par le jeu de ses interactions continuelles, chaque membre de ce groupe adopte le style de vie de la Maison. Tradition, activités et style de vie sont les composantes institutionnelles de l'organisation rééducative dans lesquelles coulent et se vivifient les valeurs du milieu. S'il est question de valeurs organisées, c'est en ce sens qu'elles sont vécues dans le quotidien, qu'elles font partie de l'idéologie, et que toute l'organisation institutionnelle vise à les incarner. Ces valeurs pourront être confrontées aux attitudes des adolescents à travers l'interaction continue qui se poursuit entre le moi adulte et celui de l'adolescent, au fil d'un régime de vie qui en actualise les forces.

La transmission des valeurs par la tradition

Par tradition, il faut entendre l'ensemble des conditions officielles qui permet la mise en acte des valeurs au niveau du comportement du groupe. La transmission des valeurs serait, en effet, étroitement liée à la transmission des exigences sociales auxquelles doit se conformer la petite communauté institutionnelle. La tradition s'avère dès lors inhérente à l'esprit qui règne dans la Maison, de même qu'aux normes de vie établies et solidifiées par la succession des groupes ayant déjà vécu l'expérience rééducative.

Pour que la dimension sociale se réanime à l'intérieur d'un groupe d'adolescents inadaptés, il importe que celui-ci s'inscrive dans un mouvement social capable de faire appel à ses forces vitales et, en même temps, de donner une signification aux réalisations communautaires. Être inscrit dans une communauté, dans un mouvement social, c'est nécessairement évoluer autour d'un axe commun et agir en conformité avec les normes communes. Offerte aux adolescents par l'institution, la tradition anime les expériences passées et présentes, celles-là mêmes qui la maintiendront et la développeront selon les exigences les plus actuelles et selon les valeurs les mieux reconnues à chaque époque.

La tradition constitue un phénomène à la fois explicite et implicite. Ce double aspect doit être pris en considération par tout centre de rééducation qui veut insérer solidement et rapidement le jeune délinquant dans son contexte social.

La ***tradition implicite*** est l'ensemble des normes du groupe. Ces normes sont intériorisées dans la mesure où les membres du groupe se sont adaptés au milieu social qui détient cette tradition. Les exigences sociales de la tradition se refléteront dans le comportement, les paroles et les réactions des membres du groupe de rééducation. Ainsi, les anciens de ce groupe n'admettront pas que les nouveaux arrivants trichent en jouant aux échecs, ou attaquent un plus faible. Les nouveaux arrivants sentent vite qu'une tradition existe dans le groupe : une tradition implicite, diffusée dans les normes fondamentales de la vie collective, maintenue par les éléments humains de ce groupe et transmise par l'attitude générale de la communauté. Cette tradition implicite contribue largement au démarrage du processus de rééducation puisqu'elle participe à l'identité du groupe et conditionne l'appartenance même au groupe.

La ***tradition explicite*** est, quant à elle, l'ensemble des lois qui régissent le comportement social. Qu'elle s'appelle règlement, discipline ou code, la tradition explicite est, fondamentalement, l'expression concrète des exigences sociales de l'institution. Les éléments traditionnels de ces exigences pourront être transmis oralement ou condensés en un document écrit. L'institution a besoin de références concrètes qui serviront d'instrument pour l'orientation du comportement, en fonction du genre d'inadaptation qui affecte le délinquant. La tradition explicite constitue un cadre qui a pour rôle de soutenir le comportement du groupe et de l'individu dans le groupe.

Il est d'ailleurs important que les normes qui, à première vue, semblent exigeantes aux yeux du délinquant soient perçues comme une tradition puisque, dès lors, vivre en conformité avec ces normes signifie s'inscrire dans le groupe lui-même. La fidélité à la tradition devient, pour le jeune, condition d'appartenance au groupe et l'éducateur compétent apprend à utiliser cet élément rééducatif par excellence.

Ainsi perçue, la tradition fait partie de la culture de l'institution, c'est-à-dire du rationnel social qui la fonde et l'anime. Cette tradition — indispensable au processus de rééducation — maintient le groupe de vie dans une atmosphère viable et ordonnée. Elle contribue à la structuration sociale et la rend collective, car il n'y a pas de société sans partage collectif des normes communes.

De la tradition implicite et explicite dépend la découverte des valeurs du milieu. C'est par l'expérience qu'il est possible de se rendre compte de toute la différence qui existe au niveau de l'efficacité, entre les règlements donnés d'une Maison nouvelle et l'ordre maintenu par la tradition dans un groupe déjà constitué. Les adolescents délinquants sont réfractaires aux lois sociales, mais ils s'y conformeront plus facilement si leur insertion dans un groupe de pairs dépend de l'acceptation de ces lois. Des valeurs — l'ordre et la justice, par exemple — sont vitalement maintenues grâce à la tradition, et efficacement transmises par les adolescents eux-mêmes. Il est donc clair que les interactions entre les anciens et les nouveaux dans un groupe revêtent une importance capitale pour la transmission des valeurs.

Cette tradition qui s'établit avec le temps serait donc à mettre au rang des conditions générales du processus de rééducation. Les Maisons nouvelles éprouvent une difficulté à établir des normes sociales solides. Cette difficulté existe du fait que la nonconformité aux normes sociales de la Maison ne met pas en cause l'acceptation des jeunes par un groupe préexistant et du fait que l'institution ne peut pas encore s'appuyer sur la présence de témoins qui manifesteraient le bien-fondé de ces normes. Dans toute maison de rééducation, la formation d'une tradition s'avère, à ce compte, de grande nécessité.

La transmission des valeurs à travers les activités

Les activités organisées seront significatives aux yeux des jeunes et stimulantes en regard de l'engagement aux valeurs qu'elles sous-tendent dans la mesure où leur qualité contribuera au développement du moi adolescent, et dans la mesure où les moyens qu'elles offrent au groupe aideront celui-ci à découvrir son identité propre.

L'esprit d'une activité est créé par la collaboration qui subsiste entre les éducateurs et le groupe, d'une part, entre les individus d'un même groupe, d'autre part. Les valeurs impliquées dans cette activité seront soutenues par l'esprit de collaboration qui anime le sens du travail, de l'ordre, de la compétence, de l'entraide, du respect, etc. L'institution veillera donc à intégrer le programme d'activités au régime de vie des adolescents, afin que leur moi participe de façon constante et précise au programme d'ensemble.

Les activités revêtiront un caractère rééducatif dans la mesure où l'institution tiendra compte de l'importance de ces activités dans son programme. C'est, en quelque sorte, par le truchement des activités que les délinquants agiront les valeurs, de manière à se les assimiler pour, plus tard, s'engager vis-à-vis de ces valeurs, désormais liées à la formation de leur identité. Il sera question plus loin de la place que détient le groupe en ce qui concerne cette assimilation des valeurs en regard de l'identité personnelle.

Pour que les activités soient vraiment rééducatives, elles devront tenir compte des conditions générales suivantes :

1. *Que les activités éveillent spécifiquement les forces du moi adolescent.*

La concordance entre les intérêts spécifiques du moi et les activités qui seront présentées à l'adolescent apparaît ici comme la condition primordiale de l'insertion du jeune dans le dynamisme institutionnel. Cette adéquation est nécessaire non seulement pour attirer l'intérêt des jeunes, mais surtout pour actualiser les forces spécifiques dont dispose leur moi. Elle met concrètement en relation les objectifs poursuivis par l'institution dans chacune des étapes de rééducation et le niveau de développement atteint par les adolescents. Afin d'assurer l'élément rééducatif convenable, le choix des activités doit être basé sur des propriétés particulières à chacune des étapes.

2. *Que les activités correspondent de façon dynamique à toutes les sphères de la personne.*

Puisqu'il s'agit ici de l'ensemble des activités, soulignons simplement que celles-ci doivent concorder avec les dimensions cognitives, affectives et sociales du développement. Pour que cette correspondance soit dynamique, il convient que l'organisation même des activités vise à stimuler chacune de ces dimensions.

3. *Que les activités configurent l'existence quotidienne en une vie cohérente et heureuse dans son ensemble.*

Les activités perdraient leur signification, de même que leur force rééducative, si elles étaient morcelées et discontinues. Pour qu'une activité soit l'occasion d'une expérience significative dans laquelle le groupe découvrira son identité et puisera des valeurs réelles, elle doit accuser une continuité dans le temps et devenir partie intégrante du régime de vie. C'est l'ensemble des activités organisées, liées à la routine, qui donnera à l'institution son caractère de cohérence vitale et permettra l'acheminement des jeunes vers une expérience de vie sociale heureuse.

4. *Que les activités de groupe soient planifiées selon une progression qui respecte l'évolution de chacun de ces groupes.*

Cette condition rejoint chacune des autres déjà décrites. Sa formulation veut cependant mettre en relief la nécessité pour l'institution de respecter l'évolution de chaque groupe et, partant, le degré de maturité atteint par chacun d'eux. Les éducateurs rattachés à un groupe donné doivent être aidés à prévoir et à appliquer le programme d'activités qui conviendra à ce groupe, toutefois eux seuls peuvent vraiment en connaître et en respecter le rythme.

5. *Que les activités soient profondément animées par les adultes.*

Tous les éléments qualitatifs évoqués plus haut s'incarneront dans l'attitude des éducateurs à l'occasion de chacune des activités vécues en commun avec le groupe. L'éducateur, en effet, par sa compétence et son sens créateur, saura organiser des activités répondant pleinement aux besoins spécifiques du moi adolescent. C'est grâce à la connaissance que les éducateurs auront de la personnalité adolescente et les déficits paralysants qui caractérisent le moi des inadaptés qu'ils pourront stimuler l'évolution possible de l'affectivité, de l'intelligence et du potentiel psychosocial. L'intégration véritable des activités dans le régime de vie institutionnelle et leur contribution dynamique dépendent de la qualité de l'animation et, donc, de la compétence professionnelle de l'adulte. Cette compétence doit se manifester jusque dans les dimensions rééducatives de l'activité. La qualité affective de la présence de l'adulte, de même que son propre intérêt pour l'activité qu'il dirige, déterminent largement l'esprit qui émergera des activités, qu'elles soient intellectuelles, artistiques, sportives et autres. Le déploiement de techniques de travail est certes nécessaire, mais c'est le climat affectif créé par l'éducateur au sein du groupe qui jouera le rôle primordial.

En résumé, puisqu'elles sont facteurs de transmission des valeurs, les activités inscrites au programme de la vie institutionnelle seront rééducatives dans la mesure où elles seront vécues quotidiennement et où elles toucheront les secteurs de la réalité aptes à éveiller la participation du moi des jeunes, dans la mesure, surtout, où elles appelleront l'acquisition de qualités humaines fondamentales.

L'image cohérente du monde surgira en dernier ressort du style de vie préconisé à l'intérieur de la structure institutionnelle. Étudier le style de vie, c'est étudier : le climat général de la Maison ; l'atmosphère du groupe ; la programmation du régime de vie ; l'organisation et la réalisation des activités ; la structure sociale de toute l'institution ; la micro-structure sociale inhérente au petit groupe de jeunes. Le style de vie c'est, en effet, l'ensemble des éléments institutionnels qui soutiennent le mode d'être des adolescents. Ce bien-être psychosocial dont parle Erikson[57] ne peut être atteint qu'à travers le « milieu total » où s'insère l'adolescent puisque « un sens accru d'identité personnelle coïncide, au niveau de l'expérience, avec un sens accru de bien-être psychosocial ».

Les adolescents, il convient de le souligner ici, doivent en arriver à percevoir dans sa totalité le micro-monde dans lequel ils vivent. C'est dans la mesure où cette perception sera positive et stimulante que les adolescents pourront intégrer le style de vie de ce micro-monde ; quand ils y auront participé profondément, ils en deviendront eux-mêmes les témoins[58].

Il importe que l'institution soit perçue par le groupe : comme une maison où les besoins vitaux trouvent une réponse adéquate ; comme un chez-soi où chacun (éducateurs, jeunes) détient un

---

57. *Op. cit.*

58. Quand nous faisons mention du style de vie de l'institution, nous nous référons à la structure globale de la Maison, laquelle invite à déployer un certain dynamisme et à adopter certaines attitudes. Cela n'entre pas en opposition avec le style personnel de vie dont nous parlerons au cours de l'étude du processus de rééducation.

rôle social qui lui convient ; comme un ensemble où la cohésion tient à l'apport particulier de chaque membre.

Le bien-être psychosocial du groupe sera manifesté par l'atmosphère de détente qui caractérise le groupe et par l'esprit que celui-ci dégage, favorisant ainsi le processus rééducatif de chacun de ses membres. Le groupe qui collabore activement à la rééducation de chacun de ses membres accédera ainsi à un style de vie qui lui sera propre. Cette collaboration se manifestera par la participation des membres aux activités et aux divers rôles sociaux offerts par l'organisation de la vie de groupe.

D'un tel groupe devrait émerger un engagement quotidien aux valeurs du milieu. Ce groupe poursuivrait la recherche de sa propre identité en assimilant les valeurs du milieu et, de plus, grâce à la cohésion du groupe et aux relations interpersonnelles, il anticiperait les changements qui rendraient son identité plus clairement définie.

C'est précisément le fait d'adopter un style de vie commun et satisfaisant qui permettra au groupe et, par le fait même, à chaque jeune de se maintenir en état de changement. L'engagement aux valeurs du milieu suppose nécessairement une suite de changements lesquels se reflètent au jour le jour dans le comportement du groupe et dans la qualité de ses productions.

L'institution doit donc permettre au groupe un style de vie qui suscite l'adhésion des membres, adhésion qui deviendra l'instrument essentiel de la rééducation de ce groupe.

L'explicitation de ces valeurs, et l'étude des moyens psychoéducatifs qui favorisent leur poursuite, relèvent des chapitres traitant du « processus de rééducation » [59]. Mais nous voulions d'abord souligner à quel point une institution doit attacher de l'importance au fait de devenir capable de stimuler chez les adolescents une adhésion aux valeurs. La tradition, les activités, le style de vie représentent des conditions essentielles au démarrage du processus de rééducation et au maintien continu de ce

59. Chapitres 4 à 7.

processus qui doit déboucher sur un engagement réel et personnel aux valeurs du milieu.

L'institution et les groupes de vie

Toutes les conditions requises, précédemment énoncées, se vivent dans le contexte du groupe de vie, qui devient un élément rééducatif de toute première importance dans un internat de rééducation. Selon Amado [60] : « Le groupe est non seulement un milieu de vie et un moyen de socialisation, mais il est devenu pour l'éducateur un véritable outil thérapeutique. »

Le groupe, outil thérapeutique

Le groupe (éducateurs-jeunes) devient la sous-société où s'acquièrent des attitudes nouvelles, suite à la découverte de nouvelles valeurs. Acquisition qui demande à être soutenue par le témoignage d'une collectivité ; attitudes qui demandent à être maintenues par des interactions mutuelles positives ; valeurs qui demandent un fort témoignage de la part des adultes et des membres les plus anciens.

Le groupe constitue d'abord un milieu. Pour qu'il soit réel, il importe que le groupe mène une vie autonome à l'intérieur de l'institution, tout en demeurant étroitement lié à la structure sociale institutionnelle. Pour qu'un groupe puisse mener une vie autonome, certaines conditions sont nécessaires ; il devra occuper son propre local ; les individus qui le composent devront y demeurer avec une certaine permanence ; les mêmes éducateurs lui consacreront leurs efforts professionnels de rééducation.

Bien qu'il participe activement à la structure sociale d'ensemble, le groupe doit en venir, par sa vie interne, à acquérir son originalité. Le fait que le groupe devienne significatif dans la

60. *Méthodes psychologiques, pédagogiques et sociales en psychiatrie infantile*, Paris, Monographie de l'Institut national d'hygiène, n° 24, 1961.

micro-société où il s'inscrit prend une grande importance aux yeux de ses membres. L'image qu'un membre se fait de son propre groupe conditionne largement son intérêt à acquérir un statut social personnel.

Mais essayons de déterminer en quoi le groupe est un moyen thérapeutique. Le groupe incarne le milieu immédiat, structuré et sécurisant, actif et dépositaire de l'esprit général de l'institution. Il est témoin de la tradition que toute la Maison s'est forgée au cours des expériences rééducatives, les plus lointaines, comme les plus récentes. Si le groupe détient cette tradition, il est appelé à en vivre les valeurs sous-jacentes et à s'identifier progressivement à la façon dont les jeunes déjà bien rééduqués assument leur vie de groupe. Ces aspects de l'entité-groupe constituent la structure implicite ou informelle.

Puisque le Centre de rééducation institutionnalise les activités de manière à les rendre conditions nécessaires de vie sociale, c'est dans chaque groupe que devra se vivre, avec stabilité, le régime prévu. Il sera question plus loin de la stimulation que tous reçoivent du groupe, au niveau de la participation aux activités. Un groupe qui fonctionnerait selon les conditions émises précédemment serait instrument de rééducation à cause des dispositifs socialisants qu'il détient.

C'est, en effet, le groupe qui valorisera, par l'appréciation que formulera chacun de ses membres, la production et même le comportement des adolescents, en vue de maintenir intacte l'image positive du groupe, ou de rendre positive une image de groupe encore non définie.

Puisque c'est le groupe qui conserve les valeurs et les vit, c'est lui qui contrôlera, dans une large mesure, le respect de ces valeurs au niveau du comportement de chacun des membres. Ceci est en rapport avec les interactions constantes qui surgissent dans le groupe dont les membres se situent à divers niveaux de progrès sur le plan rééducatif.

Le partage des tâches dans le groupe, étroitement lié au degré d'assimilation des valeurs, assure aux membres de ce groupe l'accès à un statut social et permet l'exercice de divers rôles sociaux. L'appréciation du groupe en regard des diverses tâches remplies par ses membres confirme, solidifie et corrige, s'il y a lieu, l'image de soi de chacun de ses membres. Cette appréciation soutient profondément la formation de l'identité car, selon Erikson[61] :

> « La formation de l'identité (...) surgit de la répudiation sélective et de l'assimilation mutuelle des identifications de l'enfance, de même que de leur absorption dans une nouvelle configuration qui, en retour, dépend du processus par lequel la société, et souvent les sous-sociétés, identifient le jeune individu, le reconnaissant comme quelqu'un qui doit devenir ce qu'il est et qui, étant ce qu'il est, est apprécié. »

Enfin, le groupe apparaît comme le lieu privilégié de l'engagement aux valeurs, lesquelles relient l'individu aux autres, le groupe entier aux choses et aux événements dans un rapport de respect mutuel, de compréhension et de don réciproque.

Il conviendrait d'ajouter que le phénomène adolescent de groupement tient aussi à la recherche de l'identité personnelle, laquelle requiert le fait d'être reconnu par des pairs ainsi que par des personnes significatives. Pour cette dernière raison, il importe que les éducateurs fassent partie intégrante du groupe, même s'ils y prennent figure de leader et jouent un rôle de clinicien.

D'autre part, pour qu'un groupe soit thérapeutique, il convient que sa cohésion soit promue et maintenue. Pour promouvoir et maintenir la cohésion de ses groupes, l'institution doit déployer certaines techniques. Elle devra, entre autres facteurs, laisser à chaque groupe son autonomie, bien que le fait que le régime de vie et la programmation des activités fasse partie de l'unité fonctionnelle de l'institution. Cette autonomie de chacun des groupes est assurée lorsque l'exécution des activités est entièrement confiée à l'initiative et à la compétence des éducateurs de chaque

61. *Op. cit.*

groupe. Cet élément n'empêche nullement d'autres personnes d'étudier les situations, les progrès et les difficultés du groupe [62].

C'est à chaque équipe d'éducateurs qu'il revient d'organiser la structure sociale propre à son groupe. Pour ce faire, les qualités de perspicacité, d'observation et de leadership sont indispensables. Les éducateurs attentifs aux phénomènes de groupe et conscients des interactions qui émergent de sa dynamique devront en assumer l'organisation explicite ou formelle.

C'est précisément cette organisation qui systématisera divers rôles sociaux officiels, propices à la découverte de l'identité et à la vérification de l'assimilation des valeurs par chacun des membres. Seule une structure formelle peut donc véritablement permettre aux jeunes l'expérimentation des valeurs au sein du groupe. Des postes officiels tenus par ses membres, selon des critères déterminés — codifiés — de participation à certaines responsabilités devront être créés. Pour accéder à ces postes, les jeunes seront démocratiquement choisis par le groupe ; ensuite, le groupe, uni aux éducateurs, devra sanctionner la manière dont le rôle sera tenu par l'individu. La confirmation mutuelle entre l'individu et le groupe fera émerger les forces du moi chez l'individu.

> « Chez le jeune, la force de l'ego émerge de la confirmation mutuelle entre l'individu et la communauté, en ce sens que la société reconnaît dans le jeune individu le porteur d'une nouvelle source d'énergie, et reconnaît aussi que l'individu ainsi confirmé accepte de la société qu'elle soit un processus vivant qui inspire la loyauté comme elle la reçoit, qui conserve l'allégeance comme elle l'attire, qui honore la confiance comme elle l'exige. » [63]

---

62. Une recherche d'ensemble sur le « processus de socialisation » entreprise par une équipe de psychologues, sous la direction de Noël Mailloux, a étudié les divers aspects des phénomènes de groupe dans le processus de rééducation du jeune délinquant. (*Cf.* Suggestions de lecture, p. 328, la liste des ouvrages de Noël Mailloux.) Ces travaux ont été pour une bonne part, réunis dans un volume paru dans la présente collection sous le titre *Jeunes sans dialogue*.
63. Erikson, « A Memorandum on Identity and Negro Youth », *The Journal of Social Issues*, 20, n° 4, 1964, p. 29-42.

La structure formelle d'un groupe deviendra thérapeutique dans la mesure où les rôles ainsi distribués correspondent à des tâches réelles, nécessaires à la vie du groupe. Par ailleurs, le profit rééducatif de ces rôles tient à la correspondance qui existe entre la tâche elle-même et la force du moi développée par celui qui la remplit, compte tenu des composantes de sa personnalité. Ici encore, la perspicacité des éducateurs est éminemment requise. Des postes de leaders officiels (le bon fonctionnement des activités, l'ordre, l'entretien du matériel, la décoration, etc.) devraient exister dans chaque groupe. Les responsables officiellement désignés bénéficieraient de rencontres particulières avec les éducateurs pour l'élaboration de leurs projets, la solution des problèmes qui se posent, l'exécution de leur tâche, etc.

La structure formelle s'avère donc indispensable au développement des aspects socialisants que détient le facteur groupe, en ce qu'elle permet aux jeunes d'assumer des responsabilités réelles, ce qui entérine leur capacité sociale, vérifie leur assimilation des valeurs et procure un accroissement du sens de l'identité.

Enfin, il semblerait nécessaire que l'institution puisse offrir à chaque groupe de rééducation des réunions de groupe menées par des psychologues spécialisés en ce domaine. Ce genre de rencontre favorise l'objectivation des relations éducateur-groupe, et aussi celle des individus dans le groupe. Cette objectivation, faite en commun, permet aux uns de se compromettre vis-à-vis de la communauté dans laquelle ils évoluent, et aux autres de s'acheminer vers un engagement plus profond. Il semble que ces séances, à la longue, soutiennent le moi du groupe, et favorisent chez celui-ci la prise de conscience de son évolution en tant que groupe.

Les psychologues chargés de réunions de groupe, du fait qu'ils viennent de l'extérieur, sont à même de porter sur le groupe un regard objectif. Gardant une certaine distance par rapport aux groupes, leur réflexion sur les phénomènes de la dynamique des groupes peut grandement éclairer les éducateurs qui, eux, n'ont pas la possibilité de ce recul. Des échanges réguliers entre les éducateurs et les psychologues permettent une révision fructueuse des moyens psychoéducatifs déployés à l'avantage du groupe.

Tous ces bienfaits thérapeutiques dus à l'utilisation du groupe ne sont réels que dans la mesure où le groupe fonctionne bien. Or, la composition d'un groupe est l'un des facteurs essentiels qui influent sur son fonctionnement. Si l'absorption des nouveaux membres se fait progressivement, l'inadapté social s'intégrera à son arrivée dans un groupe solidement structuré où quelques compagnons sont déjà témoins des valeurs du milieu et où d'autres membres sont en voie d'y parvenir.

Cette dernière condition n'existe, évidemment, que dans les institutions qui ont un certain âge. Cependant, ce principe conditionnel demeure tout aussi fondamental pour les institutions nouvelles qui devront être conscientes de l'urgence que constitue l'organisation et la structuration d'un premier groupe. L'absence de cette structure pourrait, il y a tout lieu de le craindre, donner naissance à la formation d'un gang délinquant plutôt qu'à celle d'un groupe de rééducation. Tout groupe, pour être thérapeutique, devra présenter une culture informelle positive, dynamique, assumée par des éléments qui ont déjà assimilé certaines valeurs et qui puisse faire face aux sous-groupes qui demeurent délinquants et qui préconisent le plus souvent une sous-culture déviante.

Les éducateurs dans l'institution

Jusqu'ici, il a été question de déterminer les conditions générales devant faciliter aux jeunes la formation de leur identité, terme du processus de rééducation. Le rôle que joue l'éducateur est une condition de l'application de ce processus qui n'a pas encore été étudié de façon explicite, mais il est certain que toutes les autres conditions sous-entendent celle-ci. Il ne serait pas superflu de consacrer quelques réflexions à l'identité de l'éducateur : dynamisme institutionnel qui favorise l'établissement de l'identité chez les adolescents.

L'éducateur participe à l'esprit global de l'institution. Cette participation se définit par la réversibilité de l'échange entre ce qu'il est et ce que sont les autres membres de la grande équipe. Chaque éducateur possède des qualités, des aptitudes, des caractéristiques et un rythme qui lui sont personnels. Il a même tout avantage à déployer une certaine originalité et une puissance créatrice. Mais, au-delà de cette particularisation, l'éducateur participe à l'esprit de l'institution, ce qui contribuera à enrichir la force personnelle de l'éducateur tout en mettant à la disposition de l'institution la richesse unique de sa personnalité.

L'éducateur témoignera d'autant mieux de ses qualités hautement humaines que celles-ci fonderont l'esprit même de l'institution. Une institution en laquelle ne se répandraient pas ces qualités essentielles ne saurait constituer un univers digne de confiance pour les adolescents délinquants. La systématisation d'une idéologie côtoie le problème de l'identité à l'adolescence : il a été souvent question dans cette étude de cette affirmation, ainsi que de l'importance que prend le sens des valeurs pour la systématisation d'une idéologie. L'institution doit en arriver à la reconnaissance du sens des valeurs.

L'éducateur se doit de participer concrètement au processus de rééducation de son groupe d'adolescents. Pour qu'il y parvienne, de concert avec l'organisation institutionnelle, à susciter la participation du moi des jeunes, il doit lui-même déployer constamment ses forces personnelles et, partant, vivre les vertus psychologiques [64] manifestant l'intégration de sa personnalité.

Il convient ici de retracer le sens que prend l'épanouissement des forces psychologiques au niveau d'un engagement professionnel qui vise la rééducation d'adolescents inadaptés.

C'est par la confiance dans la vie acquise et développée que l'éducateur conservera l'*espérance* de voir les jeunes évoluer et par l'intensité de son *vouloir* qu'il soutiendra leur évolution, la

64. Au sens où Erikson entend ces mots.

dirigeant vers les objectifs poursuivis — formation et *poursuite de buts* —, selon des méthodes appropriées — *compétence*. Cette confiance alimentera une philosophie de base selon laquelle l'homme est compris en profondeur et se reflétera dans ses attitudes quotidiennes.

L'éducateur, ayant élaboré son propre système de valeurs et donné un sens à sa vie et à la vie humaine en général, manifestera sa cohérence et participera de toute sa personne à l'achèvement de l'humain. L'éducateur *fidèle*, au sens psychologique du terme, se manifestera tel dans l'amour même qu'il nourrit et maintient envers les jeunes, ceux-ci étant vus non pas comme objets d'une pratique professionnelle, mais comme personnes requérant son appui pour progresser dans la maturité.

Au plan professionnel qui nous occupe, l'amour s'incarne dans l'engagement éclairé et profondément lucide de l'éducateur en constante interaction avec son groupe. L'appui qu'il lui donne prend sa source dans cette force qui, dans d'autres circonstances, anime la paternité et la maternité.

Toutes ces vertus déployées et témoignées refléteront aux yeux du groupe une personnalité forte et intégrée, voire prestigieuse, non point par l'allure extérieure, mais par la cohérence qui subsiste entre son tempérament, sa pensée, son éthique. Cette unification, quoique jamais complètement achevée, dégage la sérénité et la sagesse propres à inspirer la véritable confiance des jeunes et à répandre la sécurité dans le groupe.

L'éducateur doit être pleinement engagé dans le courant historique de son milieu professionnel et extraprofessionnel. En effet, il se donne la tâche de réinsérer les jeunes délinquants dans une vie sociale active, ce qui constitue, en soi, un moyen de développer les forces du moi et de transformer les attitudes de base. De ce fait, l'éducateur s'engage à élaborer une méthode et des techniques rééducatives aptes à déployer « les opportunités qui semblent promettre un sens plus accru de l'identité et de la sécurité »[65]. Pour cela, l'éducateur doit « être de son

65. Erikson, *op. cit.*

temps » et représenter, aux yeux des jeunes, l'homme actuel, socialement adapté. De plus, il doit acheminer les jeunes vers une adaptation véritable et profonde au monde extérieur ; celui-ci revêt une originalité historique à laquelle tout citoyen adulte participe d'une manière ou d'une autre. Parce qu'il est conscient des perspectives actuelles qui menacent l'équilibre psychique des jeunes, l'éducateur doit demeurer d'autant plus conscient de ce qui permettra une redécouverte des valeurs sociales et d'une restructuration de l'équilibre psychique.

Certains facteurs rendent thérapeutique la vie de groupe. Mais, sans l'animation dynamique de l'éducateur et l'acceptation de son leadership, le groupe risquerait de cultiver des schèmes délinquants. Il va sans dire que l'éducateur doit, à ce niveau, manifester une réelle compréhension des phénomènes de groupe, et une non moins réelle aptitude à les utiliser. Cette clairvoyance et surtout cette qualité d'animation, l'éducateur la trouvera dans une expérience personnelle de dynamique de groupe. Sa formation doit lui permettre de vivre une telle expérience dans des conditions qui tiennent compte de son futur rôle professionnel. La formation théorique doit s'inscrire dans l'expérience vécue : ce principe demeure hautement valable pour tout ce qui concerne les éléments de formation d'un éducateur spécialisé [66].

C'est dans les activités et la vie institutionnelle quotidienne en général que l'éducateur en vient à acquérir son identité professionnelle. Celle-ci suppose une haute qualité d'engagement social et humain chez l'éducateur. Elle se forme à mesure que le nouvel éducateur vit intensément sa participation à la vie des jeunes, au sein d'une équipe de collaborateurs capables non seulement de soutenir son action, mais également de l'éclairer, tout en favorisant l'éclosion de son style personnel. La supervision constitue donc une large part de la formation professionnelle de tous les jeunes éducateurs. L'identité et la compétence person-

---

66. *Cf.* de J. Guindon : « La formation des éducateurs spécialisés à l'Institut de psychologie de l'Université de Montréal », dans *La Revue canadienne de criminologie*, n° 3, 1960.

nelles ne peuvent s'acquérir en dehors de l'expérience professionnelle, et toute institution de rééducation digne de ce nom doit pouvoir fournir à son personnel une organisation permettant de telles conditions de formation. Là encore, des interactions constantes surgissent entre ce que sont les uns et ce que deviennent les autres par rapport à l'identité professionnelle, ce qui assure une régénération constante des qualités institutionnelles.

Le personnel éducateur doit être suffisamment conscient des implications de la relation éducative pour assurer aux adolescents la rencontre d'adultes capables de prendre, dans le groupe, figure significative. Toutefois, non content d'être une personne engagée par rapport aux valeurs du milieu, non content d'être un leader formé à sa tâche, l'éducateur — qui est constamment aux prises avec le développement des forces du moi des jeunes — voudra nécessairement renouveler sans cesse ses techniques et ses méthodes psychoéducatives, lesquelles sont continuellement soumises à la réponse et à l'évolution du groupe auquel elles s'adressent.

Enfin, qu'il soit question d'identité professionnelle, de forces du moi, ou d'adhésion aux valeurs, l'éducateur devra être celui qui approche et rencontre la réalité, dans une attitude d'action et de don, et non pas dans une attitude de demande et de dépendance.

La réalité rencontrée par l'éducateur recèle mille et une facettes. La vie personnelle de l'éducateur, la configuration de son groupe, les méthodes curatives, le travail d'équipe, façonneront cette réalité. L'institution doit développer un agir propice à promouvoir et à maintenir la qualité humaine et professionnelle de ses éducateurs, de façon à devenir plutôt qu'un univers de sécurité pour les éducateurs, le lieu de « générativité » de cette qualité.

Ces conditions générales, fondant la possibilité d'introduire un processus de rééducation, ne forment pas le corpus d'une institution idéale. Pour parvenir à la vision d'un schéma plus exhaustif, il faut dès maintenant annoncer que d'autres conditions précises se dessineront lors de l'élaboration du processus de rééducation.

☼
☼ ☼

Dans ce chapitre, une tentative de mise en place a été faite pour dresser la structure institutionnelle propice à l'éclosion du processus de rééducation, vue sous l'angle de la micro-société que compose un nombre restreint de jeunes et quelques éducateurs, coexistant dans l'ensemble institutionnel. C'est donc l'institution, le groupe et les éducateurs qui ont fait l'objet de ce propos. Le chapitre traitant de l'application concrète de ces conditions au processus de rééducation, à l'intérieur d'une institution existante : Boscoville, complétera ce tableau.

• 3 •

Boscoville

Au chapitre précédent, les conditions nécessaires pour déclencher le processus de rééducation ont été décrites par rapport à un ensemble institutionnel. Le présent chapitre tentera d'expliciter, à travers la description de conditions réelles de vie, comment le milieu appuie ou suscite les forces individuelles d'un sujet délinquant et cela du début à la fin de son séjour dans une institution spécialisée.

Le milieu rééducatif sur lequel portera cette étude est l'internat de Boscoville. Ce choix a d'abord et avant tout été déterminé par une connaissance prolongée de ce milieu, acquise par l'auteur à partir d'une collaboration personnelle avec cet internat. Cette collaboration touche plusieurs plans : la formation des éducateurs attachés à ce centre ; la recherche clinique concernant l'organisation du milieu ; la mise en place du processus de rééducation. La validité de l'expérience thérapeutique menée à Boscoville se vérifie au cours des années à travers l'observation de son évolution et aussi par l'appréhension de certains résultats, relevés dans les examens psychologiques périodiques.

Il va sans dire que le processus de rééducation n'est pas uniquement le fruit de conceptions purement théoriques, et que les qualités cliniques du milieu n'ont pas surgi à la suite de spéculations d'ordre strictement intellectuel. Toutefois, malgré des tâtonnements, l'organisation actuelle de Boscoville n'est pas non plus le résultat d'un apprentissage basé sur le mode « succès-erreurs ».

Tout ce que nous relaterons ici de l'expérience de Boscoville sera puisé dans ce milieu rééducatif, tel qu'il se présentait en 1967. Cela n'exclut évidemment pas que nous tenions compte des transformations progressives qui avaient marqué les 15 années d'expérience rééducative poursuivie dans cet internat. Cette expérience s'est toujours appuyée sur une pensée clinique de plus en plus circonscrite, dont l'étude fera l'objet des chapitres suivants.

Afin de favoriser une vision interne de la vie institutionnelle, la description entreprise au cours de ce chapitre rendra compte du cheminement personnel que doit parcourir chaque jeune délinquant.

Boscoville peut accueillir 180 garçons âgés de 16 à 21 ans. Tout jeune délinquant admis est considéré, du point de vue juridique, comme un délinquant juvénile, c'est-à-dire un adolescent reconnu coupable d'infraction au Code criminel ; parmi les délits, on relève : vol avec effraction, vol à main armée, meurtre, viols répétés, incendie volontaire, coups et blessures volontaires... Le jeune a sans doute comparu plus d'une fois devant un tribunal ; ces comparutions ont toujours un rapport direct avec les délits commis et, dans la majorité des cas, une demande d'admission à Boscoville est faite, soit parce qu'il y a eu récidive de délits assez sérieux, soit parce que l'adolescent en cause manifeste une personnalité délinquante accusée.

Du point de vue psychologique, cet adolescent apparaît comme un inadapté social dont la structure caractérielle de la personnalité est basée sur le principe de plaisir. Cette structure se manifeste par l'usage des techniques de l'ego délinquant. Ce terme, utilisé par Redl, désigne la tendance au passage à l'acte offensif par lequel le jeune exploite les situations et les personnes selon son bon plaisir ou selon une impulsivité incontrôlée. Il est plutôt rare que le délinquant admis à Boscoville manifeste des troubles psychopathologiques profonds qui relèveraient de conflits intériorisés, indices de névrose ou de prépsychose : de tels sujets ressortiraient de l'hôpital psychiatrique.

Le milieu thérapeutique de Boscoville ne sera bénéfique qu'à l'adolescent jouissant d'un quotient intellectuel normal et possédant les connaissances scolaires correspondant au niveau de quatrième année du cours primaire. L'adolescent à son entrée dans l'institution maîtrise donc les techniques de base de la lecture et de l'écriture ainsi que les notions élémentaires de calcul. À l'admission, le garçon doit avoir atteint sa quinzième année et ne pas avoir dépassé sa dix-huitième année.

Avant d'être admis, le jeune est donc soumis à des tests psychologiques sommaires qui permettront de déterminer son quotient intellectuel et d'évaluer les troubles de sa personnalité.

Le séjour dure généralement deux ans. Il commence par un stage de 3 mois environ dans une unité de vie appelée banlieue. Dans ce centre d'observation se vit la première étape de la rééducation : l'acclimatation.

À son entrée dans un groupe de « la cité », le jeune commence la seconde étape : « contrôle » qui se poursuit pendant environ 6 à 8 mois.

Les étapes « production » et « personnalité » sont vécues dans le même groupe et durent donc approximativement un an.

L'entrée à Boscoville

Il importe que, dès son arrivée, le garçon puisse visiter tout Boscoville. Cette vision générale des locaux constitue un premier pas vers la relation globale que le jeune devra bientôt établir à l'égard de ce milieu total qui se veut sécurisant. Les garçons arrivent à

Boscoville dans des dispositions plus ou moins confuses qu'ils traduisent par l'expression « faire son temps ».

La visite complète de Boscoville permet au nouvel arrivant de percevoir un ensemble architectural structuré. L'hôtel de ville auquel s'ajoutent des locaux communautaires : le gymnase, la salle à manger, la bibliothèque, etc., est le centre administratif de la cité. Plusieurs pavillons entourent ce quartier général. Chaque pavillon comprend deux « quartiers », le quartier étant l'habitat collectif d'un groupe. Ces divers quartiers de la ville sont autonomes et on les désigne chacun par un nom : la Place, le Plateau, la Terrasse, le Carrefour, etc. Le quartier loge 15 à 16 garçons et deux stagiaires-éducateurs. Le rez-de-chaussée comprend une vaste salle de séjour décorée selon le goût des éducateurs et des jeunes, un local de travail qui sert surtout aux activités scolaires, deux bureaux, une salle d'eau ; le dortoir occupe l'étage.

La cité se complète par les ateliers qui sont des bâtiments spacieux, nommés selon leur fonction : Salle des projets, Studios, etc. Les terrains de sports et des étendues de verdure occupent les espaces situés entre les immeubles.

Aux frontières de la cité, la « banlieue » sert de centre d'observation. Sitôt après la visite de la cité, le jeune s'y dirige pour commencer son séjour à Boscoville, lequel durera environ deux années, temps nécessaire à sa rééducation.

Le pavillon de la banlieue est similaire à ceux de la ville, si ce n'est que ses locaux offrent des garanties supplémentaires de sécurité. Il est assez grand pour qu'environ 15 garçons y vivent à l'aise. Ce *home* accueille le jeune au seuil d'une expérience nouvelle ; l'adolescent y restera pendant une période variant entre 8 et 12 semaines.

Il est difficile de circonscrire l'influence qu'aura la structure sociale sur le sentiment de sécurité qui doit se développer peu à peu chez le nouveau venu. L'organisation institutionnelle alimente directement le climat général et apporte aux adultes qui la forgent et l'animent une sécurité personnelle.

Les attitudes — fondamentales chez l'éducateur — de détente, de joie de vivre, d'engagement réel, prennent ordinairement leur source dans un sentiment d'efficacité, dans l'adhésion à un groupe social — qui nourrit l'individu en même temps que celui-ci l'enrichit de sa propre vigueur — et, enfin, dans la mise en valeur de ses potentialités personnelles. Les attitudes de l'éducateur ne manqueront pas d'être perçues par le jeune qui surveille les adultes qui l'entourent, ne serait-ce que pour les tester. Le jeune se sentira à l'aise dans la mesure où les adultes le seront eux-mêmes.

Afin de bien situer toutes les personnes qui, à un moment ou l'autre, entrent en contact avec le jeune délinquant, il est nécessaire de décrire maintenant la structure sociale de l'internat de Boscoville.

L'équipe de base d'un pavillon

Ayant vécu, la plupart du temps, des contacts humains plus ou moins dysharmoniques, l'adolescent se montre particulièrement attentif à la qualité des relations qui se tissent autour de lui. C'est d'abord et avant tout l'équipe de quartier, en constante interaction avec le jeune, qui rend compte de cette qualité. Puis, au fil des événements quotidiens, le garçon dépassera cette perception immédiate de l'équipe en place et saisira globalement l'existence des relations interpersonnelles entre ses éducateurs.

Une équipe de quartier — l'équipe assumant l'observation en banlieue répond au même modèle — se compose d'un coordonnateur et de deux éducateurs ayant terminé leur formation. Deux ou trois stagiaires-éducateurs s'intègrent progressivement à l'équipe et assument une responsabilité proportionnelle à leur degré de formation.

Le jeune délinquant se rend vite compte que le coordonnateur de quartier détient un rôle particulier. En effet, celui-ci unifie l'action et porte la responsabilité officielle de l'unité de vie. Il préside la vie du quartier dans tous ses aspects et impose, au nom de l'équipe, les limites inévitables. Dans la plupart des groupes, parmi les éducateurs c'est le coordonnateur qui compte le plus d'années d'expérience ; son prestige tient à sa compétence et à ses qualités de leader et de clinicien. Toutefois, l'autorité doit être véritablement répartie entre tous les membres de l'équipe, de telle sorte qu'une décision importante ou la solution d'un problème ne relève jamais d'un seul : c'est l'équipe qui aura à décider ; c'est encore l'équipe qui se devra d'éclairer, tout autant dans les décisions importantes que dans les événements qui se vivent, chacun des éducateurs ; les jeunes comme les adultes devront le savoir.

Chaque éducateur professionnel a la responsabilité d'une activité et, à partir de cette activité particulière, chacun se voit décerner une appellation qui y correspond : ministre des sports[67], ministre des studios, etc. ; tous les éducateurs, y compris le coordonnateur, sont en outre chargés de façon concrète d'un aspect ou l'autre de la vie communautaire. De plus, chaque éducateur consacre plusieurs heures aux moments de routine : repas, soirées, temps libres, coucher, réveil. Les membres de l'équipe participent tous activement à ces routines, qui seront décrites plus loin dans le dessein de souligner l'élément thérapeutique qui leur est reconnu.

Les relations interpersonnelles au sein de l'équipe de base

C'est au coordonnateur qu'incombe la charge de réaliser et d'unifier les relations interpersonnelles dans son équipe. De concert avec les coordonnateurs des autres unités de rééducation, il prépare un emploi du temps hebdomadaire et, deux fois la semaine, à heure fixe, il réunit son équipe. La première réunion prend nom de comité régime de vie ; la seconde, comité clinique. À l'ordre du jour du comité régime de vie sont inscrits tous les points qui concernent la vie et le fonctionnement du groupe : les vacances, les sorties, les progrès individuels, l'application des techniques psychoéducatives, la programmation de telle réalisation, le retour sur telle autre, etc. Ce comité consacre une séance par mois à l'autocritique. À cette occasion, les coéquipiers exami-

67. Nous dirions : responsable des sports.

nent la qualité des relations qui existent entre eux ainsi que les points forts et points faibles de la participation individuelle : ils revoient certaines attitudes et délimitent à nouveau le partage des tâches. Des attitudes concrètes sont adoptées qui seront discutées à nouveau à la réunion suivante.

Le comité clinique a pour but de faire une étude psychoéducative approfondie de l'évolution individuelle des jeunes. Au cours d'une année, l'équipe doit évaluer à trois reprises le processus de rééducation de chacun des garçons. Cinq études cliniques sont réalisées durant le séjour de chaque jeune : à son arrivée dans l'unité de rééducation ; après trois mois de séjour ; après huit mois ; après treize mois ; à la dernière étape, c'est-à-dire quelques semaines avant le départ. On revoit les attitudes du garçon vis-à-vis de chaque activité, vis-à-vis des modalités de relations avec les éducateurs et avec ses pairs. Un membre de l'équipe est chargé de relever et de synthétiser toutes les observations qui ont été écrites par les éducateurs. Un autre établit un résumé de l'histoire sociale et informe l'équipe du rapport psychologique rédigé à la fin de chacune des trois premières étapes de rééducation : acclimatation, contrôle et production. À ces réunions, chaque éducateur trace un portrait du comportement actuel de ce jeune qu'il a eu l'occasion d'observer au cours des différents moments de la vie quotidienne, ainsi que pendant l'activité qu'il conduit. À la suite de l'exposé général de ces observations, l'équipe repense la stratégie psychoéducative afin de la rendre aussi efficace que possible pour acheminer le jeune vers une rééducation profonde et totale.

Après huit mois de séjour, le garçon rencontre l'équipe à l'occasion d'une réunion du comité clinique. Chaque éducateur, dans un climat de sincérité et de fraternité, rend compte au garçon de ses observations, tant celles qui ont une portée positive que celles qui seraient plus négatives. Le jeune est informé des attitudes qui seront adoptées par rapport à tel ou tel comportement. Il est invité à s'exprimer au sujet des difficultés qu'il rencontre ainsi que sur les sentiments qu'il nourrit envers le groupe, les activités, les éducateurs.

Les deux comités hebdomadaires ne constituent pas tout le système de relations établies dans chaque équipe. En effet, le coordonnateur a pour responsabilité de traiter des problèmes d'intégration à l'équipe, de la marche des activités, du rôle que prend chaque jeune dans le groupe, de l'influence positive ou problématique de tel garçon, etc. Les stagiaires bénéficient également de rencontres hebdomadaires avec un éducateur ayant de l'expérience et qui tient le rôle de superviseur à l'intérieur du cadre de la formation universitaire. Dans la plupart des cas, le superviseur exerce lui-même la profession d'éducateur à Boscoville, et participe à la réunion bi-mensuelle des superviseurs, laquelle se tient au Centre de formation des éducateurs spécialisés.

Ce réseau de communications internes témoigne, aux yeux du jeune délinquant, d'une coexistence efficace et fraternelle existant au sein de l'unité de vie. L'équipe qui ne donnerait pas une image unifiée et harmonieuse d'elle-même n'arriverait pas à former un groupe dynamique et rééducatif.

À travers ce système de relations, la constance et le sérieux de l'engagement, qualités psychoéducatives par excellence, caractérisent la micro-société qui se veut cohérente aux yeux des jeunes. Plus la cohésion sera forte au sein de l'équipe de base, plus les premiers signes d'un bien-être psychosocial se manifesteront chez les jeunes.

L'équipe de base et ses relations avec la structure globale

Le comité des coordonnateurs réunit chaque semaine à Boscoville le leader de chaque équipe de base, ainsi que les coordonnateurs d'activités, le spécialiste-coordonnateur du régime de vie, le spécialiste-coordonnateur clinique, le directeur adjoint et le directeur général. Les informations qui concernent l'ensemble de l'institution sont discutées et transmises par cette équipe coordonnatrice ; le coordonnateur de chaque unité de vie y puisera le contenu d'une partie de l'ordre du jour de son prochain comité de quartier. Il apparaît important pour la vie même de la cité que des communications soient effectivement établies entre tous ceux qui ont pour tâche d'actualiser les forces positives des adultes et des jeunes et d'exploiter les éléments de la réalité en vue d'apporter un enrichissement aux uns et aux autres. Tout en faisant de la rééducation la préoccupation commune de tout Boscoville, cette intercommunication des membres-coordonnateurs assure l'unité de la vie institutionnelle au lieu de laisser les sections sans connection entre elles. Le comité des coordonnateurs sera efficace et deviendra facteur de renouvellement continuel dans la mesure où il permettra aux participants de s'enrichir mutuellement à partir d'un partage de leur expérience.

Deux fois par mois, chaque coordonnateur rencontre individuellement le directeur général avec qui il révise son rôle d'animateur de groupe. Des rencontres similaires avec le directeur adjoint portent sur les problèmes particuliers qui peuvent surgir en rapport avec les jeunes. Les problèmes relevant de la politique administrative ou qui touchent à l'application des principes pédagogiques, aux horaires, au maniement des comportements, aux relations avec le Tribunal de la jeunesse, relèvent également du directeur adjoint.

L'équipe directrice

Placé à l'échelon supérieur, le conseil d'administration assure la responsabilité ultime de la direction de Boscoville. Il se compose de 12 administrateurs, dont trois membres seulement font partie intégrante de l'institution : le directeur, le directeur adjoint et le représentant de l'équipe des éducateurs.

Un conseil exécutif, composé du directeur général, du directeur adjoint, d'un représentant des éducateurs, du coordonnateur du régime de vie, du coordonnateur clinique et d'un administrateur, se réunit une fois la semaine.

À l'occasion de ces rencontres, divers aspects sont examinés en tenant compte des objectifs à atteindre : la coordination de toute la vie boscovillienne, le personnel, l'aspect clinique, le régime de vie, les services administratifs, les relations avec l'extérieur ; sont prises toutes les décisions urgentes concernant l'un ou l'autre de ces aspects. À l'exception de l'administrateur, les membres de l'équipe directrice sont tous des éducateurs professionnels possédant une compétence solide, acquise au cours de plusieurs années d'expérience rééducative auprès des jeunes. Le contact avec ces derniers est gardé par chaque membre de l'équipe directrice puisque tel ou tel coordonnateur-spécialiste peut être appelé à remplacer un éducateur absent dans une unité de vie, et aussi parce que chacun des membres poursuit, par le truchement d'entretiens individuels, une relation psychoéducative avec quelques garçons. Par ailleurs, tout jeune peut demander un entretien avec l'un ou l'autre membre de l'équipe directrice ; le choix de la personne dépendra du genre de problèmes à résoudre, ou des revendications abordées.

Pour unifier l'information et favoriser la mise en commun des réflexions et des découvertes de chaque sous-groupe, le personnel de la maison se réunit au complet une fois par mois. À l'occasion de ces rencontres, l'étude d'un aspect rééducatif de l'institution ou du régime de vie assure la progression constante des techniques rééducatives.

Chaque année, deux semaines d'études sont consacrées à la remise en question de tout ce qui rend rééducatif le milieu institutionnel. Ces journées sont préparées par chacun des membres de l'équipe totale. De ce comité général ressortent des résolutions, des projets d'études, ainsi que la mise en œuvre de nouveaux schèmes rééducatifs. Cette rencontre du personnel au complet permet à chacun de se retremper dans la philosophie même de la maison. Cette philosophie n'est pas explicite : comme la tradition, elle se nourrit de l'expérience de tous et se manifeste, en définitive, par la qualité des efforts qui se déploient en fonction de la rééducation des jeunes.

Qu'il soit « banlieusard » ou « citoyen », chaque garçon sera touché par ce réseau de relations interpersonnelles. D'ailleurs, toutes les interactions sont assumées dans le but d'aider le jeune ; celui-ci devrait pouvoir y reconnaître l'entité unifiée et cohérente d'une maison qui n'existe qu'en fonction de sa rééducation. L'ambiance de la maison, le style des relations déployées par ceux qui y exercent une fonction professionnelle, la solidité des rouages qui assurent le dynamisme de la vie quotidienne en permettant de mettre à exécution les décisions prises et de résoudre les conflits révèlent cette unité, cette cohérence.

Les spécialistes

Le terme spécialistes désigne les représentants de disciplines diverses collaborant avec la grande équipe de Boscoville. À l'heure actuelle, l'équipe pluridisciplinaire compte des psychologues de groupe, des psychologues consultants, un travailleur social et un médecin. Toutes ces personnes jouent un rôle précis auprès des garçons : les psychologues de groupe animent des séances hebdomadaires de dynamique de groupe ; les psychologues consultants étudient la personnalité de chaque garçon lors de son arrivée, en cours de séjour, avant son départ, et font parvenir leurs rapports au coordonnateur clinique qui les transmet, avec des commentaires, à l'équipe de base concernée ; le travailleur social établit la relation entre l'institution et le monde extérieur et, plus précisément, avec la famille du jeune ; le médecin évalue l'état de santé du garçon à l'entrée et s'en préoccupe pendant tout le temps que dure son séjour. Dans quelques cas rendus difficiles par l'existence d'une pathologie particulière, une psychothérapie individuelle est entreprise par un psychothérapeute.

L'expérience d'une vie nouvelle au centre d'observation

Mais revenons au centre d'observation appelé banlieue. Là, tout est mis en œuvre pour que la vie quotidienne devienne immédiatement une expérience significative. Le séjour en banlieue revêt un double objectif : il permet au jeune de s'acclimater au style de vie de Boscoville ; il apporte aux éducateurs une meilleure connaissance du garçon qui les aidera à établir, en temps voulu, les conditions maximales de rééducation.

La banlieue a été conçue en vue d'une fonction particulière. Dès son stage en banlieue, le jeune doit se plonger dans un style d'existence tout à fait nouveau. Cette expérience, vitale pour lui, sera significative dans la mesure où elle pourra lui apporter suffisamment de satisfactions. C'est dire que le processus de rééducation se déclenche chez le jeune le jour même de son arrivée. La vie en banlieue est donc organisée selon les conditions particulières à la première étape du processus de rééducation : le jeune y fera l'apprentissage de la vie à Boscoville en adoptant les normes proposées, en respectant un code établi, et en participant aux activités psychoéducatives de tous les jours.

La découverte d'un code

Dès son arrivée, le garçon rencontre l'éducateur responsable de la banlieue. Le dialogue à peine ébauché, l'existence d'un code est révélée. On connaît le besoin qu'éprouve tout adolescent d'adhérer à des normes fixes [68], d'où les codes de « gangs » souvent établis dans les groupes délinquants. Boscoville a aussi son code qui détermine un certain nombre de valeurs à respecter, comme l'indique cet extrait :

> « À Boscoville, on vit dans un esprit d'entraide et de responsabilités personnelles et sociales. Cet esprit doit se manifester vis-à-vis le matériel, les autres gars, toi-même, les éducateurs, ainsi que toute autre personne vivant à Boscoville ou le visitant. »

Il est essentiel que le jeune découvre dans ces normes codifiées — qui ne constituent pas une série d'exigences établies par tel ou tel adulte, ni même par la direction — non pas un appareil de contraintes inventées par des adultes, mais bien l'expression claire de la tradition du milieu. La tradition de la micro-société n'a pas été édictée, un beau jour, pour assurer le calme de la cité. Le code s'est progressivement constitué à l'occasion de la participation de diverses générations de jeunes à la vie de Boscoville et

---

68. *Cf.* Parrot et Monique Gueneau : *Les gangs d'adolescents*, Paris, 1959, P.U.F.

les normes qu'il préconise font partie de l'esprit du milieu. Le code est, par le fait même, dépersonnalisé, et il doit être présenté comme tel au nouvel arrivant.

Ces normes coïncident avec les conditions d'une vie collective heureuse, et tout banlieusard, comme tout citoyen, doit en vivre les exigences.

L'éducateur responsable de la banlieue initie le garçon, non pas à la lettre du code, mais à son esprit. Voici ce que dira à peu près l'éducateur au garçon qui arrive :

> « Le code, vois-tu, c'est la façon de vivre à Boscoville. Une chose à retenir tout de suite : tu ne vis pas seul ici, tu vis en groupe. Vivre en groupe, pour cela soit tenable, ça veut dire : tu laisses la paix aux autres et les autres feront ainsi.
>
> La première condition, c'est de te prendre en charge toi-même, au jour le jour, selon tes capacités. Le code te dit ce qu'il faut respecter. On ne te demande rien d'impossible. On ne te dit pas que c'est facile, mais d'autres l'ont fait, alors on croit que tu peux le faire aussi. Tous ceux qui ont vécu à Boscoville ont mené le genre de vie que l'on te propose ; la plupart ont trouvé que le code avait du bon sens. S'il y a des points que tu ne comprends pas, viens me voir et on en discutera. »

Le jeune est donc invité à s'initier à la mentalité de Boscoville, mentalité à laquelle participe toute une population d'adolescents, c'est-à-dire de pairs. Ainsi perçu, le code n'est plus un règlement d'adultes, mais bien une tradition sociale où s'entrecroisent deux générations : jeunes et adultes.

Sachant qu'au premier abord le code apparaîtra au jeune sous un aspect contraignant, les éducateurs de la banlieue mènent une action concertée pour en favoriser la compréhension. Peu à peu, à travers les relations humaines établies et à travers l'expérience quotidienne, le garçon découvrira les valeurs sous-jacentes à cette loi qu'est le code. Au début, il ne lui est demandé qu'une chose : apprendre à vivre à Boscoville et apprendre que tout le soutien possible lui sera accordé. Cet apprentissage est le premier pas vers la réalisation du processus de rééducation.

La cotation comme moyen d'acclimatation

Les valeurs du milieu ne seront pas forcément perçues par le jeune du seul fait qu'il fait partie de ce milieu : seule une expérience personnelle les lui fera assimiler. Les valeurs signifiées par le code se découvrent à travers les détails de la vie quotidienne mais elles n'atteindront le jeune que s'il en tire satisfaction ou s'il éprouve un déplaisir quelconque en les transgressant. Il importe que, dès son séjour en banlieue, le jeune commence l'apprentissage au cours duquel la satisfaction de vivre dans l'ordre établi alternera avec le déplaisir qui provient d'une transgression à cet ordre.

L'acclimatation qui s'opère peu à peu chez le jeune lui procure un certain contentement mais elle exige, par ailleurs, un début de contrôle personnel. Pour que cette acclimatation soit soutenue, le jeune devra être mis en possession de moyens capables de lui permettre d'objectiver ses actes. Ces moyens doivent venir de l'extérieur pour deux raisons : d'abord, tout adolescent éprouve une difficulté réelle à réfléchir les données de sa propre expérience[69] ; ensuite, tout adolescent inadapté présente une superstructure défensive qui lui permet de s'évader souvent de la réalité. À Boscoville, le moyen d'objectivation préconisé est celui du système de cotation qui porte sur une évaluation chiffrée de quelques aspects du comportement du jeune.

La raison d'être du système de cotation est exprimée en ces termes dans un cahier de Boscoville rédigé lors de journées d'études :

> « La cotation est un instrument qui favorise le processus de socialisation (...) en soulignant les modalités d'action qui traduisent les devoirs sociaux du jeune et lui rapportent les droits qui y sont rattachés. La cotation devient ainsi une logique d'action. »

En somme, la cotation sert de point de repère parce qu'elle reflète le comportement individuel face aux valeurs sociales préconisées par le code. Toute activité est cotée en présence du

---

69. *Cf.* Piaget, *Six études de psychologie*, Genève, Éd. Gauthier, 1964.

jeune par l'éducateur, étant entendu que le garçon peut donner librement son avis.

Le nouveau venu sera, certes, incommodé par la cotation et un peu surpris de se voir évalué en chiffres après chaque activité. Il en découlera des réactions plus ou moins fortes, selon que l'utilisation de la cotation aura été adéquate ou non. Il se pourrait que le garçon conteste une cotation jugée imméritée, qu'il déclare le système enfantin ou encore qu'il adopte une attitude d'indifférence complète. Mais de telles situations, si elles étaient durables, ne feraient que traduire l'incompétence de l'éducateur dans l'emploi de cet instrument.

À la cotation se rattachent des droits. Une semaine cotée « A » — à l'intérieur de laquelle auront été accumulés un nombre satisfaisant de points — donnera droit à tel salaire et, plus tard, à l'accès à telle sortie, etc. Une semaine « B », par contre, prive de tel droit, et ainsi de suite. De cette façon, la cotation s'infiltre dans la vie du jeune en touchant de près ses propres intérêts. Il s'ensuit que l'adolescent en viendra à mieux connaître, dans tel ou tel secteur de la réalité, les divers aspects de son comportement. Forcément, il souffrira de ses infidélités au code et, inversement, tirera satisfaction des expériences vécues positivement. Peu à peu, il en viendra à découvrir la signification vitale des valeurs sous-jacentes aux diverses activités auxquelles il se livre. C'est souvent à l'occasion d'un dialogue établi à partir des cotations que l'éducateur pourra aider le jeune à percevoir ces valeurs. Le banlieusard n'atteindra pas à ce niveau, mais il importe que, dès la première étape, le jeune ait accès à ce moyen d'apprentissage de la vie de Boscoville.

Un tel instrument cache quelque danger. Il suffirait de l'utiliser sans précaution pour bloquer le processus de rééducation au lieu de le susciter. La cotation ne tient pas lieu de jugement moral ; elle n'implique pas : « tu as mal agi, tu as bien agi », mais plutôt : « voilà comment tu as fait ». Elle doit, éventuellement, permettre au jeune d'évaluer ses propres actions, en fonction des objectifs à poursuivre dans son étape d'acclimatation.

En résumé, les valeurs préconisées par le style de vie boscovillien seront d'abord émises par le code, perçues et vérifiées par la cotation, puis vécues dans les événements quotidiens.

Les activités

L'ensemble des actions que commandent les nécessités de la vie : nourriture, toilette, sommeil, est habituellement source de tension car leur charge émotive les rend perturbatrices. Cette charge provient d'insatisfactions antérieures ou encore des aspects litigieux que recouvraient les événements familiaux rituels. La précarité de l'équilibre émotif des jeunes au moment des activités de vie quotidienne est remarquable. La tension intérieure que créent ces activités peut donner lieu à des désorganisations générales. C'est pourquoi les éducateurs, en s'appuyant sur l'organisation institutionnelle, tentent de favoriser un climat sain autour de ces routines. Le climat qui préside aux repas, entre autres, doit être soutenu par une participation dynamique des éducateurs. Il importe aussi que le jeune soit assuré de la réponse positive que donnera Boscoville à ses besoins élémentaires : une nourriture de qualité, par exemple. À certains moments, c'est l'institution qui devra voir à ce que le jeune satisfasse lui-même à certains besoins : par exemple, la douche sera réglementaire. En somme, tous ces moments de routine qui rappellent de près ou de loin la vie familiale exigent, de la part des adultes, une vigilance et une disponibilité maximales. Un état de détente au sein de ces activités constitue l'indice d'une acclimatation effective du jeune à la vie de la maison.

Les activités dirigées de la banlieue, pour leur part, jalonnent les journées de manière à produire un horaire semblable à celui qui est en vigueur dans la cité. On peut donc assimiler le séjour en banlieue à un temps d'apprentissage global du régime de vie. Toutes les conditions d'organisation font appel à la participation du jeune, mais on ne lui demande rien d'autre que d'être présent aux activités et d'y faire preuve de contrôle personnel. À ce stade, le jeune doit s'adapter aux divers instruments et matériaux de travail de manière à se préparer à la vie qu'il mènera plus tard dans la cité.

Il importe que, dès son arrivée en banlieue, le garçon puisse s'inscrire dans le mouvement des activités dont tout le programme s'appuie sur les bases rationnelles du processus de rééducation. La banlieue n'est pas un centre d'observation passive : au contraire, les activités sont organisées de manière à susciter chez le jeune un intérêt réel pour son nouveau genre d'existence. La vie de la banlieue fait déjà appel aux forces du moi et permet au jeune de voir des résultats et d'appréhender des buts à court terme. Soutenu par ce genre d'activités, le comportement quotidien du garçon se stabilise et indique ainsi un certain degré d'acceptation de sa nouvelle vie.

À mesure que son adhésion au nouveau style de vie progresse, le garçon parvient à en connaître le code et à fournir certains efforts de production dans les activités. Toutefois, à cause de sa structure caractérielle délinquante, il est évident que le nouvel arrivant ne va pas s'engager d'emblée dans sa propre rééducation. Pour pallier cet état de choses, les cadres de la banlieue favorisent l'éveil de l'intérêt du jeune pour ce milieu et encourageront son adhésion à ce style de vie ; la présence d'éducateurs particulièrement expérimentés fournira un appui solide.

En somme, les cadres de la banlieue, le climat institutionnel et la présence d'adultes seront les facteurs capables d'apporter au jeune inadapté une certaine sécurité qui constitue la base même du bien-être psychosocial.

Les cadres de vie

Les cadres de vie de la banlieue sont conçus de façon à pousser le jeune à participer le plus possible aux activités. C'est là le seul moyen de faire échec à ce « passage à l'acte » offensif que le jeune délinquant essaiera de transplanter dans son nouveau milieu. À l'intérieur des cadres particuliers à la banlieue, le garçon, engagé par le code, devra renoncer aux facteurs matériels l'invitant à maintenir des schèmes délinquants. Le port des cheveux longs, les bottillons, le veston de cuir, manifestations extérieures provenant de facteurs sociologiques, sont bannis à Boscoville afin d'écarter les rappels du style délinquant.

D'autre part, l'édifice de la banlieue, contrairement aux quartiers de la cité, repousse le plus possible les tentations de fugues et de vols. Ici, la porte de la chambre à coucher individuelle du jeune est fermée à clé la nuit et son occupant est, en tout temps, tenu à proximité des éducateurs qui l'accompagnent lorsqu'il circule hors des locaux du centre d'observation.

Ces cadres matériels très circonscrits, l'existence du code et de la cotation, l'établissement d'un horaire très stable sont des facteurs capables d'amener le jeune à découvrir la réalité espace-temps. Si frustrants que puissent paraître ces cadres restrictifs, l'expérience a démontré qu'ils comportent, de fait, des éléments rééducatifs. Ils procurent au jeune une sécurité globale qui le protège contre ses propres tendances délinquantes : les occasions de poser des gestes délinquants disparaissent et tout comportement susceptible d'en rappeler les schèmes est prévu par l'adulte. L'adolescent se trouve donc acculé à faire l'expérience d'une autre réalité sociale, que ce soit par le biais d'une activité, du temps à respecter, de l'espace donné, du groupe auquel il a à s'intégrer, de l'adulte à qui il doit faire face. À partir de cette expérience nouvelle, le travail, l'exactitude, la propriété commune, le groupe, pourront être perçus et vécus par le jeune comme autant de valeurs liées au milieu de vie.

À mesure que le jeune découvre la solidité des cadres qui orientent son comportement extérieur vers une participation à la vie courante, un véritable sentiment de sécurité s'établit chez lui. L'expérience démontre qu'il atteint un calme relatif, première manifestation du bien-être psychosocial.

Les forces autonomes de son moi pourront s'organiser et se développer au fur et à mesure de son acclimatation à Boscoville. Au début de son séjour, le garçon percevra surtout l'aspect restrictif des cadres de la banlieue. Pourtant il ne saurait y avoir d'expérience véritablement positive si le climat n'était pas en mesure de susciter l'intérêt du jeune, tout en instaurant en lui une certaine sécurité et un début de confiance dans l'organisation que lui procure l'institution.

Pour ressentir comme sécurisante une vie qui offre tant de nouveauté et exige un tel changement dans les habitudes de l'adolescent, le sentiment de la stabilité est indispensable. En banlieue, celle-ci est assurée par la continuité qui caractérise la présence des adultes et le programme de vie. Le jeune aura vite fait de mémoriser l'horaire de la semaine : c'est à partir du moment où il aura assimilé cet horaire qu'il commencera de se sentir à l'aise dans son nouveau milieu. Prévoir ce qui va se passer contribue pour beaucoup à diminuer l'effet anxiogène que détient en soi toute nouveauté.

Les éducateurs de la banlieue concertent leurs efforts pour permettre au jeune de constater, sur-le-champ, au fil des événements, les progrès qu'il accomplit et de prendre conscience des facteurs extérieurs qui suscitent en lui une désorganisation s'exprimant dans son comportement. Il est important qu'il puisse se raccrocher à une réalité précise devant laquelle il est forcé de réagir. Cela suppose que la vie du jeune soit organisée pour permettre la perception que ses fils conducteurs reposent sur une conception rationnellement planifiée. En banlieue, le déroulement des activités et des routines ainsi que le roulement de présence des adultes suivent une séquence rigoureusement établie.

Le jeune accédera à la découverte d'une activité dans la mesure où un même éducateur en assumera la charge de façon stable. Plus l'adolescent connaît l'éducateur, plus il est en mesure d'avoir recours à son soutien ; plus l'éducateur connaît le jeune, mieux il peut l'aider, en intervenant à bon escient et selon les modalités appropriées. Les éducateurs de la banlieue doivent avoir le souci constant de maintenir une très grande unité dans leurs interventions, et ils doivent se rendre compte les uns aux autres de leurs observations quotidiennes.

Les éducateurs de la banlieue devront constamment faire preuve de qualités professionnelles d'un niveau très élevé, du fait que le garçon vit, à cette étape de son séjour, son premier contact avec l'institution. Ils sont l'image de l'éducateur-type de Boscoville : présence vigilante de tous les instants alliée à une observation rédigée quotidiennement et s'exprimant par des interventions appropriées.

Le mode de contact que l'éducateur choisira de maintenir avec le jeune au centre d'observation se détermine par la courte durée du séjour que celui-ci y fait. La communication avec le jeune doit être suffisamment dosée pour lui procurer la sécurité nécessaire qui provoquera un attachement au style de vie préconisé à Boscoville. La banlieue est donc animée par des éducateurs seniors[70], lesquels ayant vécu l'expérience des différentes étapes du processus de rééducation, sont les mieux en mesure de favoriser l'acclimatation du jeune.

L'adolescent utilisera sa perspicacité pour repérer quel genre de personnes il côtoie. Cette période de test, plus ou moins longue selon que l'éducateur a plus ou moins d'expérience, est une activité de prédilection pour le jeune délinquant. Dans son inventaire il devra percevoir tour à tour la compétence, la sécurité personnelle et la force d'équilibre de l'éducateur. L'adulte qui possède ces trois qualités humaines verra alors son prestige établi aux yeux de l'adolescent. Sans ce prestige, le jeune n'arriverait pas à créer une relation interpersonnelle avec les personnes qui poursuivront sa rééducation lorsqu'il rejoindra un groupe de rééducation après cette étape initiale.

Le rapport d'observation

Au terme du séjour en banlieue, les éducateurs peuvent fournir les éléments indispensables à l'orientation judicieuse de chaque garçon. C'est au coordonnateur clinique de faire la synthèse du rapport.

L'observation porte exclusivement sur le vécu. L'éducateur tente de rendre compte le plus objectivement possible, après

70. Éducateurs ayant une certaine ancienneté dans la profession.

échange prolongé avec tous les membres de l'équipe, des modalités de contact déployées par le garçon. Le rapport décrit, s'appuyant sur des faits observés, le comportement du jeune face aux activités, aux adultes et à ses camarades. Après lecture de ce rapport, le coordonnateur clinique discute avec l'équipe des responsables afin de juger s'il est opportun de diriger le garçon vers tel ou tel quartier, compte tenu de la personnalité des futurs éducateurs, de l'évolution du groupe visé, de la personnalité ou du genre de troubles de la personnalité que manifeste le nouveau citoyen. Le comité des coordonnateurs rend compte des études et réflexions effectuées en faveur de tel ou tel placement. Aucune décision finale ne sera prise avant que le coordonnateur d'unité de vie, à qui le nouveau venu est proposé, n'ait, avec toute son équipe, donné son assentiment ou laissé entendre son refus. Dans ce dernier cas, le coordonnateur doit invoquer les raisons précises qui l'empêchent d'accepter le jeune.

Le banlieusard sera, de toute manière, invité à s'intégrer à l'un des quartiers de la ville.

Le passage au centre de rééducation

Avant son transfert définitif de la banlieue au quartier, le garçon prend graduellement contact avec son nouveau milieu en participant à quelques activités du quartier. Normalement, cette transition s'effectue en trois jours.

Dès son arrivée définitive au quartier, le garçon reçoit sa carte de citoyenneté. En acceptant cette carte, le nouvel arrivant pose un premier geste d'engagement personnel : il manifeste publiquement la volonté de vivre selon le code et l'esprit du groupe. La citoyenneté accorde certains droits (salaires, sorties, etc.) proportionnels à la qualité de l'adhésion du jeune aux valeurs du milieu. Les premiers temps de son insertion dans la cité, le jeune ne pourra encore circuler dans la ville que sur permission de l'éducateur. Dans la mesure de son acceptation des normes en vigueur, le garçon acquerra droit de circulation. Une fois accordé, ce droit pourra être suspendu ou définitivement conservé, selon l'utilisation abusive ou judicieuse qu'en fera le citoyen.

S'engager dans la vie totale de Boscoville n'est pas facile. Le garçon qui quitte la banlieue pour venir s'établir au quartier se retrouve dans la situation de « nouveau » ; il est perçu comme tel par ses pairs. Son adaptation sera nettement influencée par la dynamique qui règne dans le groupe. La citoyenneté donne au garçon l'occasion de participer à toutes les réalisations qui ont cours dans la cité : pièces de théâtre, olympiades, etc.

Le nouveau citoyen jouit de droits nouveaux — être au courant des étapes à franchir, entrevoir la possibilité d'organiser son budget, etc. — et il acquiert par là même un nouveau statut. La vie de groupe constitue l'enjeu principal de la transition entre la banlieue et la cité. Elle répond à un besoin réel d'appartenance mais elle peut, en même temps, être source de difficultés pour le jeune qui s'y engage.

La vie dans un pavillon de rééducation

Le coordonnateur de banlieue ainsi que le coordonnateur de l'unité de vie accompagnent le nouvel arrivant. Le dialogue qui s'établit entre ces trois personnes traite de la façon dont le garçon s'est acclimaté en banlieue, de ses points forts et de ses points faibles, de la façon dont il a été possible de l'aider. L'échevin du quartier vient ensuite chercher le nouveau venu pour le présenter au groupe de 14 ou 15 garçons, au sein duquel il sera appelé à vivre. L'échevin joue un rôle important dans cette présentation puisqu'il prend une part active à l'initiation officielle du garçon. Celui-ci se rend vite compte que ses nouveaux compagnons assument, à l'intérieur du groupe, des responsabilités particulières et que chacun joue des rôles qui lui sont propres. Le jeune saisit rapidement qu'un esprit démocratique anime la petite société. L'échevin, élu à la majorité des voix, désigne quatre sous-ministres et un secrétaire qui formeront avec lui le conseil de quartier. Un sous-ministre, en collaboration avec les éducateurs — appelés ministres —, est officiellement responsable d'une activité : il recherche les moyens matériels qui seront en mesure de provoquer une production maximale, tout en contribuant à améliorer l'atmosphère autour de cette activité. Le conseil de quartier se réunit chaque semaine pour réviser l'action des jeunes, en accentuer les points forts, en relever les points faibles, et chercher des solutions aux problèmes de la vie quotidienne. Il arrive que ce conseil de quartier règle lui-même, avec l'aide d'un éducateur, des problèmes relevant de l'amélioration matérielle des locaux, de la tenue vestimentaire des garçons, etc., ou encore qu'il s'occupe d'organiser certains loisirs, une soirée mixte, par exemple. Le mandat du conseil de quartier est trimestriel ; un nouveau vote le prolongera ou opérera les changements qui s'imposent. Cette structure sociale contribue largement à faire prendre conscience à l'adolescent qu'il a, en tant que citoyen, des responsabilités, en même temps qu'il jouit d'un statut défini.

La vie de quartier est très active ; chaque journée est bien remplie. Les activités se succèdent à un rythme stable, avec des moments de transition entre chacune. Le lever à 7h30 est suivi du petit déjeuner. Les jeunes participent à l'entretien des locaux, encouragés par l'un des leurs : le sous-ministre de l'administration. À partir de 9 heures, la matinée est consacrée à l'activité scolaire. Le déjeuner est suivi d'une période de temps libre qui est prise en groupe et pendant laquelle les garçons se livrent à leurs activités favorites : lecture de journaux, jeux d'échecs, jeux de cartes, achèvement de quelque travail urgent, etc. Quatre activités ont lieu l'après-midi : les ateliers, les activités sportives, les projets[71], les sports de compétition. Après le repas du soir, chacun sera libre de s'adonner à ses loisirs préférés : audition de musique ou participation à un orchestre, jeu de dames, jeu de quilles, etc. Ces moments sont particulièrement propices aux

---

71. Adapté de l'anglais *project*, ce mot, très couramment employé dans le monde éducatif américain, désigne toutes sortes d'entreprises de groupes décidées à l'avance et dont le déroulement se prolonge sur plusieurs jours, plusieurs semaines ou plusieurs mois.

échanges avec les éducateurs. Il peut se trouver, certains soirs, que les garçons fassent preuve de passivité marquée. Les éducateurs suggèrent alors une activité précise qu'ils conduiront de façon soutenue. Ils contribuent à rendre les soirées intéressantes en suggérant des activités artistiques, athlétiques, ou autres. C'est ainsi que, assez récemment, des clubs ont été créés.

Dans la journée, le garçon nouvellement arrivé fait un apprentissage précis des techniques de travail, puis les buts à poursuivre revêtent une perspective plus élaborée et plus vaste. Les activités du nouveau venu sont programmées de façon à respecter le niveau qu'il a atteint. Il faut tenir compte de l'inaptitude propre au jeune délinquant à se situer dans une perspective temporelle. Il n'en demeure pas moins, qu'étant témoin des productions réalisées par ses confrères, il acquiert un élargissement dans sa perception des buts à poursuivre. C'est en travaillant sérieusement à atteindre des objectifs nouveaux et précis que le garçon deviendra véritablement un citoyen de Boscoville.

Le séjour du jeune délinquant à Boscoville est conçu comme un moratoire psychosocial, selon l'expression d'Erikson, et l'internat essaiera, au cours de ce séjour, de créer les conditions de vie appropriées pour faire appel à toutes les forces du moi qui n'ont pas encore été mises en valeur chez le jeune. C'est précisément à l'aide d'activités planifiées pour atteindre cet objectif que le régime de vie du jeune délinquant sera organisé. Le jeune sera donc confronté avec des expériences qu'il aura à vivre et qui solliciteront de sa part une participation et un engagement idéologique. Ces expériences se concrétisent dans les rôles que le jeune est appelé à jouer dans les domaines les plus divers : les jeux, le sport, les projets de groupe, etc. Dans chacun de ces secteurs, certaines activités définies à l'avance donnent l'occasion de défis d'une intensité qui variera suivant les aptitudes du jeune et, surtout, suivant son évolution dans le processus rééducatif.

En résumé, les activités offrent l'occasion de faire vivre au jeune les expériences essentielles à l'affirmation de son identité positive, en accord avec ce que préconise Erikson : la vitalité dans l'expression corporelle ; l'identité dans l'expérience individuelle ;

la fidélité dans les méthodes de travail et la coopération avec autrui ; l'identification à un groupe ; et, surtout, l'expérience simple et directe des valeurs humaines.

Tout jeune citoyen sera donc invité, à travers sa vie quotidienne, à développer son intelligence, à assouplir son corps, à créer des formes, à utiliser des outils, à apprécier le travail d'équipe, à produire des travaux. Sans pour autant minimiser l'apport réel qu'offre en tant que telle la vie de groupe, il faut tout de même insister sur le fait que c'est à travers des activités précises que le jeune vit les valeurs organisées du milieu. Ces activités seront maintenant décrites.

Le travail scolaire

À Boscoville, l'enseignement des principales disciplines scolaires est transmis au moyen d'un système scolaire individualisé, dans les cadres de l'activité dénommée Boulot.

Ce terme sert aussi à désigner le système de fiches, instrument de base du système. À partir d'une difficulté à résoudre, la fiche propose une recherche qui permettra la découverte et l'intériorisation de la notion à acquérir. Ensuite, par des exercices, elle favorisera l'application juste de cette notion. La fiche sert, en plus, de document de référence pour les exercices, les tests, et pour les révisions qui précèdent les examens.

À chaque niveau scolaire correspond un nombre donné de fiches pour chaque matière ; cet ensemble de fiches porte le nom de collection. Une collection est présentée au jeune comme un contrat de travail de longue durée, comprenant deux étapes ; chacune des étapes est composée de quatre tranches successives de travail : les périodes. Ces tranches de travail sont elles-mêmes formées d'un certain nombre de petites tâches, correspondant à autant de fiches.

Un garçon qui débute une collection doit terminer la première période avant de passer à la suivante. Dans le cadre de cette période, il réalise chacune des fiches suivant une progression établie dans chaque matière. Un examen termine l'étude de la matière comprise dans une période.

À peu de choses près, chaque collection correspond à un niveau scolaire officiel. À Boscoville, tous les niveaux scolaires sont représentés.

Dans chaque groupe, 12 ou 13 heures par semaine sont consacrées à cette activité scolaire. Certains garçons consacrent, en plus de ces heures obligatoires, un certain nombre de leurs heures de loisir à faire du boulot [72].

Le système d'enseignement individualisé par fiches constitue une méthode qui permet à l'intelligence de structurer ses schèmes d'assimilation, de les enrichir et d'en acquérir de nouveaux. Il favorise l'intégration du fonctionnement intellectuel et affectif par le déclenchement de l'intérêt profond qu'il suscite chez l'étudiant. L'actualisation déclenchée par cette activité fait appel aux forces du moi et concourt plus particulièrement à assouplir les schèmes cognitifs, les fiches ayant été composées en tenant compte des étapes d'intériorisation des notions [73].

Ce système respecte le rythme propre de chacun, en tenant compte des variantes dans la vitesse de perception, l'évaluation des relations essentielles, la qualité et la profondeur de l'assimilation, variantes qui s'observent dans chaque individu. L'élève reprend confiance en ses capacités intellectuelles et sent qu'il se revalorise à ses propres yeux comme aux yeux des autres.

Le système permet également à chaque élève d'assimiler plutôt qualitativement que quantitativement ; il lui offre le moyen de se développer selon ses propres ressources. Le système individualisé comprend des fiches d'autocorrection qui concourent à développer l'habitude des démarches personnelles. D'autre part, un système d'examens appelé test de progrès constitue la sanction officielle de la notion apprise. L'élève apprend que l'appréciation d'un travail n'est pas fonction du

72. Certains élèves suivent des cours à l'extérieur, en vue de l'insertion sociale qui doit normalement suivre le stage à Boscoville.

73. *Cf.* Aebli, *Didactique psychologique*, Neuchâtel, Delachaux et Niestlé, 1951.

volume, ni du nombre d'heures qui lui ont été consacrées, mais bien de sa qualité et de l'intérêt qui lui aura été accordé.

Le jeune découvre qu'un très grand nombre de problèmes ne trouvent leur solution qu'en passant par les étapes intermédiaires qui y conduisent. Il constate qu'il lui a fallu prendre certaines initiatives pour arriver aux résultats et ainsi parfaire son propre développement ; son sens des responsabilités s'éveille en même temps que grandit son intérêt.

Lorsqu'un matériel didactique adéquat est fourni, l'atmosphère de la classe se transforme et la discipline ne pose plus de problème. Chacun trouve satisfaction à ses intérêts, matière à ses possibilités et mesure à son rythme d'assimilation. Il ne s'agit plus de dressage extérieur, mais bien de maîtrise intériorisée, qui est elle-même source d'équilibre personnel, de formation du sens de la responsabilité et d'acheminement vers la maturité.

Le système de travail individualisé à l'aide de fiches modifie la relation éducateur-élève : l'éducateur n'est plus celui qui donne et l'étudiant celui qui reçoit ; il s'agira plutôt d'une relation de collaboration et d'échange où le jeune qui participe activement à sa propre instruction se sent appuyé par l'éducateur qui l'accompagne dans sa démarche.

Les activités manuelles et d'expression

Dans un local dénommé studio, des activités variées se déroulent. Plusieurs champs artistiques sont abordés : la céramique (bijoux, poterie), la sculpture, la peinture, et toute la gamme des activités inhérentes à ces domaines : mosaïque, gravure, etc. Cependant, la poterie représente l'activité qui, plus que toute autre, permet au jeune de faire une démarche d'apprentissage. À l'aide de techniques artisanales, le jeune fabriquera, en terre, des récipients de toutes sortes et pour tous usages. Ces objets nécessitent l'utilisation de matériaux (terre à céramique ou argile, émaux, oxydes) et d'instruments simples à manier. Les objets sont soumis à une première cuisson (cuisson de la terre), puis émaillés et recuits (cuisson de la glaçure), pour les rendre imperméables et les colorer.

Une heure par jour, cinq jours par semaine, chaque groupe de garçons correspondant à l'unité de vie vient travailler au studio, local particulièrement conçu pour ce genre d'activité. Chaque groupe dispose d'armoires pour le rangement des outils et des pièces en cours de fabrication. Après chaque séance, le groupe est responsable de laisser le local propre et en état de servir au groupe qui suivra.

À son arrivée à Boscoville, le garçon se familiarise avec ce genre d'activités au cours d'une séance pendant laquelle rien d'autre ne lui sera demandé que de manipuler la terre et d'arriver, par ses propres moyens, à confectionner un petit cendrier. Par la suite, le garçon entreprendra une longue démarche au cours de laquelle il réalisera une série d'objets fonctionnels dont la fabrication présente des difficultés qui ont été graduées. Lorsqu'à l'intérieur d'une séance donnée, le jeune aura achevé des objets déterminés, il se verra accorder une certaine liberté d'exécution. Après avoir consulté l'éducateur pour déterminer quelles sont ses chances de réussite, il fabriquera les objets de son choix dans une atmosphère de travail d'équipe.

Le jeune aura donc à prévoir et à créer, avec l'aide de l'éducateur, des objets qui auront une forme et une couleur particulières. Tout en s'exprimant et en créant des pièces, le jeune fait donc un apprentissage technique. Il utilise des méthodes ancestrales : le colombin, le tour du potier, le galettage, la technique d'amincissement. L'apprentissage de ces techniques se poursuit à travers la fabrication d'objets à difficultés graduées : d'un verre ou d'un cylindre, en passant par un immense bol, pour en arriver à un ensemble à thé ou à café. Au verre, son premier objet, le garçon ajoute une anse : il en fait une tasse ; en le faisant plus gros et en y ajoutant un bec, il fabrique un pichet, etc.

La démarche de production est divisée en trois catégories et, selon qu'il a atteint l'une ou l'autre de ces catégories, le jeune devient tour à tour : apprenti céramiste, potier, artisan-créateur. Chaque catégorie comprend trois étapes ; pour passer de l'une à l'autre, le garçon doit subir des examens qui confirmeront s'il a bien acquis les techniques déterminées pour chacune des étapes.

Le système de crédits a cours au studio. Pour mériter un crédit, le jeune doit présenter au coordonnateur de l'activité un objet qu'il a créé à partir de la technique de son choix.

L'objet terminé appartient à l'artisan qui peut en disposer à sa guise : le garder, en faire cadeau, le vendre lui-même ou encore le faire vendre par la coopérative des studios moyennant une commission.

Le contenu des activités est proportionné, à la fois à l'étape de rééducation atteinte, aux capacités de contrôle acquises, au degré d'apprentissage des techniques de base et aux aptitudes personnelles du jeune. Débutant par une pièce de céramique plutôt grossière et poursuivant sa progression jusqu'à l'exécution d'un vase raffiné, l'adolescent a l'occasion de maîtriser ses gestes manuels, d'assouplir ses conduites motrices, de planifier ses réalisations, de choisir des techniques appropriées, d'envisager la valeur financière de l'objet, d'utiliser son imagination pour créer des formes nouvelles et de rencontrer la beauté des lignes comme celle des couleurs.

Le jeune fait parallèlement une étude méthodique de l'histoire des différents arts, d'une part, et de ses anciennes productions, d'autre part. Ainsi, il est aidé à se rattacher à l'héritage culturel et à se situer face à cet héritage. Il découvre la continuité de son existence et cela ne peut que l'aider à se découvrir lui-même dans ses réalisations présentes et, vers la fin de sa rééducation, à envisager, dans des perspectives d'avenir, ses possibilités et ses limites dans le domaine des productions artisanales.

De plus, ces activités permettent au jeune de cultiver un goût artistique dont il est au départ, la plupart du temps, dépourvu. À cause du milieu d'où il provient, milieu très souvent culturellement sous-développé, le jeune accuse fréquemment, en effet, un manque de goût accentué. Faire évoluer ce mauvais goût devient une tâche de tous les instants pour l'éducateur du studio.

Les activités artisanales peuvent constituer une source de revenu pour le garçon. La rémunération, qui est proportionnelle à la qualité de la production du jeune, devient une confirmation évidente de ses aptitudes personnelles. Au surplus, la coopérative qui a été instituée pour réaliser la vente des objets assure plusieurs fonctions nécessitant, entre autres, l'accomplissement d'opérations financières. Des jeunes en assument la responsabilité sous la direction d'un éducateur.

Les entreprises de groupe

Tout en s'intégrant à la pédagogie individualisée de Boscoville, l'activité des projets est une entreprise de groupe. Elle permet aux jeunes de s'exprimer à travers diverses formes de culture, telles que le théâtre, le cinéma, la littérature, la radio. Le groupe est amené à se centrer sur une tâche : monter une pièce de théâtre, rédiger un volume, tourner un film. Pour que le groupe puisse mener à bien une production, il faut la participation individuelle de tous les membres du groupe.

Avant d'en arriver à la réalisation d'une œuvre, l'apprentissage se fait généralement en deux phases distinctes : premièrement, une étude historique, réalisée au moyen d'une recherche individuelle, ou d'équipe, portant sur le cinéma, l'imprimerie, le théâtre, etc., ainsi qu'une découverte des œuvres composées par les garçons qui ont précédé le groupe actuel. Cette étude doit être assez approfondie pour donner lieu à des conférences de la part des uns et des autres : fruits de recherches et de réflexions. Deuxièmement, l'élaboration des plans de travail, la distribution des rôles, la répartition des tâches, etc.

Les activités dites des projets se répartissent selon les saisons :

de septembre à décembre : projet-théâtre,
de janvier à mars: projet-volume,
d'avril à juin: projet-cinéma,
juillet et août: projet-radio.

Le projet-théâtre est divisé en quatre étapes : expression corporelle ; expression dramatique ; techniques du théâtre ; réalisation. Les trois étapes qui précèdent la réalisation ne la préparent pas en tant que telle, mais rendent le groupe apte à monter une pièce de théâtre.

Au cours de cet apprentissage, deux groupes s'engageront dans une démarche semblable, mais à des niveaux différents : les apprentis sorciers, qui en sont à leur première expérience théâtrale et les comédiens, qui poursuivent une deuxième ou même une troisième expérience de ce genre.

Au cours du projet-volume, non seulement le groupe rédige un livre, mais, en outre, il en assure la réalisation, c'est-à-dire qu'il se rend responsable des illustrations, de la mise en pages, de la reliure. Une telle entreprise offre trois possibilités d'apprentissage : selon leurs aptitudes et leur expérience, les jeunes deviendront rédacteurs, imprimeurs ou éditeurs.

Le projet-cinéma constitue une expérience de création et d'expression à travers un objet connu des jeunes en même temps que socialement apprécié. À des niveaux différents, les « apprentis » et les « cinéastes » auront à découvrir les notions de plan, d'image. En élaborant un film, ils apprendront comment rendre vivante et belle cette image, tout en s'exprimant à travers cet intermédiaire de façon à se faire comprendre.

Le projet-radio se poursuit pendant une période de cinq semaines. Il s'agit de réaliser sur le circuit intérieur qui existe à Boscoville une émission radiophonique sur un thème qui, renouvelé chaque année, comporte nécessairement trois aspects : l'information, la technique et l'aspect humain (entrevues, communiqués, exposés, reportages, etc.).

Pour chaque projet, le garçon tient un cahier dans lequel il enregistre sa propre démarche ainsi que celle de son groupe. Ce cahier devient donc pour lui un instrument de travail capital. Des espaces libres sont prévus pour lui permettre d'inscrire quel est son travail, afin qu'il voie de façon concrète ce qu'il a fait et ce qui lui reste à faire. L'éducateur consulte régulièrement les cahiers et suit ainsi la démarche de chacun.

Les projets visent un double but d'importance égale : la socialisation [74] de l'individu et son accès à de nouveaux éléments de culture.

---

74. Socialisation est employé ici dans le sens piagétien et signifie : une diminution de l'égocentrisme intellectuel.

Ces entreprises offrent l'occasion de répartir entre plusieurs individus les tâches à accomplir selon l'étape de rééducation vécue par chaque jeune, compte tenu aussi de ses aptitudes particulières. La distribution de ces tâches se fait avec les directives de l'éducateur, mais, lorsqu'ils ont atteint un degré d'évolution suffisant pour profiter d'une prise de conscience de leurs aptitudes personnelles, les jeunes mettent verbalement en commun leurs ressources dans une discussion de groupe.

Cette activité influe sur la valorisation personnelle dans la mesure où le rôle tenu est reconnu comme indispensable à la réalisation de l'entreprise de groupe. En même temps, elle favorise la cohésion du groupe, lequel est mis en demeure d'exprimer son identité collective dans une réalisation commune.

De plus, le projet s'inscrit autour d'une sphère culturelle. Qu'il s'agisse de théâtre, de littérature, de radio, de cinéma, il se référera toujours soit à l'histoire, soit à la géographie, soit à certains auteurs littéraires. Les recherches du garçon exigent un contact avec l'un ou l'autre aspect de la sphère culturelle, elles occasionnent souvent l'éveil d'un intérêt personnel pour les connaissances générales.

En somme, les projets sont, tout à la fois, une occasion d'intérioriser les techniques acquises, d'étendre le champ des connaissances, d'exprimer l'identité du groupe et de permettre à l'individu l'expérimentation d'un rôle valorisant. La participation collective, qui donne naissance à une réalisation concrète, accentue la cohésion du groupe et donne lieu à l'apprentissage du travail en équipe.

L'éducation physique

À Boscoville, l'éducation physique se fait sur deux plans : le plan individuel (apprentissage des techniques) ; le plan social (sports de compétition). Les activités sportives individuelles se centrent sur la gymnastique éducative exigeant l'utilisation d'appareils spéciaux : les agrès. Le programme d'éducation physique individuel comprend également une initiation aux techniques des sports que le jeune pourra mettre à l'épreuve lors des compétitions auxquelles il aura à participer avec des compagnons de son quartier.

Chaque groupe se livre à l'éducation physique pendant 50 minutes chaque jour, cinq jours par semaine. En général, l'activité se divise en trois parties : le réchauffement, l'apprentissage technique, le jeu.

Le réchauffement dure 10 minutes. Il s'agit d'une préparation physique avant l'effort, comprenant une série d'exercices de gymnastique adaptés à chaque sport. Ces exercices se font en groupe.

L'apprentissage des techniques sportives (15 à 20 minutes) est également centré sur les besoins du groupe et relié aux difficultés rencontrées dans les sports pratiqués en soirée par l'ensemble des groupes de Boscoville.

Le jeu (20 minutes) permet l'application des techniques apprises. Cette application se fait fréquemment autour de thèmes définis : le groupe se centre sur certaines techniques, certaines règles à observer, sur les positions à prendre, etc.

Le cycle des sports majeurs, tant en ce qui concerne l'enseignement que les activités sportives elles-mêmes, est largement déterminé par les saisons, les sports devant, selon les cas, se pratiquer à l'intérieur dans un gymnase ou à l'extérieur.

Afin de maintenir l'intérêt, des « défis d'apprentissage » sont posés soit au groupe, soit à l'individu ; toutefois, le niveau atteint est toujours respecté. L'éducateur propose de pratiquer telle ou telle technique ; il se déplace d'un sous-groupe à l'autre, démontre, corrige. L'utilisation de films ou de photographies peut, à certaines occasions, faciliter l'apprentissage. En général, l'apprentissage se fait collectivement, mais le rythme personnel n'en est pas moins respecté. Durant l'étape d'acclimatation de la banlieue, par exemple, le programme d'éducation physique tient compte d'aspects particuliers. Il faut procurer une « bonne fatigue » au garçon.

Afin que les membres du groupe connaissent à l'avance le déroulement des activités sportives de la semaine, l'horaire est affiché au babillard du quartier.

Programme général d'une année

Temps	Genre d'activité	Nombre d'heures	Sports intra-muros
Septembre Octobre	football	40 h.	football
Novembre Décembre Mi-janvier	ballon-panier	50 h.	ballon-panier
Mi-janvier	ballon-passe	5 h.	ballon-passe
Fin janvier Février Mars Début avril	gala de gymnas-tique (= temps fort)	50 h.	ballon-passe
Fin avril	sport de transition entraînement en circuit	10 h.	sport de quartier ballon-volant
Fin avril Mai Début juin	soccer	40 h.	soccer
Juin	jeux champêtres	10 h.	soccer
Fin juin Juillet Août	athlétisme (= temps fort)	45 h.	soccer balle-molle

Durant l'été, chaque unité de rééducation séjourne deux semaines au camp d'été. Les activités y sont très variées. En voici quelques-unes à titre d'exemple : la natation, l'hébertisme, le canotage, le tir à l'arc, les excursions, etc.

Les heures consacrées à la culture physique sont plus nombreuses chez les banlieusards que chez les citoyens, car il faut préparer le garçon à la pratique du sport en usage chez les citoyens et, donc, faire l'apprentissage des techniques de base de la pratique du sport d'équipe. La continuité établie entre le programme de la banlieue et celui qui a cours chez les citoyens évite au garçon d'avoir à faire face à une trop grande nouveauté au moment de son intégration au quartier. Les sports récréatifs en banlieue diffèrent des sports d'équipe pratiqués chez les citoyens et il existe des règlements spécialement adaptés à la banlieue : ce n'est pas tellement de jeux de compétition qu'il s'agira, mais bien de techniques à apprendre, présentées de façon intéressante.

Un système d'émulation et la remise d'un diplôme sont des éléments qui s'ajoutent aux facteurs variés susceptibles de déclencher l'intérêt et la participation de l'individu.

L'éducation physique est un facteur de grande importance dans le processus de rééducation du jeune, surtout en ce qui concerne l'affermissement de son moi corporel : démarche concrète du corps pour en arriver à mieux saisir et à mieux maîtriser le réel, en particulier le monde qui l'entoure ; prise de conscience de soi-même, de son rôle dans la réalité, de sa capacité à bien se situer dans l'espace et dans le temps, ainsi qu'à se servir adéquatement des instruments. Le sport conduit à une meilleure connaissance de soi car il permet de faire l'expérience du « corps vécu » ; il prend place dans un univers d'essai où le jeune peut se compromettre plus facilement que dans d'autres activités.

La gymnastique individuelle permet le développement harmonieux du corps et surtout, ce qui est de la plus haute importance, l'acquisition d'une bonne coordination sensori-motrice. L'utilisation des agrès met en valeur la ténacité, la régularité de l'entraînement et l'agilité.

L'apprentissage des techniques sportives contribue à la formation de l'individu ; la mise en application de ces techniques suppose des coordinations mentales complexes.

La mise en pratique de l'éducation physique entraîne l'étude des règlements et fait prendre conscience de leur nécessité et de leur valeur objective ; elle fait acquérir l'esprit sportif, habitue le jeune à respecter les règles du jeu et, de ce fait, les lois sociales. Ces divers aspects contribuent à la rééducation.

En outre, c'est à l'intérieur d'une saine compétition que s'acquiert la capacité d'apprécier les performances de l'autre, qu'il s'agisse d'un individu ou d'une équipe, et de se servir de cette performance pour mieux se dépasser soi-même. Les résultats atteints apparaissent comme la conséquence des efforts individuels déployés au cours des matches. Le sport de compétition fait vivre une expérience vraiment socialisante : il aide le jeune à découvrir lui-même ses possibilités et son identité propre, car l'action du coéquipier est constamment soumise au jugement des autres. Une telle activité permet donc au jeune de « se laisser identifier » sans trop se compromettre personnellement.

Les loisirs

Les activités de loisirs à Boscoville sont organisées dans le but de fournir au jeune qui n'a pas encore réussi de lui-même à assumer l'organisation de ses « temps libres », des occasions d'être actif durant ces moments.

Deux soirées par semaine, ainsi que des moments de la fin de semaine sont consacrés à des clubs de loisirs : clubs sportifs tels que ballon-volant, ballon-panier, gymnastique aux appareils ; des clubs artistiques et culturels : folklore, audition de disques, journal, publicité, dessin, cinéma d'animation, théâtre.

En outre, des visites à l'extérieur sont organisées : visites à l'Expo[75], joutes de ballon-panier contre des équipes venant de l'extérieur, assistance à une pièce de théâtre, excursion de ski, etc.

75. Ce texte fut écrit en 1967, année où l'exposition « Terre des hommes », appelée communément « Expo », eut lieu à Montréal.

La construction récente à Boscoville d'un centre récréatif, avec piscine, salle de quilles, salle de sculpture et de peinture, bibliothèque, etc., offre de grandes possibilités.

Les adolescents qui ont atteint l'étape finale de leur rééducation y prennent en charge l'organisation des loisirs de jeunes gens habitant à proximité de l'Établissement. Ainsi, Boscoville ouvre ses portes à la population environnante qui peut profiter d'un service communautaire bien organisé. En retour, l'intégration sociale dans la communauté des sujets en fin de rééducation se trouve facilitée.

Les moments forts de l'année

Le garçon s'intègre à la vie du citoyen en assumant des activités qui reviennent plusieurs fois la semaine. À certains moments, ces activités atteignent un point culminant. En effet, la vie boscovillienne présente des temps forts où chaque activité atteint un but précis et bien défini : les projets de groupe déboucheront sur le gala théâtral ou le festival des arts et des lettres ; les actualités sportives, sur les olympiades ; les activités des studios, sur une exposition ouverte au public. Ces moments forts, qui constituent un point de repère pour les énergies, permettent en outre une rencontre des garçons entre eux ou avec les personnes du monde extérieur à Boscoville. Cette occasion de contact social prépare indirectement le citoyen à affronter le monde des autres, c'est-à-dire celui des non-délinquants. Cet affrontement s'effectuera progressivement pendant les sorties de fin de semaine, les vacances et la période de transition avant le départ définitif.

Des occasions sont fournies au jeune de rencontrer le monde féminin. À différentes périodes de l'année, une soirée mixte a lieu dans l'un ou l'autre quartier. Il convient de préciser que ces rencontres sont convenablement préparées, autant par les jeunes filles choisies pour participer à la soirée que par le groupe de citoyens qui seront leurs hôtes.

Cette description des activités laisse entrevoir comment la vie boscovillienne s'efforce, en tirant parti de toutes les occasions offertes, de présenter des activités proportionnées aux forces du moi adolescent. Une des caractéristiques de la vie de Boscoville réside en effet dans la programmation des activités en fonction d'un rationnel clinique, constamment remis en question à partir de l'observation quotidienne faite par les éducateurs, et destiné à favoriser l'évolution de chaque jeune.

À la découverte des valeurs

Pour favoriser la réflexion chez les jeunes, toute l'équipe des éducateurs se réunit avec le groupe entier pour échanger sur un sujet donné. On souhaite qu'à partir d'un tel échange, certaines valeurs [76] soient découvertes. La parole est prise par celui qui a quelque chose à dire, selon ce qu'il pense profondément. Les sujets d'étude sont choisis par les garçons et l'échange est mené par un éducateur responsable.

Dans un cahier intitulé « Heures de réflexion », le jeune conserve un souvenir écrit de ces rencontres qui traitent de la liberté, des relations garçons-filles, de l'événement-succès, de l'événement-échec, etc. Il arrive que le groupe profite de ce temps de réflexion pour reviser une réalisation de groupe, ses effets, les causes du succès ou de l'insuccès.

Le garçon fait donc l'apprentissage de la réflexion dans un cadre privilégié. Aidé par toute l'équipe des adultes et appuyé par la présence de ses pairs, il ose, un beau jour, prendre la parole, ce qui suppose qu'il s'est efforcé de réfléchir afin de répondre à l'attente de tous.

La vie de groupe

Nous l'avons dit, Boscoville insère le jeune dans une unité de vie de rééducation, constituée par un petit groupe de 15 garçons vivant dans un quartier. Les coordonnateurs des quartiers et celui de la banlieue se joignent au coordonnateur clinique pour décider ensemble de cette insertion du jeune dans un

76. Cette heure de réflexion avait d'abord été instituée dans le but précis de découvrir les valeurs religieuses dans leurs implications à la vie quotidienne.

groupe, à partir de critères donnés. La personnalité du futur citoyen, le genre de rôle qu'il semble spontanément jouer dans un groupe, l'atmosphère actuelle des différents quartiers, la composition des divers groupes et la personnalité des éducateurs sont minutieusement étudiés. Le rappel de ces précautions indique avec quel sérieux les répercussions de la dynamique du groupe sur le processus de rééducation sont prises en considération : il s'agit bien, en définitive, de prévoir les effets qu'auront la composition et l'atmosphère du groupe sur le nouveau sujet, et inversement, puisque inévitablement des interactions sont provoquées par l'arrivée d'un nouveau citoyen dans le groupe de rééducation.

L'insécurité personnelle se manifeste fréquemment chez le nouveau membre appelé à faire face à une collectivité qui possède déjà une mentalité commune et des traditions établies. Le groupe réagira lui aussi à l'arrivée du dernier venu, de façon variée, suivant les individus qui composent le groupe. Pour les uns, cet événement suscitera l'occasion de faire valoir les valeurs sociales assimilées ; pour d'autres, celle de mettre à l'épreuve un certain niveau de socialisation ; pour d'autres encore, celle de régresser vers une attitude égocentrique de non-acceptation du nouveau membre ressenti comme un intrus. Ces interactions issues de divers pôles constituent pour tous une expérience sociale et les éducateurs trouveront dans ces phénomènes un événement riche de possibilités d'exploitation.

C'est au fil d'une longue trame d'événements quotidiens que l'adolescent s'intègre au groupe et devient participant de ce groupe. De chaque quartier émane une atmosphère particulière, où chaque personnalité, qu'il s'agisse des garçons ou des éducateurs, joue un rôle primordial. Un groupe donné possède un ensemble d'intérêts personnels qui le distinguent du quartier voisin : un groupe qui s'adonne à la musique — les guitares y sont à la mode et la chaîne stéréo est souvent mise à contribution — baignera dans une atmosphère très différente de cet autre qui se passionne pour les cartes, la lecture ou les échecs. En fin de compte, l'organisation d'un groupe contribue largement à l'atmosphère qui s'y retrouve. Il existe cependant d'autres facteurs susceptibles d'influer sur cette atmosphère : l'adolescent qui arrive subit nécessairement les courants d'intérêts qui sont prédominants au moment de son entrée dans le groupe. Si le groupe est en train de monter une pièce de théâtre, par exemple, le nouveau sera plus rapidement accepté s'il participe à cet enthousiasme collectif. Le jeu des composantes d'une atmosphère peut, soit accélérer, soit retarder son intégration.

Les éducateurs devront offrir un soutien solide au nouveau membre qui doit s'acclimater au groupe. Ils veilleront d'abord à ce que le jeune acquière un certain contrôle extérieur. Ce contrôle étant une condition *sine qua non* pour être accepté par les autres garçons comme membre du groupe, il est relativement facile de stimuler le jeune à franchir cette étape.

Les discussions de groupe

Ainsi qu'il a déjà été dit, le processus de socialisation du jeune délinquant à travers l'action d'un groupe fait l'objet d'une recherche d'ensemble qui se poursuit à Boscoville depuis plus d'une dizaine d'années, sous la direction de Noël Mailloux. Dès le début, la méthode des entretiens de groupe s'est avérée comme l'une des plus capables de favoriser la compréhension du processus de socialisation.

Les discussions de groupe mettent en évidence non seulement le fonctionnement de l'individu dans un groupe, mais aussi le fonctionnement du groupe en tant qu'entité. La description des défenses collectives qui constituent l'un des aspects caractéristiques du fonctionnement du groupe ayant été davantage étudiée, le travail proprement thérapeutique s'est accentué. À l'heure actuelle, les entretiens de groupe s'intègrent de plus en plus dans le programme de Boscoville, à la fois comme instrument de recherche et comme thérapie de groupe.

Les divers travaux publiés par Noël Mailloux[77] ont mis en évidence tout ce que les phénomènes de groupe peuvent apporter au processus de rééducation, tant au niveau de l'individu qu'à celui du groupe pris comme entité. Ces discussions de groupe stimulent et facilitent le dialogue et l'échange entre les membres du groupe. Ces rencontres maintiennent une tradition de franchise et d'ouverture d'esprit qui permet la mise en commun des difficultés mais aussi des succès remportés par chacun des membres et par le groupe en tant que tel. Il s'agit d'aider le moi du groupe à actualiser ses ressources comme, de façon analogue, sont actualisées celles du moi individuel au cours du processus de rééducation. Ces discussions ont permis de démontrer toute l'importance de la dimension groupe dans le processus de rééducation totale du jeune délinquant.

Les entretiens individuels

En accord avec ce que préconise le processus rééducatif, le cadre de vie de Boscoville prévoit aussi des rencontres interpersonnelles entre un éducateur et le jeune, dans le but d'apporter à celui-ci l'aide individuelle dont il aura besoin à tel moment particulier. Des entretiens sur-le-champ assurent au jeune un soutien immédiat et peuvent non seulement prévenir une désorganisation mais aussi permettre l'exploitation clinique d'une situation et la rendre vraiment rééducative pour ce jeune. Tout membre de l'équipe des éducateurs assez expérimenté pour jouer ce rôle pourra assumer la responsabilité de ces entretiens. Par ailleurs, lorsque l'équipe pluridisciplinaire jugera, après étude du cas, que le jeune est vraiment en mesure de profiter d'entretiens individuels, ceux-ci seront organisés à un rythme hebdomadaire et assumés par un éducateur désigné par l'équipe.

L'objectif principal de ces entretiens est de rendre le jeune plus conscient du processus rééducatif qu'il est en train de vivre, tout en lui offrant l'occasion d'approfondir une relation interper-

---

77. *Cf.* Suggestions de lecture, p. 328, la liste de ces ouvrages.

sonnelle avec l'éducateur le plus apte à lui faire vivre cette expérience.

Le rôle des éducateurs

L'observation engagée

Engagé dans le processus rééducatif, le jeune entreprend dès la première heure de son séjour à Boscoville un cheminement qui fera l'objet d'une observation participante [78] qui devra être poursuivie par chacun des éducateurs auxquels il aura à faire. Les faits démontrent que l'expérience rééducative ne devient significative pour le jeune que dans la mesure où il sent s'établir une mutualité entre lui-même et le milieu rééducatif et, plus particulièrement, entre lui-même et les éducateurs œuvrant dans ce milieu. C'est donc l'observation engagée qui constitue le moyen d'action privilégié pour l'éducateur lorsqu'il doit, non seulement assumer la responsabilité de fournir une alimentation appropriée au processus rééducatif, mais encore y participer à plein afin d'aider le jeune à s'intégrer activement dans son futur contexte socio-culturel.

Dès le début de sa formation professionnelle, l'éducateur est amené à découvrir l'importance capitale de ce mode d'action. En effet, au cours de ses stages d'observation et d'application, l'éducateur constate de visu que la compétence professionnelle repose d'abord sur l'observation des interactions entre le milieu rééducatif, animé et inspiré par l'équipe psychoéducative, et l'évolution des jeunes.

L'observation participante est un mode d'action qui exige de la part de l'éducateur une dépense d'énergie peu commune. L'institution devra donc alléger, autant qu'il est possible, la tâche

78. Observation participante, observation engagée, sont des expressions couramment utilisées pour désigner la double dimension du travail de l'éducateur : observer, agir en fonction de l'observation.

de l'éducateur, en mettant au point une organisation offrant un soutien adéquat.

À Boscoville, dès que le processus rééducatif se déclenche chez le jeune, chacun des membres de l'équipe psychoéducative se livre à des observations qui seront recueillies de façon systématique, pour faire ensuite l'objet d'une étude approfondie dans le but de mieux découvrir quelles forces du moi sont susceptibles d'être mises en valeur par des situations rééducatives appropriées et ce, en dépit des obstacles que les déficits paralysants causés par l'utilisation des techniques défensives caractérielles du moi délinquant peuvent apporter à cet effort d'actualisation. L'étude de ces observations en situation s'accompagne toujours d'une évaluation psychologique fournie par le psychologue clinicien afin de connaître plus en profondeur le jeune homme à rééduquer et, ainsi, de mieux orienter le processus rééducatif amorcé. Notons que cette étude de cas révèle quelquefois la présence d'un noyau pathologique assez profond ; l'utilisation de techniques défensives caractérielles identiques à celles qu'emploie une personnalité délinquante peut, en effet, recouvrir également différents types de perturbations profondes. Lorsque de telles perturbations sont notées chez un jeune, une psychothérapie doit être mise en place. Nous n'en parlerons pas davantage ici puisque notre propos est d'ordre pédagogique.

L'éducateur qui est plus ou moins directement impliqué dans les situations suscitées par les faits observés est amené à acquérir une subjectivité disciplinée qui contribuera à enrichir l'observation. À cette fin, l'éducateur rédige des faits d'observation de manière à décrire, d'une part, ce qu'il a vu et entendu et ce que lui-même a fait et, d'autre part, ce qu'il a ressenti et pensé pendant le déroulement de l'action.

La rédaction d'un fait d'observation comporte généralement les données suivantes : situation du temps et de l'espace ; ambiance générale du groupe ; état émotif de l'éducateur ; action ou réaction du sujet observé ; maniement par l'éducateur du comportement extérieur ; résultat immédiat de la technique utilisée ; résultat à plus longue portée, s'il est observable. La rédaction suit l'ordre dans lequel le fait lui-même s'est déroulé.

Il va sans dire que, dans la rédaction de son rapport, l'éducateur se doit de distinguer clairement parmi les divers éléments de la situation, ce qui relève de sa propre subjectivité. Distinguer ne veut pas dire ignorer et l'équipe éducative de Boscoville en est arrivée peu à peu à découvrir la richesse de l'aspect subjectif des interactions émotives entre éducateurs et jeunes : c'est la pierre angulaire du processus rééducatif. Le fait que la majorité des membres de l'équipe ressente de façon identique tels ou tels types d'interactions émotives entre le jeune homme et ses interlocuteurs, fournit un indice d'objectivité. Il arrive souvent que la détection de ces interactions ait pour effet de raviver chez l'éducateur une disponibilité affective qu'il mettra au service du jeune pour favoriser son évolution.

À Boscoville, l'observation devient de plus en plus dépendante des exigences du processus de rééducation tel qu'il sera formulé dans les chapitres suivants. Certains agirs de groupe font aussi l'objet d'une observation systématique, et cela dans le but de découvrir les interactions qui s'y jouent. Ainsi est complété l'apport en ce domaine des discussions de groupe.

Les critères qui caractérisent la fin d'une étape de rééducation constituent un point de repère important. Bien que les éducateurs rédigent de façon constante les faits d'observation recueillis, ils doivent particulièrement tenir compte, dans leur rédaction, de ces moments forts pour chaque jeune en cours de rééducation.

Éducateurs et éducatrices

Le rôle joué par l'éducateur à Boscoville a déjà été décrit tout au long de ce chapitre et il le sera de façon beaucoup plus détaillée au cours des prochains chapitres. Toutefois, il convient de faire allusion maintenant, de façon plus particulière, à la participation des éducatrices à la vie de Boscoville.

Pendant plus de quatre années, cette présence féminine n'a été assurée de façon constante que dans une seule « unité de vie » :

l'expérience s'avère très favorable. Après une première année durant laquelle l'essai avait été fait de telle sorte que l'éducatrice soit en contact avec l'ensemble de Boscoville, la présence féminine est devenue un fait accepté, tant de la part des éducateurs que de celle des jeunes à rééduquer. Mais il a fallu attendre quelques années pour que l'expérience de l'intégration d'une éducatrice dans d'autres unités de vie soit réalisée. L'expérience d'une insertion à part entière de la femme à l'unité de vie paraît maintenant concluante. Chaque groupe de rééducation souhaite maintenant l'apport de cet élément féminin, même s'il reste à préciser le rôle qu'aura à jouer l'éducatrice dans la vie du groupe [79].

Les stagiaires

Avant de terminer ce chapitre, quelques remarques s'imposent à propos de la participation apportée par l'internat de Boscoville à la formation professionnelle de l'aspirant éducateur.

C'est en étroite collaboration avec le Centre de formation d'éducateurs spécialisés d'où proviennent tous ses éducateurs, que Boscoville accueille en internat, durant la première année de leur formation, tous les jeunes gens qui ont été sélectionnés au moyen d'entretiens avec des superviseurs professionnels et par un examen psychologique. L'étudiant-stagiaire entreprend sa première année de stage professionnel à Boscoville sous l'angle de l'observation et, pour ce faire, se joint à une équipe d'éducateurs diplômés qui assument le processus de rééducation dans une unité de vie.

Bon nombre d'éducateurs professionnels œuvrant à Boscoville ont poursuivi leur formation dans le but de devenir « superviseurs », et ils aident maintenant les étudiants à intégrer l'application du processus rééducatif dans la théorie enseignée à l'université au cours du stage de formation professionnelle. En outre, chaque élève éducateur bénéficie d'entretiens psychologiques dès la deuxième année de formation. Expérience de stage, supervision, entretiens psychologiques, assurent l'intégration des

79. Il y a une présence féminine insérée dans chaque unité de vie depuis 1970.

notions théoriques, d'une part dans la pratique professionnelle et, d'autre part, indiscutablement, dans la personnalité de l'élève éducateur. Cette intégration se fait à l'intérieur d'une équipe cohérente, formée du corps enseignant et des chercheurs (Centre de formation d'éducateurs spécialisés), de l'institution (en l'occurrence Boscoville), en ce qu'elle constitue un champ d'application (rencontre éducateurs, jeunes) et des candidats-éducateurs [80] lesquels participent de plus en plus activement à mesure qu'ils avancent dans leur formation professionnelle.

Le perfectionnement des éducateurs

La direction de Boscoville a toujours voulu participer très activement au perfectionnement du processus de formation professionnelle. À cette fin, non seulement elle aide les éducateurs qui ont choisi de travailler dans son centre, mais encore veut-elle aider, par tous les moyens à sa disposition, au démarrage d'autres centres de rééducation.

À l'intérieur même de Boscoville, chacun des membres de l'équipe de base partage le souci de parfaire les modalités de « soin », d'« amour », d'« intégrité ». Pour y parvenir, a été développée toute une série de moyens susceptibles de promouvoir les échanges qui assureront la régénération constante de ces valeurs. Cela se concrétise au niveau du réseau de relations établies dans l'institution, de la consultation de personnes compétentes extérieures à la maison, d'une remise en question semestrielle des moyens psychoéducatifs ordonnés à l'œuvre de rééducation, mais le principal instrument demeure encore la personnalité même des éducateurs.

---

80. La formation proprement dite des éducateurs a déjà fait l'objet de textes écrits. *Cf.* entre autres : J. Guindon, « La formation des éducateurs spécialisés à l'Institut de psychologie de Montréal », *La Revue canadienne de criminologie*, 2, n° 3, 1960 ; J. Salomé, *Supervision et formation de l'éducateur spécialisé*, Coll. Études et recherches sur l'enfance, Éd. Privat, Toulouse, 1972.

◆ DEUXIÈME PARTIE ◆

Le processus de rééducation

Introduction à la deuxième partie

Rappelons que notre processus de rééducation est défini en quatre étapes : l'acclimatation, le contrôle, la production, la personnalité.

Chaque étape comporte une période initiale de préparation et une période finale de rendement. Au cours de la période initiale, les composantes qui définissent la structure de l'étape sont en cours de formation et d'organisation. Le moi doit répartir ses forces sur un ensemble d'éléments et il le fait de façon quelque peu inappropriée soit parce qu'il se réfère encore à une structure antérieure, soit parce qu'il fait un usage sporadique et hésitant de nouvelles composantes de la structure en voie d'organisation. La phase préparatoire, avec son flux et son reflux, laisse place graduellement à une période où les composantes en question forment un tout organisé, une structure d'ensemble stable. Une phase de rendement existe alors où les composantes des forces de l'ego sont dans un état d'organisation stable. Leur structure d'ensemble définit les critères de fin d'étape.

Des participants de la première étape, seule l'exécution effective au niveau sensori-moteur sera exigée.

Pour des participants de la seconde étape, les tâches feront surtout appel à la représentation symbolique, dans le but d'amener graduellement au niveau opératoire-concret.

Avec des participants de la troisième étape, le maniement des opérations concrètes, avec leurs caractéristiques de réversibilité et d'associativité, devront amener finalement la possibilité d'effectuer des opérations formelles.

À la quatrième étape, les opérations formelles devront entrer dans presque toutes les activités afin de stimuler la créativité des participants en leur faisant faire l'inventaire du possible pour choisir le réalisable.

Tous les individus n'atteindront pas nécessairement le même niveau qualitatif dans tous les domaines impliqués, à l'étape finale du développement. Certains jeunes ne pourront se développer que dans certaines zones d'action, là où le déficit que cause la présence d'un conflit pathologique intériorisé ne sera pas trop paralysant. Toutefois, chaque étape doit former un tout intégré, une totalité que l'on pourrait définir comme structure d'ensemble. Si les propriétés structurales atteignent un certain niveau d'harmonie, c'est-à-dire de synthèse ou d'équilibre, elles atteignent un haut degré d'interdépendance, comme si, dans un système total, elles formaient par elles-mêmes une partie du processus.

Car l'aspect de discontinuité entre les différentes étapes ne doit pas faire oublier l'aspect complémentaire de continuité présent dans tout processus de développement. La continuité est principalement maintenue dans ce processus par les composantes mêmes des cinq forces de l'ego, composantes qui se différencient et se nuancent progressivement pour devenir des forces psychologiques. Erikson [1] désigne lui-même ces vertus psychologiques, ou forces de l'ego, comme étant des principes de cohésion qui unifient les diverses composantes [2] retrouvées à tous les stades de développement.

Rappelons qu'Erikson distingue cinq forces de l'ego : l'espérance, la capacité de vouloir, de poursuivre des buts, d'avoir conscience de sa compétence, d'être fidèle. Chaque étape du

1. *Op. cit.*
2. Cette unicité implique tous les aspects de la personnalité, y compris les idiosyncrasies de la libido et les exigences du surmoi.

processus de rééducation devra favoriser le développement de ces forces et cela à travers une « actualisation » ou utilisation de ces forces en réponse à une situation donnée.

À chaque étape de la rééducation, l'organisation du moi sera remise en cause. Toujours selon Erikson, il paraît spécialement intéressant d'étudier comment, à chaque étape, s'organise :

— Une nouvelle configuration du passé et du futur.
— Un nouvel ensemble de capacités pouvant se confronter avec de nouvelles tâches et des nouvelles situations.
— Une nouvelle combinaison des pulsions et des défenses.
— Un nouveau rayon de rencontres significatives.

Le processus de rééducation est, en effet, un processus cohérent de restructurations successives, progressivement hiérarchisées par des équilibrations ou des synthèses ou des resynthèses successives ; chaque structure d'ensemble forme une unité structurale qui découle logiquement de la précédente.

À ce qu'il nous semble, la formation du moi corporel s'acquiert durant l'étape d'acclimatation, l'intégration à une vie de groupe en tant que réalité sociale se vit pendant l'étape de contrôle, les aptitudes personnelles sont plus particulièrement explorées et exploitées durant l'étape de production, le style personnel prend un caractère décisif à l'étape personnalité. Encore faut-il que les activités et toute la vie institutionnelle soient organisées de façon à favoriser une telle évolution.

Forces psychologiques à acquérir

Le processus de rééducation peut être envisagé sous l'angle de l'actualisation des forces vitales du moi [3]. C'est au milieu extérieur de s'organiser de telle sorte que ces forces se développent.

3. *Cf.* chapitre I, p. 17.

La capacité de faire confiance en l'avenir

Comme il a été dit, les rudiments de la capacité de faire confiance ne peuvent naître autrement que par l'exercice d'une confiance vécue, et cette confiance vécue ne peut s'acquérir que dans une perspective temporelle. Erikson parle de l'espérance comme de la force indispensable qui doit demeurer, indépendamment des déceptions éventuellement encourues. Il définit l'espérance de la façon suivante :

> « L'espérance est une croyance durable dans la possibilité de satisfaction des désirs fervents, en dépit des pulsions obscures et des colères qui marquent le début de l'existence. » [4]

La confiance ne pourra émerger chez le jeune adulte délinquant que dans la mesure où la situation actuelle dans laquelle il est appelé à vivre comporte des aspects tout à fait différents de son expérience passée. En effet, le jeune qui présente une structure caractérielle délinquante doit vivre une réelle discontinuité avec son propre passé. Par contre, vers la fin de sa rééducation, il devra envisager le temps passé comme un chapitre de son histoire dont les faits irréversibles ne pèsent aucunement comme une fatalité sur les événements futurs.

C'est au niveau du comportement et à travers des expériences de temps vécu que se découvrira la confiance à la période de l'adolescence, de même que chez l'individu normal. Le temps présent est vécu par le jeune délinquant en cours de rééducation comme une nouvelle tranche de vie où les conditions, totalement nouvelles, favorisent, d'une part, une discontinuité d'avec l'expérience passée et, d'autre part, la formation de nouvelles attitudes face aux expériences organisées à l'intérieur de cette microsociété qu'est l'internat.

Durant les activités, l'objectif à atteindre sera donc proportionnel à la capacité actuelle du jeune, et il ne faudra pas oublier que l'adolescent ne s'engagera vis-à-vis d'un travail à accomplir que s'il perçoit un résultat assez immédiat.

---

4. Erikson, « Human Strenght and the Cycle of Generations », *op. cit.*

L'apparition graduelle de la capacité de faire confiance se manifestera d'abord en corrélation avec la capacité acquise par le jeune de vivre une expérience dans son cadre spatio-temporel en accord avec la réalité phénoménologique. Par la suite, il sera porté à se représenter le temps vécu à partir de ses expériences passées, puis il accédera progressivement à la capacité de planifier son temps en fonction des activités à accomplir. Cette évolution suppose l'acquisition de la réversibilité dans un fonctionnement cognitif concret qui, selon les termes de Piaget, témoigne de la capacité de percevoir le temps comme temps opératoire. Enfin le jeune deviendra capable de prévoir toutes les possibilités imaginables en ce qui concerne l'organisation de son temps, perspective qui l'ouvre à l'acquisition du fonctionnement opératoire formel. En même temps, le jeune sera capable d'arrêter son choix sur ce qui lui paraîtra le plus réalisable, en accord avec les limites que lui impose le contexte historico-géographique dans lequel il est appelé à vivre.

À l'étape acclimatation le temps est vécu par le jeune délinquant comme un temps pratique qui, selon les termes de Piaget[5] est un temps spécialisé par rapport à chaque action accomplie. Il y aura donc autant de séries temporelles que de schèmes d'action; la perception d'un temps unique supposerait la réflexion, la pensée.

L'orientation générale que prendra le jeune face aux problèmes à résoudre à propos des activités consistera, à cette étape, en une organisation temporelle sensori-motrice dans laquelle l'ordre temporel se confond avec l'ordre spatial, et la durée avec le chemin parcouru ou le travail fourni. Cette indifférenciation initiale de l'ordre temporel et de l'ordre spatial imposera des conditions précises à l'organisation des activités durant cette première étape.

5. *Le développement de la notion du temps chez l'enfant*, Paris, P.U.F., 1946.

La capacité de vouloir

Le développement de cette force psychologique qu'est la capacité de vouloir est liée avec le développement de l'autonomie. L'autonomie ne se renforçant que par une affirmation de soi dans l'expérience vécue, il s'ensuit que c'est l'exercice de cette autonomie qui fera surgir les rudiments du vouloir. Erikson définit cette caractéristique psychologique de la façon suivante :

> « Le vouloir est la détermination bien arrêtée d'exercer un choix libre aussi bien qu'une certaine contrainte sur soi-même, en dépit de l'inévitable expérience de honte et du doute durant l'enfance. Le vouloir est à la base de l'acceptation de la loi et de la nécessité et il prend racine dans le discernement judicieux des parents guidés par l'esprit de la loi. » [6]

À la période de l'adolescence, la possibilité de vouloir se découvre à travers des expériences, dans la mesure où celles-ci se vivent avec le sentiment d'être sûr de soi, par exemple, au moment de la planification et de l'exécution d'une tâche, par la discrimination du possible et de l'impossible, de l'accidentel et de l'inévitable. Des expériences vécues avec le sentiment d'être sûr de soi impliquent nécessairement une participation active et personnelle à l'exécution de l'œuvre réalisée, conformément à des normes objectives connues et acceptées à l'avance.

Le jeune délinquant parviendra graduellement à cette capacité de discernement objectif et au sentiment d'être sûr de soi, à mesure qu'il aura vécu une série d'expériences lui ayant procuré l'alimentation extérieure voulue pour l'amener à exercer son jugement et à lui faire prendre des décisions en accord avec les conditions réelles. À l'intérieur de secteurs organisés, l'accomplissement de tâches taillées à la mesure du jeune et respectant son rythme d'évolution s'avère particulièrement propice à lui faire vivre de telles expériences.

---

6. *Op. cit.*

La capacité de persévérer dans la poursuite des buts

La capacité de persévérer dans la poursuite des buts que l'on s'est fixé, prend racine dans les activités ludiques de l'enfance. Le jeu constitue un univers d'essai à travers lequel l'enfant s'inscrit dans une perspective temporelle où se dirigent et convergent ses efforts. Le jeu procure aussi à l'enfant des conditions simplifiées où expérimenter des méthodes d'exploration. Il se prête à la réflexion sur les erreurs passées et à la vérification des expectatives premières. Il est important de souligner aussi que les compagnons de jeu sont des égaux et que les règles du jeu ne sont pas totalement imposées.

Toutes ces conditions de la situation de jeu sont l'occasion de faire l'expérience de vivre un rôle et de prendre des initiatives. Ces initiatives seront d'autant moins menaçantes que la poursuite des buts n'est pas irréversible dans le jeu comme elle le serait, au contraire, dans la réalité.

Par le jeu, le jeune apprend à concerter ses efforts de façon à les faire converger vers un but, grâce à des initiatives répétées à l'intérieur d'une perspective temporelle. À partir d'une telle constatation, Erikson énonce que :

> « Le jeu est la voie royale pour comprendre les efforts que fait le moi de l'enfant vers la synthèse (...) ; un essai pour synchroniser les processus physiques et sociaux dont on fait partie tout en étant une personne (...), pour maîtriser les différents domaines de la vie, et particulièrement ceux où l'individu rencontre des difficultés du point de vue de sa personnalité, de son corps et son rôle social. » [7]

Il ajoute : « le but du jeu est de faire comme si l'on avait la maîtrise de soi-même ». Le jeu de représentation, où le jeune peut jouer des rôles d'adultes, est une phase nécessaire dans l'évolution du jeune qui doit apprendre

> « (...) à lier ce qui se passe dans son monde intérieur avec le monde extérieur, à se rappeler un passé et à anticiper le futur avant de

---

7. « Growth and Crisis of the Healthy Personality », dans *Identity and the Life Cycle*, *Psychol. Issues*, nº I, 1950, p. 50-100.

pouvoir apprendre à maîtriser les outils utilisés en coopération, les rôles distribués dans la communauté et la poursuite des buts dans une technologie donnée. » [8]

Erikson définit ainsi la persévérance dans la poursuite des buts :

> « (...) le courage d'envisager et de poursuivre des buts qui ont une valeur sans être inhibé par des fantaisies infantiles, défaitistes, ou par la culpabilité ou par la peur menaçante de la punition. Cette force qui suscite des idéaux d'action provient de l'exemple donné par la famille considérée dans ses éléments essentiels. Cette force permet de se diriger vers un but nourri par la fantaisie et non par le fantastique, limité mais non pas inhibé par la culpabilité, soumis à une certaine retenue morale en même temps qu'actif du point de vue de l'éthique. » [9]

Après s'être exercé dans les jeux à concerter ses efforts pour les faire converger vers un but, à l'intérieur d'une perspective temporelle, le jeune est prêt à acquérir graduellement un meilleur sens de la réalité. Le sens de la réalité peut se définir ainsi : ce qu'il est possible d'atteindre et, par la suite, ce qu'il est possible de communiquer et de vérifier au moyen du langage. Encore faut-il que le langage ne s'égare pas dans des imaginations fantaisistes mais qu'il découvre les faits vécus qui ont été significatifs pour le sujet.

Durant l'adolescence, et cela surtout chez le jeune délinquant, l'acceptation de persévérer dans la poursuite des buts s'intériorise graduellement dans des situations comportant l'expérimentation des rôles qui unifient les deux composantes impliquées dans la genèse de cette force psychologique et qu'il nous faut signaler maintenant. La première composante, c'est la soumission à l'ordre établi, attitude essentielle à l'apprentissage des moyens d'action sanctionnés par les institutions reconnues. Par la suite, c'est l'acceptation du sentiment d'appartenance à la

---

8. *Ibid.*
9. « Human Strenght and the Cycle of Generations », *op. cit.*

société qui propose ces moyens d'action. La deuxième composante, c'est la conscience d'exercer une liberté intérieure, premier pas vers l'engagement des aptitudes personnelles dans les tâches et les fonctions à assumer.

La conscience de sa propre compétence

L'enfant doit apprendre à travailler dès que son intelligence et ses capacités le lui permettent, ainsi ne s'atrophieront pas les forces autonomes du moi. Ce stade est généralement atteint à la période de latence : l'enfant, s'il est normal, est prêt à apprendre avec ardeur les techniques en rapport avec l'éthique de production de son contexte socio-culturel ; il a besoin de connaître les méthodes de base qui l'associent à une façon de vivre technique. C'est précisément à ce stade que l'enfant doit découvrir les possibilités instrumentales de son corps, de son esprit et du monde des choses. Au cours de rencontres significatives avec des adultes compétents et avec des pairs coopérateurs, ses capacités iront se développant et lui permettront d'appréhender les matériaux de base de la technologie et les éléments du raisonnement qui rendent les techniques enseignables.

Selon les termes d'Erikson, « toute culture a sa logique et ses vérités qui peuvent être apprises par l'exercice, l'usage et le rituel » [10]. La société a institué l'école pour effectuer cette transmission, et elle joue ce rôle, même là où le degré d'instruction ne comporte qu'une base commune en vue d'une future spécialisation. Néanmoins, l'apprentissage des règles de grammaire et des formules d'algèbre ne peut fournir qu'une démonstration assez abstraite et éloignée de la réalité. C'est pourtant à l'école que le jeune découvre que ce qui est efficace pour l'échafaudage de ses propres pensées et pour l'emploi de sa propre coordination physique peut aussi bien l'être pour la manipulation de matériaux et pour la coopération avec autrui. Toutes ces expériences apportent l'occasion d'une vérification de soi-même dont les

10. Erikson, *ibid.*

conséquences seront durables, et c'est la raison même qui pousse toute culture à inclure, dans l'instruction qu'elle offre, des travaux manuels, qui conduisent à des réalisations concrètes et à des effets durables. C'est grâce à cet apprentissage technique que le jeune acquiert des rudiments du sentiment de compétence ainsi que l'exercice de la raison qui le préparent à attribuer au travail une valeur permanente.

Le sens du travail, sans lequel il n'y a pas de moi fort, ne s'acquiert que par la conscience de sa propre compétence. L'acquisition de cette conscience résulte d'expériences répétées de satisfaction dans le travail. Mais, cette satisfaction dans le travail ne s'intensifie que par l'anticipation du succès.

Erikson définit ainsi la force psychologique que nous étudions :

> « La compétence est le libre exercice de la dextérité et de l'intelligence dans l'achèvement des tâches, qui n'est pas altéré par l'infériorité infantile. C'est la base d'une participation coopérative dans les domaines technologiques et cette compétence, en retour, repose sur la logique des instruments et du savoir-faire. »

Chez la plupart des adolescents délinquants, les expériences vécues à l'école n'ont pas été assez significatives pour permettre une appréhension des matériaux de base de la technologie, ni suffisamment claires pour leur faire découvrir les éléments rationnels qui rendent les techniques enseignables. Il s'ensuit que leur moi n'a pas acquis ce début de sentiment de compétence dont il était question plus haut. Ces jeunes auront donc, au cours du processus de rééducation, à vivre des expériences d'anticipation du succès à partir de difficultés à résoudre dans l'accomplissement de diverses tâches et dans la réalisation de certains objectifs. Le jeune deviendra capable de prévoir une réussite à plus ou moins long terme dans la mesure où il aura eu, précédemment, des occasions d'exercer ses moyens d'action sur son entourage : c'est l'efficience. Il deviendra capable d'en tirer satisfaction dans la mesure où son action se sera avérée efficace : c'est le sentiment d'efficacité.

Placé dans un certain cadre technologique animé par des éducateurs ayant la maîtrise des techniques enseignées, et se prêtant plus ou moins à l'exploration de toutes les possibilités d'efficience dans divers domaines, le jeune pourra acquérir une véritable compétence et, par la suite, faire un choix occupationnel ou professionnel dans le monde du travail extrainstitutionnel auquel il aura à s'intégrer.

La fidélité aux options prises

Cette force du moi, à l'époque de la jeunesse, émerge d'une confirmation mutuelle entre l'individu et la société : la société reconnaît chez le jeune l'existence d'une nouvelle source d'énergie, et le jeune, qui reçoit cette confirmation, perçoit la société comme un processus vivant qui inspire la loyauté comme elle la reçoit, conserve la fidélité comme elle l'attire, honore la confiance comme elle l'exige. Tous ces aspects sont impliqués dans le terme de fidélité, tel qu'il est conçu par Erikson et qu'il définit ainsi :

> « (...) la capacité de maintenir des loyautés librement engagées malgré les contradictions inévitables des systèmes de valeurs. C'est la pierre angulaire de l'identité, et elle reçoit son inspiration des idéologies qui confirment ces valeurs et des compagnons qui les affirment. » [11]

La fidélité, qui est la qualité du moi spécifique de l'adolescence, se détecte dans la recherche que fait le jeune d'une cohérence intérieure, grâce à une idéologie qui polarise un ensemble de valeurs durables.

Chez le jeune, cette recherche des valeurs durables et des personnes qui confirment ces valeurs se manifestera de différentes façons : malgré sa propre instabilité, le jeune cherche une stabilité dans le changement, que ce soit dans l'exactitude des méthodes scientifiques et techniques, dans l'adhésion à la véracité des récits historiques, dans la loyauté à l'égard de la règle du

---

11. Erikson, *ibid.*

jeu, dans l'authenticité d'une production artistique, dans une grande fidélité dans la reproduction ou encore dans la sincérité des convictions et l'honnêteté dans les engagements. À cela, il faut ajouter un sens aigu du devoir et du dévouement : la notion qu'un vœu librement consenti engage la personne et implique qu'un sort est fatalement jeté à ceux qui trahissent leur engagement.

En somme, le développement adolescent consiste en un nouvel ensemble de processus d'identifications susceptibles de se retrouver à deux niveaux : avec des personnes significatives et avec des forces idéologiques. Cette double identification donne de l'importance à la vie individuelle en la reliant à une société vivante dans un processus historique, rattachant ainsi à une solidarité commune l'identité individuelle nouvellement acquise par le jeune. Pour entrer dans l'histoire, chaque génération de jeunes doit trouver une identité en accord avec sa propre enfance et conforme à une promesse idéologique qui se décèle dans le processus historique.

Le jeune qui est parvenu au stade de l'adolescence n'accepte pas que les plus âgés soient les seuls à lui montrer le sens de la vie, qu'elle soit individuelle ou collective. C'est le jeune lui-même qui, par ses réponses et ses actions, laissera entendre aux plus âgés si l'existence telle que ceux-ci la vivent et telle qu'ils la lui présentent a un sens pour lui ; il a donc le pouvoir de confirmer les plus âgés de la même façon qu'il est confirmé par eux, et ainsi, en faisant connaître ses opinions, de rénover et régénérer, de réformer, ou encore de se rebeller.

Le jeune a besoin d'être reconnu par les personnes qui sont significatives à ses yeux. Cette reconnaissance, qui dépasse le simple fait de l'appréciation de ses réalisations, est d'une grande importance pour la formation de son identité. Il faut que le jeune sente qu'il compte aux yeux des adultes et que ceux-ci le reconnaissent comme une personne dont la croissance graduelle et les transformations successives ont de l'importance, et que, par conséquent, ils soient prêts à lui accorder des fonctions et un statut en accord avec les responsabilités qu'il est capable d'assumer.

La formation de l'identité dépasse ainsi de beaucoup le processus à sens unique qui consiste à s'identifier à des mois idéaux. Ce processus est basé aussi sur une plus grande capacité cognitive et affective de se laisser identifier par des personnes significatives, comme un individu circonscrit qui se trouve en relation avec un univers prévisible qui transcende la famille. Ainsi qu'Erikson[12] l'a souvent souligné, l'identité n'est pas la somme des identifications de l'enfance, mais plutôt une nouvelle combinaison de fragments d'identifications, fragments anciens et nouveaux. La société confirme un individu en lui assignant, à l'intérieur des cadres idéologiques, des rôles et des tâches dans lesquels celui-ci peut se reconnaître comme il se sent reconnu. Il va sans dire qu'en ce qui concerne le jeune, ces rituels de confirmation sont d'une grande importance pour hâter le processus indispensable de vérification de soi.

L'aspect cognitif joue aussi un rôle important dans la formation de l'identité chez les adolescents, surtout à cause de l'apparition, à ce stade, des opérations formelles. Le jeune est maintenant capable de penser à partir de propositions hypothétiques et de réfléchir sur ces propositions ; celles-ci peuvent inclure de nombreuses variables et faire référence à toutes les relations en puissance, indépendamment de la réalité phénoménologique. Une telle orientation cognitive vient compléter le besoin que ressent le jeune de développer la connaissance de son identité car, à partir de toutes les relations imaginables, il doit parvenir à faire une série de choix de plus en plus engageants et à divers niveaux : occupationnel, matrimonial et idéologique. Lorsque le jeune homme choisit comme membres d'un groupe dont il fait partie, amis, conjoint, cotravailleurs, ceux qui le choisiront en retour, il montre qu'il a dès lors établi la base sur laquelle les vertus adultes pourront se développer.

---

12. « Problem of Ego Identity », *op. cit.*

Cependant, la formation de l'identité chez le jeune en processus de rééducation ne pourra s'affermir que par une vision de soi au sein des structures sociales qui se retrouvent dans le groupe où le jeune est appelé à vivre ; à partir de cette vision de soi, l'affermissement de cette identité se traduira par l'acquisition graduelle de la force psychologique de fidélité.

• 4 •

La première étape : « l'acclimatation »

Les caractéristiques du jeune

Le jeune délinquant à son arrivée au centre d'observation peut être décrit sous les quatre aspects : sa façon de se situer dans le temps, ses capacités en ce qui concerne une possibilité d'éveil des forces du moi, la façon dont se combinent ses pulsions et ses défenses, le rayon dans lequel peuvent avoir lieu des rencontres rééducatives.

Situation du jeune par rapport au temps

Le jeune vit dans le temps présent comme s'il n'avait aucune perception continue de lui-même ; il vit les faits, il est dans le présent sans qu'il y ait lien et continuité avec ses expériences passées et sans tenir compte des conséquences possibles de ses actes face à l'avenir. Il ne s'insère aucunement dans une continuité historique ; il se considère comme sans histoire [13]. Le jeune n'appréhende la réalité que dans son actualité et surtout en fonction du plaisir qu'il peut en retirer ou de l'exploitation qu'il peut en faire. La conscience de cette réalité disparaît dès que la satisfaction recherchée sans effort actif est atteinte. En somme, le jeune délinquant ne peut ni vivre ni même percevoir son expérience à l'intérieur d'un contexte spatio-temporel quelconque. L'absence de continuité dans le vécu témoigne de l'absence de conservation affective des lieux, des événements, des objets et des personnes.

Le jeune délinquant, à ce stade, semble se situer au niveau d'une intelligence sensori-motrice. À ce niveau, l'imagerie mentale qui, selon Piaget [14], se définit comme un symbole de l'objet, ne se manifeste pas encore. Les conduites sensori-motrices ne connaissent que l'indice — par opposition aux signes et symboles — ou le signal — conduites conditionnées. Or, l'indice et le signal sont des signifiants relativement indifférenciés de leur signifiés : ce ne sont que des parties du signifié et non des représentations permettant l'évocation ; ils conduisent au signifié comme la partie conduit au tout ou les moyens aux buts, et non pas comme un signe ou un symbole qui permettrait d'évoquer par la pensée un objet absent ou un événement lointain. Cette absence de conservation affective se traduit par un langage dénué de sa fonction symbolique et évocatrice.

---

13. Selon Erikson, le concept d'actualité psycho-historique se définit comme la somme des faits historiques et des forces qui sont immédiatement en rapport avec les anticipations d'adaptation ou les appréhensions d'inadaptation des individus concernés, car l'actualité historique souligne aussi les ressources accessibles ; celles-ci permettent la transformation du passé en un futur avec des identités plus inclusives.

14. *La construction du réel chez l'enfant*, Genève, Delachaux et Niestlé, 1937.

Capacités servant d'appui au développement des forces du moi

Quelle utilisation le jeune peut-il faire de son organisme lorsqu'il se trouve dans une situation où il doit faire preuve de coordination motrice : dans le jeu, par exemple ? Il est à noter que le jeune adulte délinquant a conservé ce mode d'appréhension, normal chez le jeune enfant, qui consiste à utiliser de façon habituelle les schèmes sensori-moteurs, c'est-à-dire des conduites conditionnées par les indices ou les signaux provenant du monde extérieur, qui seront les plus fréquentes chez lui.

La participation active du jeune sera plus facilement acquise si les tâches présentées appellent une exécution effective : le jeu, surtout, répond à ce type de motivations. Dans ces conditions, l'organisme entier est sollicité par des indices sensoriels, kinesthésiques et tactiles qui font appel à une coordination musculaire assez globale — non différenciée —, structurée dans le temps et dans l'espace, en utilisant ce besoin diffus de mouvement qu'éprouvent ces jeunes et qu'Erikson évoque ainsi : « besoin de s'accrocher à quelqu'un, de faire quelque chose, d'aller quelque part »[15].

L'exercice des schèmes sensori-moteurs dans un cadre spatio-temporel, en accord avec l'expectative du milieu, favorise chez le jeune la découverte d'un sens de la réalité phénoménologique ou, autrement dit, la découverte de la réalité appréhendée par les sens avec le moins de distorsions et le plus de validité possible. À force de se livrer à de tels exercices à l'intérieur d'un programme d'activités intéressantes, le jeune atteint des performances physiques bien adaptées. Il maîtrise graduellement son équipement corporel, surtout dans cet univers d'essai qu'est le jeu. Or, l'acquisition de la maîtrise de son organisme est à la base de l'apprentissage des lois inorganiques régissant l'emploi des outils.

15. « Problem of Ego Identity », dans *Identity and the Life Cycle, Psychol. Issues*, I, n° 1, 1959, p. 101-164.

Combinaison des pulsions et des défenses

Le moi délinquant, dit Redl, est au service des impulsions. Le passage à l'acte offensif, typique du jeune délinquant, est donc une manifestation ego-syntone. Elle est une manifestation du besoin de satisfaction immédiate par un mode de captation active visant à exploiter les personnes, les situations et les événements rencontrés.

Le besoin de recevoir la satisfaction sans délai est très impérieux chez bon nombre de jeunes délinquants car, pour celui qui agit par principe de plaisir, dès que la satisfaction se fait attendre, la tension personnelle augmente. L'accomplissement futur de son désir est anticipé selon des images illusoires comme chez le jeune enfant. Si l'accomplissement de son désir est retardé, des moments de rage impuissante se manifestent durant lesquels l'anticipation — et avec elle, le futur — est oblitérée. La perception d'une satisfaction potentielle rapprochée redonne au temps une qualité fortement condensée d'espérance intense et de crainte de désappointement [16].

Pour obtenir ce type de satisfaction, le jeune développe tout un arsenal de techniques défensives caractérielles, afin de maintenir et renforcer sa structure caractérielle délinquante. Redl a exposé les différentes techniques utilisées par l'ego délinquant à la recherche d'un soutien à sa délinquance. Voici une simple énumération des techniques plus spécialement utilisées par le jeune délinquant au cours de la première étape de la rééducation [17] :

- Propension à dénicher de mauvais amis.
- Affinité pour la formation d'un gang et la psychologie de bande.
- Attirance pour l'acte initiateur.

---

16. Erikson. Cet auteur ajoute d'ailleurs : « Ceci, bien entendu, constitue aussi une simplification des modalités sociales qui s'accompagne d'une « primitivation » de la vie impulsive. » (*op. cit.*)
17. La traduction française intitulée *L'enfant agressif* a été utilisée ici.

— Recherche de la tentation à la délinquance.
— Exploitation des lubies.
— Révolte au profit de la cause de quelqu'un d'autre.
— Culture des idéaux du moi prônant la délinquance.
— Illusion d'être exceptionnellement épargné par les lois de la cause et de l'effet.
— Dépendance à l'égard des ambitions et des habiletés liées à la délinquance.

Capacités de contact avec autrui

La politique du laisser-faire comme façon de procéder dans un milieu qui se veut rééducatif pour des jeunes délinquants ne peut qu'encourager l'agir par principe de plaisir et empêchera inévitablement le jeune de découvrir graduellement l'autre dans une relation de mutualité.

En revanche, la présentation d'un programme d'activités organisées dans le cadre de l'internat, afin de solliciter une participation active de la part du jeune, deviendra l'occasion de rencontres significatives qui s'étendront par la suite dans un rayon de plus en plus élargi.

Le but des activités

Pour que la situation soit vécue par le jeune d'une façon constructive, il faudra tenir compte de certains éléments qui résument les besoins typiquement ressentis par le jeune délinquant au début du processus rééducatif : sa façon de vivre exclusivement dans le temps présent, qui implique une discontinuité de l'expérience vécue, même en ce qui concerne un passé immédiat ; l'incapacité dont il fait preuve de se projeter dans l'avenir ; le besoin perpétuel de mouvement. Ces besoins détermineront les trois aspects indispensables à la découverte de la maîtrise de son équipement corporel par le jeune, maîtrise s'accompagnant d'un plaisir fonctionnel. Erikson[18] exprime le même point de vue en ces termes :

> « Grâce à la combinaison de la maîtrise physique (...) et du plaisir fonctionnel (...) l'ego s'intègre à un futur collectif tangible, il se développe en un moi défini à l'intérieur d'une réalité sociale (...). L'enfant qui grandit doit ressentir la réalité à partir de la conscience qu'il prend du fait que sa façon individuelle de maîtriser l'expérience (la synthèse opérée par son moi) est une variante acceptable d'une identité de groupe, qu'elle est en accord avec l'espace-temps et le plan de vie caractéristiques de ce groupe. »

Pour qu'elles soient rééducatives, les activités doivent éveiller la participation active du jeune, participation qui prendra un sens pour lui dans la mesure où l'expérience vécue au cours des activités l'aura touché d'assez près pour favoriser en lui une certaine conscience de son unité fonctionnelle. Au cours de la première étape, les activités devront faire appel, autant que faire se peut, à une participation de son moi corporel, participation de l'organisme d'abord assez globale, c'est-à-dire exigeant seulement une coordination des muscles les plus importants. Cette coordination musculaire, non différenciée au début, deviendra progressivement plus fine.

Au cours de cette première étape, les activités devront se présenter selon une organisation assez simplifiée pour que le jeune puisse d'emblée percevoir son rôle d'agent exécuteur et pour qu'il puisse en même temps prévoir que l'obtention du résultat escompté s'accompagnera d'une gratification certaine.

La vérification de soi

L'objectif à poursuivre doit être fixé à l'avance ; les matériaux à utiliser, choisis et disposés de façon que leur agencement soit implicitement suggéré ; l'articulation moyens-but doit être assez simplifiée pour que le jeune puisse d'emblée la percevoir dès le début de l'exécution, en anticiper le résultat et, donc, le succès.

18. *Identity : Youth and Crisis*, New York, Norton et Co., 1968.

Chaque secteur d'activités élabore des tâches à exécuter qui sont planifiées selon des défis psychoéducatifs progressifs. Le jeune peut alors, à partir de l'exécution réussie des tâches proposées, vérifier la convenance des instruments et des techniques utilisés pour la réalisation de l'objectif.

Une cotation doit être utilisée comme critère extérieur de jugement du travail effectué par le jeune, en conformité avec l'ordre de succession spatio-temporel et causal prévu. La cotation manifeste, aux yeux du jeune, la confirmation objective de la convenance des instruments et des techniques utilisés. Les rituels de confirmation représentent un intérêt capital pour le processus indispensable de vérification de soi, processus qui comporte une appréciation, de la part des autres d'abord, et ensuite de la part de soi-même. Or, en reconnaissant la capacité du jeune à accéder à des tâches et à des rôles comportant des responsabilités accrues, le cadre institutionnel apportera, à chaque étape du processus de rééducation, la confirmation sociale appropriée à chacune des acquisitions progressivement assimilées. C'est à partir d'une telle confirmation que l'individu pourra se reconnaître et se sentir reconnu.

L'aspect rééducatif des activités pourrait se formuler de la façon suivante : au cours de chaque étape de rééducation, il s'agit de faire vivre au jeune le sens vitalisant de la réalité en lui faisant prendre conscience de l'efficacité réelle de sa façon individuelle de maîtriser l'expérience en cours, et en soulignant, par une confirmation officielle, que la maîtrise acquise est en accord avec les attentes du programme de rééducation. Selon Erikson, cette prise de conscience que fait le jeune de sa capacité de maîtriser lui-même les expériences qui lui sont fournies par son milieu de vie, constitue un aspect essentiel de la formation de son identité.

Le jeune raffermit son identité en percevant les divers rôles qu'il assume, comme étant acceptables aux yeux des autres autant qu'à ses propres yeux. Graduellement, le jeune peut ainsi atteindre une certaine perception intérieure cohérente de ce qu'il est, de ce qu'il fait et de ce que son entourage attend de lui.

La découverte de soi dans le temps

L'acquisition d'une conscience globale du temps et de l'espace, cohérente, quoique systématiquement simplifiée, est essentielle pour que le jeune délinquant, durant cette première étape, utilise les forces autonomes que recèle son moi.

Pour que le jeune perçoive qu'une activité donnée est cohérente, il faudra que celle-ci nécessite qu'un ordre de succession temporel et spatial soit respecté dans les moyens d'action à mettre en œuvre pour atteindre l'objectif poursuivi. La durée sera perçue en référence au travail accompli au cours des activités et le résultat sera référé directement à la gratification escomptée.

Pour répondre au besoin du jeune délinquant de ne vivre que dans le temps actuel, l'organisation des activités devra offrir une synchronisation entre l'unité de temps qui subdivise le programme de la journée et la période de production à l'intérieur de laquelle est terminée l'exécution effective. En effet, l'unité de temps assure la continuité vécue du processus ayant permis d'atteindre un objectif clairement défini à l'avance.

L'expérience a démontré que la durée objective des séances d'activité doit être conforme à l'unité de temps que, de façon générale, le jeune est subjectivement capable de vivre sans discontinuité, c'est-à-dire en accord avec la participation active que celui-ci peut fournir à cette première étape. Le début et la fin du travail doivent donc coïncider avec le début et la fin de la séance d'activité. Seule l'exécution simplifiée de l'expérience proposée sera susceptible de faire appel à la participation du jeune et cela à condition qu'elle n'exige pas une concentration dont le jeune serait incapable et que le produit à réaliser éveille l'attrait et l'intérêt.

Le résultat obtenu, c'est-à-dire l'objet produit, devient un témoin de l'expérience vécue dans un passé immédiat. C'est ainsi que l'exécution effective du travail procurera au jeune l'expérience vécue de la durée.

La découverte de ses possibilités corporelles

À l'étape « acclimatation », le contenu des activités doit faire appel à une performance physique ou, tout au moins, à une exécution effective, c'est-à-dire à des actes portant sur des entités physiques propres à favoriser l'exercice en vue d'un perfectionnement de l'équipement corporel. C'est par la connaissance de son corps vécu que le jeune parviendra à acquérir une plus grande maîtrise de ses mouvements et de ses gestes. Les activités devront permettre une autovérification, grâce à laquelle le sujet lui-même peut se voir réussir. De plus, ces activités devront être présentées au jeune de façon individualisée, les difficultés qu'elles comportent devront être graduées en accord avec le rythme personnel, afin de faciliter une perception de son équipement corporel propre. Du fait qu'il atteint les objectifs proposés, le jeune ne peut considérer cette perception de lui-même autrement que comme adéquate à la réalité qu'il est appelé à vivre.

La découverte de la causalité

Le jeune doit expérimenter que le processus de réalisation d'un produit concret est le suivant : perception de l'activité à réaliser ; exécution effective selon la séquence prescrite ; vérification du résultat obtenu ; gratification inhérente à l'obtention de ce résultat. La réalisation objective d'une activité tend à faire découvrir au jeune la relation de cause à effet qui existe entre la participation active, la gratification apportée par le produit réalisé ou le résultat obtenu et, enfin, la satisfaction directement rattachée à cette expérience de participation.

Les expériences qui font découvrir au jeune la relation de cause à effet contribuent à le délivrer graduellement de cette pensée magique qui lui faisait nourrir l'illusion d'être exceptionnellement épargné par les lois de cause à effet ; elles ont donc un effet correctif. Ces expériences contrecarrent, également, cette illusion qui veut que ce soit par l'inactivité du moi que s'obtienne la plus grande satisfaction ; le moi délinquant, en effet, aspire à tout recevoir sans déployer aucun effort.

Dans la configuration générale des activités, le jeune doit savoir que telle activité précise a lieu à tel moment déterminé. Cette perception de la continuité devient un point de repère important pour aider le jeune à se situer objectivement dans le temps. L'ordre de succession spatio-temporel devra donc être respecté. Comme il a déjà été dit, la séquence temporelle des activités doit demeurer constante, mais l'ordre dans l'espace doit aussi être maintenu. C'est ainsi, par exemple, qu'il faudra que certains locaux ou certains endroits soient clairement réservés à des activités particulières.

Ces expériences d'ordre spatio-temporel et de causalité vécues par le jeune doivent se compléter par une expérience d'ordre dans la façon de prendre soin de son corps, à travers des soins de toilette réguliers, et par la façon de se vêtir et de se nourrir. Cette régularité, qui conduit graduellement à l'acquisition de bonnes habitudes, s'est révélée essentielle à l'évolution des jeunes.

Les facteurs qui concourent à procurer le bien-être psychologique et social dont il a déjà été question se résument ainsi : en premier lieu, une façon de vivre qui assure au jeune les soins nécessaires à son organisme et l'occasion d'exercices correspondant à ses besoins physiques ; en second lieu, les activités physiques qui l'aident à développer graduellement non seulement une meilleure coordination motrice, mais encore à permettre l'acquisition de certaines techniques tant dans les performances sportives que dans l'utilisation des outils.

Le but commun poursuivi dans toutes les activités présentées au jeune est de lui faire différencier, par la pratique, les actions physiques de base qui se relient à un phénomène donné ou qui l'engendrent.

Ce genre d'activités fait surtout appel à l'assouplissement des schèmes sensori-moteurs et répond en même temps au besoin de mouvement. Le corps, utilisé de façon adéquate, deviendra graduellement un point de repère constant et cohérent, ce qui est essentiel pour l'acquisition de la capacité de structurer l'espace et le temps. Les déplacements physiques engendrés par les règles du jeu, dans un temps et dans l'espace donné, seront eux aussi à l'origine de la perception de la durée.

Au cours de cette étape, toutes les activités devront être présentées au jeune en fonction d'un apprentissage basé sur l'usage de matériaux, c'est-à-dire, selon les termes de Piaget, en fonction d'une exécution effective, se traduisant par des actions aussi concrètes et directes que les matériaux le permettent.

La décision d'agir, et d'agir dans un sens donné, doit être dictée aussi bien par la structure des activités suscitant tel genre de participation que par le matériel faisant appel à l'acquisition de telles techniques ou par l'utilisation de tel outil. Ainsi, pour le jeune, la logique provenant des lois inorganiques des outils devient la logique de l'apprentissage de la technique.

Pour que les activités contribuent graduellement à favoriser le processus d'intériorisation du vouloir, tout en faisant appel aux dispositions du jeune à s'affirmer, elles doivent comporter des expériences de jugement et de décision. La situation ne donnera au jeune l'occasion de poser un jugement que si elle comporte des éléments déjà connus et discernés les uns par rapport aux autres en fonction d'un but précis à atteindre. Le jugement exercé par le jeune est stimulé beaucoup plus par une démarche comportant une logique interne que par la dépendance à l'égard du jugement de l'éducateur.

L'organisation des activités devra être totalement planifiée par l'éducateur, antérieurement à la mise en application. Les matériaux seront choisis et disposés de façon à en suggérer l'agencement respectif ; ceci assurera une articulation moyens-but assez simplifiée pour que le jeune puisse d'emblée percevoir son rôle d'agent exécuteur et, du coup, prévoir une gratification certaine par la réalisation de l'objectif suggéré. Ainsi, le résultat obtenu stimulera le jeune à participer de nouveau lors des séances ultérieures.

Le jeune sera d'abord placé devant des situations qui comportent un ordre de succession spatio-temporel dicté par un ordre causal — système permettant de relier les événements physiques les uns aux autres — car c'est par l'élaboration d'une causalité spatialisée que le jeune parviendra à une certaine objectivation à propos de laquelle il pourra poser un jugement et prendre, avec confiance en lui-même, une décision. La décision devient ainsi le lien nécessaire entre le jugement posé et l'action qui en découle, car la décision adéquate est impliquée dans une activité qui comporte un ordre de causalité spatialisée. C'est ainsi que le jeune apprend, dans son adaptation quotidienne, à découvrir ces liens infralogiques, malgré l'égocentrisme qui caractérise l'orientation générale de ses fonctions cognitives. Ce n'est qu'après avoir vécu de telles situations que, sûr de lui, il parviendra à faire certains choix corrects.

Erikson souligne à quel point il est essentiel à l'acquisition de toute qualité de base, et surtout à celle du vouloir, que le moi unifie ses expériences sous des angles qui semblent très éloignés les uns des autres : la prise de conscience, l'attention, la manipulation et la locomotion.

Les diverses activités utilisées par l'éducateur pour faire découvrir au jeune, d'une part, l'unité fonctionnelle qui existe entre tous les aspects énumérés et, d'autre part, les liens infralogiques facilement décelables par l'utilisation d'entités physiques dans l'exécution effective de ces activités, contribuent à créer chez le jeune ce sentiment d'être sûr de soi face aux jugements et aux décisions qu'il aura à poser.

De l'avis d'Erikson, le vouloir est à la base de l'acceptation de la loi, de la nécessité, et il prend racine dans le jugement judicieux des parents guidés par l'esprit de la loi. La loi est « l'institution qui donne une forme éternelle à ce qui est judicieux ».

Dans l'établissement de rééducation, le code ou la loi qui définit le « *quoi faire* » doit comporter une logique interne de telle façon que ses préceptes ne puissent être rejetés mais qu'ils s'imposent au contraire comme raisonnables. L'ordre qui détermine le « *comment faire* » indique « *à qui, où* et *quand* » s'impose la loi.

À l'étape « acclimatation », le fait que les activités soient agencées de manière à exiger la découverte des lois inorganiques inhérentes à l'utilisation des outils, l'apprentissage des techniques devient un moyen d'accéder à la découverte de la loi.

Car, vouloir, c'est vivre une tâche qui comporte une logique interne, c'est-à-dire savoir qu'un résultat certain et déterminé sera obtenu grâce à l'application d'une technique donnée ; c'est discriminer les conditions d'action, choisir, décider d'agir, évaluer la démarche vécue et anticiper mentalement la démarche future.

À cette étape, pour que le jeune puisse vivre des expériences correctives qui lui permettront de découvrir le rôle personnel qu'il a à jouer dans la production d'un effet, l'alimentation appropriée devra provenir totalement du monde extérieur : l'organisation doit prévoir l'objectif, préciser le cadre des réalisations, déterminer la démarche technologique à suivre et proposer les instruments à manier. Le jeune n'a pas à poser de choix : il est appelé à vivre une expérience planifiée dont il doit respecter le déroulement sans recourir à des trucs pour parvenir plus vite à un résultat. Il apprend à vivre cette expérience d'ordre à son rythme personnel, du fait que toutes les performances qui s'inscrivent dans les activités, à la première étape, s'exécutent à un niveau individuel. Même lorsqu'il s'agit de jeux qui se jouent en groupe, les rôles sont définis à l'avance et les jeux sont surtout choisis en fonction de la possibilité pour chaque jeune de réaliser des performances individuelles au sein du groupe.

L'évolution se traduit chez le jeune d'abord par une participation de plus en plus active à l'ordre établi puis, par une intériorisation et un dépassement de la loi en tant que telle, en vue d'une affirmation de plus en plus personnelle face aux diverses responsabilités à assumer. La première manifestation de l'affirmation de soi-même se discernera généralement par une certaine maîtrise de sa propre musculature, par une meilleure coordination motrice de son équipement corporel. Le jeune se voit confirmer un rôle d'exécutant par le milieu environnant ; ce qui n'était au début qu'un indice, devient une composante même de la structure intrapsychique.

Le principe de réalité prend ainsi le pas sur les images illusoires dans lesquelles le jeune délinquant se réfugiait auparavant. Il les délaisse au profit des expériences significatives qu'il vit.

Le jeu, l'activité type

Pour répondre aux exigences de cette étape c'est le jeu qui conviendra le mieux, puisqu'il est en soi un univers d'essai où l'individu remplit une tâche sans se compromettre lui-même en tant que personne vis-à-vis de ses pairs. Le jeu est considéré par Erikson [19] :

> « comme une fonction du moi ; un essai pour synchroniser les processus physiques et sociaux dont on fait partie tout en étant une personne (...) Le but du jeu : faire comme si l'on avait la maîtrise de soi-même (...) Le jeu peut permettre au jeune d'être une entité où il est son maître parce qu'il s'obéit à lui-même. »

Les jeux sont l'occasion d'orienter le besoin diffus de mouvement qu'éprouve le jeune, cela dans une séquence appropriée et en accord avec les efforts de coordination motrice qu'exigent de telles activités, ils permettent d'exercer un rôle défini dans le temps et dans l'espace. La répétition d'exercices, à travers le jeu, procure au jeune l'occasion de réaliser des performances physiques de plus en plus exactes. Ces expériences répétées lui apportent, de plus, un *patron* [20] de vérification de sa performance en accord avec les règles du jeu, patron qui constitue un premier pas vers une prise de conscience de la maîtrise de son équipement corporel.

Le jeu définit les fonctions à remplir, les cadres et les conditions de participation. Ses diverses phases constituent, chacune en elle-même, un univers d'essai, qu'il s'agisse des exercices pré-

---

19. *Childhood and Society*, *op. cit.*
20. « Patron », traduction de l'anglais *pattern* ; on pourrait aussi traduire par « modèle ».

paratoires en fonction du rôle à jouer, de la réalisation de performances, du rendement en tant que conséquence de l'exercice et de l'observance des règles, de la prise en charge d'un rôle.

Dans les activités sportives, du fait qu'il attribue des fonctions et fait vivre une règle, le jeu fournit au jeune les éléments nécessaires pour apprendre à connaître son propre corps, c'est-à-dire sa capacité musculaire et son habileté motrice. Cette connaissance du corps vécu, qui s'acquiert en jouant, constitue un premier pas vers l'acquisition d'une maîtrise des mouvements et des gestes correspondant au rôle à tenir dans un jeu donné. Le jeune apprend ainsi à se commander et à s'obéir à lui-même.

Les règles du jeu fournissent les critères qui dictent des rôles précis à tenir. Le jeune s'y sent à l'aise pour y donner un rendement, du fait qu'à ses yeux, comme aux yeux des autres, ses actes ne porteront pas à conséquence. Pourtant même si elles ne prêtent pas à conséquence, les expériences que le jeu apporte au jeune lui fournissent les occasions de se faire apprécier des éducateurs. Ceux-ci montrent de l'intérêt pour les performances du jeune et lui procurent de nombreuses occasions de raconter l'expérience de réussite qu'il vient de vivre.

Les interactions entre l'éducateur et l'adolescent se font donc à l'occasion des rôles que ce dernier est appelé à jouer dans les activités. L'intervention de l'éducateur consiste à apporter un soutien constant au jeune afin de stimuler sa participation active, selon les exigences des activités organisées et de la vie institutionnelle dans son ensemble, du code, des règles du jeu, de la tradition, etc.

La participation effective que le jeune apporte au jeu organisé favorise l'utilisation plus constante de ses schèmes symboliques : il devient capable de se représenter les actes concrets à poser dans l'ordre de succession imposé par la règle du jeu. Le jeune assume ses premiers rôles dans un secteur dont l'organisation, suscitée par les règles du jeu, dicte et oriente sa propre expérience de se commander à lui-même et de s'obéir à lui-même. C'est donc d'abord durant le jeu que le jeune deviendra graduellement capable d'une certaine perception de soi.

Le rôle de l'éducateur

Au début du processus rééducatif, la participation du jeune adulte délinquant doit être sollicitée par des apports appropriés provenant totalement de l'organisation hautement structurée que constitue la micro-société environnante. Par la suite, cette alimentation deviendra progressivement plus interne à mesure que le jeune acquerra une autonomie plus grande, grâce à l'actualisation des forces autonomes de son ego.

À l'étape « acclimatation », le jeune ne participera aux activités ou aux situations qu'à l'aide d'un ferme soutien apporté par la présence sécurisante d'un éducateur expérimenté ainsi que de l'organisation hautement structurée. Il apprendra à vivre ces expériences en respectant à la fois la durée et l'ordre de succession spatio-temporel prévus dans tout processus d'exécution des activités présentées. Le jeune sera à même de vérifier, à l'intérieur de chacune des périodes de production et d'une période à l'autre, la stabilité et la constance de la personne adulte ainsi que le respect accordé de part et d'autre à la durée et à cet ordre de succession spatio-temporel.

En même temps que le jeune deviendra capable de se situer temporellement, il recevra une réponse à ses besoins physiques et émotionnels : d'une part, la participation de son moi corporel sera fortement sollicitée et, d'autre part, il bénéficiera de la présence à la fois bienveillante et ferme de l'éducateur. Cette sécurisation du jeune pourrait se qualifier d'exogène puisque le bien-être ressenti par l'adolescent dépendra tout d'abord de la constance des personnes et des objets de son entourage, constance dont la qualité lui apportera la cohérence dans sa perception du monde environnant. À cette étape de rééducation, l'important est donc l'acquisition d'une aperception sécurisante du monde extérieur.

L'appel à la participation du jeune à propos des activités exige un double travail de la part de l'éducateur. Tout d'abord, comme agent organisateur du milieu rééducatif, il doit, dans une séquence graduée, proposer des activités propices à l'exercice des schèmes sensori-moteurs du jeune ; en second lieu, il doit être un témoin vraiment intéressé par la maîtrise déployée par le jeune au cours des activités. Un début de liens interpersonnels se crée à partir de la participation du jeune comme exécutant effectif des activités et, de la part de l'éducateur, comme agent organisateur des conditions de vie et comme témoin des expériences significatives vécues par le jeune.

L'éducateur de groupe, de par sa formation professionnelle, partage la vie du jeune avec une certaine continuité dans le temps, puisque sa présence est constante et d'assez longue durée pour faire partie intégrante du milieu rééducatif[21]. L'atmosphère favorisant les rencontres significatives se dégage particulièrement de l'organisation de la réalité phénoménologique. Cette réalité doit être ressentie avec un minimum de distorsion et vécue avec une certaine participation, laquelle doit être dénuée de passages à l'acte offensifs. L'éducateur, dans cette optique de l'organisation de la réalité, est là pour intervenir directement et à bon escient, afin d'empêcher éventuellement ce type de passage à l'acte.

L'éducateur doit être cohérent dans son agir et savoir tenir compte des conditions et du mode de vie du milieu institutionnel. Conséquent avec ses propres prises de positions face au code, à l'entité-groupe et à la réalité-individu ; il est une personnalité adulte de la génération qui précède celle du jeune ; il est conséquent avec les valeurs proposées par l'idéologie de l'institution dans laquelle il vit avec les jeunes. C'est précisément dans la mesure où l'adolescent percevra cette cohérence, manifestée dans les attitudes et les actes quotidiens des éducateurs autant que dans celle qui se dégage de leurs rapports entre eux comme

21. La présence de l'éducateur, au rythme de la vie du groupe, et sa participation émotive à la plupart des événements qui touchent la vie du jeune, est différente de celle des techniciens présidant aux « activités dirigées » ; ceux-ci exercent leur rôle de soutien dans un domaine délimité par leur compétence technique.

membres d'une même équipe, que ce jeune pourra en arriver à la perception d'un milieu total, constant et dont les réactions sont prévisibles. Cette perception est essentielle pour que soit possible l'acceptation de l'entourage comme milieu sécurisant.

L'attitude de l'éducateur répond donc au besoin de cohérence qui existe chez le jeune, de même qu'à son besoin de découvrir les possibilités de son propre organisme à travers la perception du mode de fonctionnement des adultes. C'est ce qu'Erikson [22] énonce ainsi :

> « Dans la vie humaine, rien n'est assuré à l'origine qui ne soit vérifié à travers la rencontre intime de partenaires dans un entourage social favorable. »

Pour résumer, disons que l'organisation du milieu doit assurer la perception de la continuité des objets et permettre l'acquisition d'une certaine maîtrise de ces objets, laquelle s'accompagne d'une perception de l'ordre spatio-temporel. L'éducateur, par ses attitudes conséquentes avec l'organisation du milieu d'une part et, d'autre part, par la modalité de sa participation vécue dans une continuité quotidienne, produit chez le jeune une perception cohérente des personnes.

L'éducateur veillera d'abord à faire vivre l'aspect rééducatif de ces activités et graduellement, en accompagnant le jeune dans sa démarche rééducative, il exploitera chaque occasion vécue pour favoriser l'éveil de la confiance. L'échange entre les générations pourra aussi s'effectuer à travers des interventions directes de l'éducateur auprès du jeune ou par des échanges interpersonnels en accord avec les besoins du jeune, selon le niveau d'évolution atteint.

L'éducateur exige que le jeune se conforme à l'ordre de succession spatio-temporel tel qu'il se présente dans la planification des activités ; il lui fait sentir qu'il s'attend à ce que son travail soit accompli en accord avec la durée de la période d'activité et à ce que le résultat escompté soit atteint en même temps que se ter-

22. « Human Strenght and the Cycle of Generations », *op. cit.*

mine la séance d'activité [23]. L'éducateur doit suivre le jeune dans cette démarche qui respecte la réalité phénoménologique et l'empêcher adroitement de recourir à des trucs pour obtenir plus vite un résultat. Il devra s'intéresser vraiment aux activités réalisées par le jeune et lui signaler les gratifications qu'elles comportent. Le jeune percevra graduellement la causalité liée à l'ordre de succession dans le temps et constatera que les causes sont antérieures aux effets. La causalité exprime les durées puisque la durée n'est que le rapport qualificatif entre le travail accompli et l'effort déployé. À partir d'une telle perception, le jeune commencera à accepter le temps comme une dimension de la vie.

Comment se développent les forces du moi

Durant la première étape, les interactions adultes-jeune vont se borner principalement à faire respecter la démarche technologique prescrite par l'organisation même de la situation. L'éducateur opte pour une attitude ferme et confiante envers le jeune, attitude qui crée des conditions favorables à une expérience de production gratifiante en même temps qu'elle protège le jeune contre ses propres impulsions à détruire le produit obtenu, et à se priver, par le fait même, de la satisfaction qui s'ensuit.

Les interactions éducateur-jeune se font dans un climat de fermeté, propice à un premier échange authentique entre la société institutionnelle et son futur membre. L'adulte protège le jeune d'un rejet de la part du milieu institutionnel pour lui faire

23. Erikson a souligné les attitudes générales perçues chez les jeunes adultes aux prises avec une pathologie qui se manifeste particulièrement par une diffusion dans le temps et par une méfiance face au « temps » comme tel : « chaque délai apparaît comme une déception : chaque attente, une expérience d'impuissance ; chaque espoir, un danger ; chaque plan, une catastrophe ; chaque pourvoyeur potentiel, un traître ».

vivre une expérience heureuse dès le début du processus de rééducation ; il consolide les cadres des activités et, s'il y a lieu, modifie l'organisation des activités, dans le but de réduire le plus possible, par une intervention directe, les comportements qui seraient inacceptables. Pour ces mêmes raisons, l'éducateur exerce des mesures préventives face aux réactions négatives des autres jeunes.

En ce qui regarde l'application plus générale du code, l'éducateur sera tolérant vis-à-vis de certains aspects secondaires, en tenant compte du fait que c'est par une intériorisation de la loi au cours du déroulement du processus que le jeune en arrivera graduellement à découvrir le code dans tous ses aspects. Par le truchement de l'attitude sécurisante — fermeté et tolérance judicieuse — de l'éducateur, le jeune apprend, à travers des expériences vécues, à discerner entre les exigences irréductibles définies par la loi et l'ordre d'une part et, d'autre part, les exigences qui varient selon l'intériorisation progressive d'un contrôle personnel.

Le jeune prend conscience de ses devoirs envers une société désireuse de lui offrir un statut de membre. Le privilège principal que lui confère ce statut est celui de pouvoir agir selon les conditions de réalité, grâce aux multiples occasions créées pour lui à cet effet, sans toutefois les exploiter à son profit et, donc, en respectant les conditions phénoménologiques qui caractérisent cette réalité.

La participation du jeune au programme de vie proposé par les structures sociales de l'internat de rééducation entraîne chez lui, selon une progression précise, des états successifs d'harmonie ou d'équilibre entre l'épanouissement de sa personnalité vue sous l'angle particulier de son identité en voie de formation, par exemple, et le phénomène d'intégration au milieu social dans lequel il évolue [24].

---

24. Erikson, *Childhood and Society*, *op. cit.*

Au début, l'acceptation de *faire confiance* se manifestera par l'adoption d'une perspective temporelle, typique de l'étape initiale du processus, laquelle se transformera ensuite progressivement au cours des étapes ultérieures. Ces transformations pourront s'accomplir grâce à l'évolution des modes de perception propres à chacune des étapes et l'acquisition de cette composante spécifique de la structure intrapsychique qu'est la capacité de faire confiance sera ainsi favorisée. En termes plus explicites, le mode de perception du temps se modifiera en accord avec la qualité spécifique de cette force de l'ego qu'est la possibilité de faire confiance lors de chacune des synthèses qui se renouvelleront au cours du processus rééducatif.

La première manifestation d'une volonté active est facilitée par la simplification de l'articulation moyens-buts dans les activités. Le jeune découvre que la réussite dépend de son travail personnel, indépendamment du jugement posé par l'adulte.

Effectuer un travail consiste à concrétiser la mise en relation de ses capacités d'être agent de production avec les exigences découlant des objectifs à réaliser ou des problèmes à solutionner, ou des deux à la fois. Cette capacité d'être agent de production prend, en s'intensifiant, une orientation précise : le jeune commence par une simple exécution dirigée et parvient à la prise de conscience des relations de causes à effets dans une démarche technologique ; il s'en tient d'abord à la préoccupation de la qualité de la production, puis en arrive à s'engager personnellement dans le travail. Les capacités de productivité du jeune déterminent précisément le genre de travail qui lui sera proposé au cours de chacune des quatre étapes du processus. La présentation du matériel et l'organisation des activités orientent la recherche du jeune dans la direction voulue et l'amènent à construire lui-même de nouvelles opérations cognitives et à les appliquer dans la vie quotidienne.

Le succès obtenu à la suite de l'accomplissement du travail remplit une fonction particulière qui est de renforcer les capacités de productivité déjà mises en œuvre et de les confirmer, pour faire naître chez le jeune une confiance profonde en ses propres moyens d'action. Le succès, du fait qu'il exerce une fonction rééducative, doit être prévu, au cours de la planification des activités, comme l'issue certaine d'un travail bien fait.

À l'étape « acclimatation », le travail est effectué exclusivement dans des situations individuelles de production. La principale préoccupation des éducateurs qui planifient les activités consiste à élaborer un rapport simple et clair entre les moyens d'action et l'objectif à réaliser. L'importance que soit perçu l'ordre de succession spatio-temporel et causal, caractéristique des activités à cette première étape, a déjà été mentionné à plusieurs reprises.

Le jeune est alors dans une situation favorable pour vivre lui-même une expérience cohérente de travail ; il perçoit les relations de causes à effets entre les efforts fournis, les manipulations faites d'une part et des résultats obtenus d'autre part. L'intérêt réel que l'objectif imposé suscite chez le jeune compense amplement l'absence de choix.

Le genre de travail effectué à la première étape coïncide avec ce que White [25] appelle test de réalité : poser des gestes qui produisent tel effet sur tel objet. Ainsi se constitue une exploration des différentes possibilités de mise en relation de l'agent avec les caractéristiques de la réalité phénoménologique (causalité). La variété et la multiplicité de ces explorations fournissent les éléments essentiels à la formation graduelle d'une connaissance technologique de la réalité.

Le succès obtenu à la suite de l'application des moyens prévus apporte une solution au test de réalité que représentait, pour le jeune, la réalisation de l'objectif. Le succès confirme la capacité de concrétiser la démarche d'exécution d'un produit.

Les interactions rééducatives adulte-jeune offrent les caractéristiques propres aux interactions maître-apprenti. Le maître laisse le jeune faire sa démarche personnelle, tout en lui fournissant des conditions optimales pour l'aider à découvrir la logique

25. « Ego and Reality in Psychoanalytic Theory », *op. cit.*

instrumentale et technologique et à confirmer la réussite obtenue. D'autre part, il intervient pour aider le jeune à découvrir ses aptitudes personnelles, lesquelles orienteront son choix occupationnel ou professionnel.

L'intériorisation de la vertu de fidélité se manifestera, chez le jeune, conjointement avec le mouvement d'affirmation de sa propre identité personnelle et celui d'une adhésion à l'idéologie proposée par la micro-société. À l'étape « acclimatation », la participation du jeune culmine en un état d'harmonie provenant de la coïncidence qui existe chez lui entre le sentiment d'être bien dans son corps et celui d'être à l'aise dans l'internat.

La première manifestation d'un début d'intériorisation de la force psychologique de fidélité se discernera dans la loyauté que le jeune déploiera, face à lui-même et face à des réalités telles que les données de la règle du jeu ou la logique d'une démarche pour obtenir un résultat. Une telle loyauté devient la composante de cette force psychologique à la première étape.

L'internat de rééducation, organisé en micro-société, se substitue donc provisoirement pour le jeune en processus de rééducation à la société actuelle et, par conséquent, doit pouvoir lui offrir un mode de vie qu'il pourra partager, à la fois, comme personne unique et appréciée en tant que telle, et comme membre participant à la vie de cette micro-société. Ce mode de vie devra être présenté de façon qu'il soit profitable, et au jeune en particulier, et à l'ensemble en général. Les activités qui seront appelées à configurer un tel mode de vie devront être animées d'un même esprit et mettre à la disposition du jeune une alimentation appropriée afin de le rendre capable de se réaliser dans des secteurs sélectionnés, selon une séquence graduée. Pour que le jeune se sente acquérir une maîtrise de lui-même, de nouveaux secteurs devront progressivement s'ouvrir à lui. Ainsi, il pourra en arriver à se valoriser aux yeux des autres et à ses propres yeux, selon les normes et les attentes de la micro-société à laquelle il appartient et selon les prototypes idéologiques qu'elle lui propose.

Comment le jeune vit le processus de rééducation

Les membres de l'équipe éducative doivent continuellement étudier toutes les conditions susceptibles d'engendrer des situations rééducatives et veiller à ce que la démarche poursuivie par le jeune soit orientée dans la direction voulue, c'est-à-dire par rapport au développement des forces autonomes du moi.

Pour organiser un tel milieu de vie, l'éducateur doit toujours procéder à l'analyse des propriétés spécifiques que recèlent les activités ou les situations qu'il se propose de faire vivre aux jeunes. L'éducateur doit toujours évaluer le défi que pose la situation qui a été créée en vue d'y confronter le jeune.

Le présent exposé sera maintenant illustré par une observation recueillie à cet effet.

Le garçon observé est entré à Boscoville depuis un peu plus d'une semaine. Il vit donc l'étape d'acclimatation. L'activité se rattache au football (américain) et consiste en l'apprentissage de réception des passes. Elle se déroule sur une seule séance de 50 minutes [26].

L'objectif de l'activité est de préparer le garçon à la pratique des sports telle qu'elle se fait chez les « citoyens » en lui suggérant les moyens d'acquérir une condition physique adéquate et en lui apprenant certaines techniques du sport proposé, en l'occurrence le football. Pour la réalisation de la première partie de cet objectif, l'observation s'est centrée sur les exercices de réchauffement du début de la période d'activité. L'observation de la réalisation de la deuxième partie de l'objectif sera spécialement centrée sur la technique de réception de passes.

26. Nous devons cette observation à Guy Bertrand.

Préparation de l'activité

L'ordre de déroulement spatio-temporel en vue d'atteindre l'objectif fixé peut être résumé comme suit :

La première partie, effectuée en silence, comporte des tours de piste en marche et en course, puis des exercices de réchauffement.

La deuxième partie consiste en la pratique du football (américain) par deux équipes. L'observation se limitera ici à celle de la participation du garçon étudié, lequel doit exécuter cinq jeux individuels différents dans la partie. Ces jeux portent uniquement sur la technique de réception de passes. Les cinq actions demandées au garçon observé sont intercalées parmi d'autres qui reviennent aux autres garçons de la même équipe.

Nous devons ajouter que tous les jeux demandés au garçon sont connus de lui, car il en a exécuté d'identiques ou de semblables dans des périodes d'activités antécédentes.

Le déroulement de la période d'activité est assez simple, de l'avis de l'éducateur, pour être perçu d'emblée par le garçon et pour lui permettre d'imaginer avec certitude dès le début de l'activité le succès qu'il va remporter.

Déroulement de la séance d'activité

L'éducateur dit à Claude : « Après les habituels exercices de réchauffement, tu auras à faire cinq jeux préparés à l'avance au cours de la partie de football de ce matin » ; il les lui explique à l'aide de cinq graphiques numérotés qu'il lui remet. Claude dit : « Je vais les apprendre par cœur, avec le numéro, et durant la partie tu n'auras qu'à me dire le numéro. » L'éducateur est d'accord avec le garçon. Ce dernier prend une dizaine de minutes pour étudier les jeux. L'éducateur reprend ensuite les graphiques et demande au garçon d'expliquer les jeux en lui citant les numéros au hasard. Le garçon répond d'une façon très sérieuse et ne fait aucune erreur. L'éducateur lui dit que c'est tout ce qu'il aura à faire. Le garçon répond : « O.K., je suis prêt pour l'activité. »

Au départ pour l'activité, Claude est le premier prêt à partir et, pendant la transition, il parle à l'éducateur des jeux à faire comme s'il effectuait une répétition générale. Au début de l'activité, l'éducateur explique à tous les garçons que les exercices de réchauffement se font en silence et que c'est sérieux. Claude ajoute : « Oui, c'est sérieux, il faut se mettre en forme. » Il exécute toutes les courses du début en silence en y mettant beaucoup d'entrain ; il est le premier et mène le peloton. Durant la deuxième partie des exercices de réchauffement, il exécute tous les mouvements en s'appliquant pour bien les faire et en respectant les consignes.

Aussitôt les exercices de réchauffement terminés, le garçon dit à l'éducateur : « Quel jeu que je fais ? » L'éducateur lui demande d'attendre quelques minutes, cependant que le garçon semble anxieux et impatient.

Au premier jeu, le garçon fait exactement ce qu'il doit, mais la passe est interceptée. Il dit : « Ce n'est pas grave, j'ai exécuté exactement mon jeu. » Les deux jeux suivants sont faits parfaitement et Claude réussit à capter la passe. Il suit exactement les graphiques qui lui ont été fournis. Il est très content et le manifeste par de larges sourires. Il exprime le désir de recommencer le même jeu dans la même période d'activité. Il fait également très bien les deux derniers jeux et vient dire à l'éducateur : « Nous les avons bien déjoués avec ces jeux, on devrait les recommencer tout à l'heure, on va les déjouer encore. »

Le lendemain l'éducateur demande au garçon de raconter les différents épisodes de l'activité sportive de la veille. Mais Claude répond : « Écoute, tu le sais, on l'a bien préparée ; on ne pouvait pas faire autrement que de réussir. On a manqué un seul jeu et c'est pas ma faute, j'ai fait exactement ce que j'avais à faire. »

Commentaires

L'activité planifiée par l'éducateur est en tous points conforme aux conditions formulées pour cette première étape, en ce qui concerne l'objectif fixé, les techniques utilisées et l'ordre suivi dans la façon de procéder pour atteindre l'objectif. Telle qu'elle a été conçue, cette planification permet une alimentation des cinq forces de l'ego et rend cette période d'activité vraiment rééducative.

Dans une perspective temporelle, cette seule période d'activité — 50 minutes — est suffisante pour permettre d'atteindre l'objectif prévu — apprendre la réception de passes — au moyen d'un travail précis s'inscrivant dans la durée de la période d'activité.

Le jeune, en conformité avec la planification prévue, participe activement pendant toute la durée de l'activité et, par conséquent, atteint l'objectif fixé. Du fait de sa courte durée, car le jeune peut difficilement accepter un délai à cause de l'impatience de son désir d'être satisfait, l'activité sera gratifiante.

Cette période d'activité offre au jeune l'occasion de poser des actes, d'accomplir des performances, en conformité avec des conditions de réalité, espace-temps et causalité. En accomplissant de telles performances, sûr de ce qu'il a à exécuter puisqu'il sait à l'avance comment s'y prendre, le jeune apprend, à travers des actes — conduites sensori-motrices — à poser un jugement et à prendre une décision. L'affirmation de soi se confirme devant le résultat obtenu moyennant la conformité par rapport à la planification prévue.

Cette période d'activité comporte une participation du jeune au moyen de son équipement corporel — coordination musculaire assez globale — dans des rôles bien définis — performances déterminées par les techniques à utiliser, donc prévues à l'avance —, selon les règles du jeu.

Les diverses performances planifiées dans le temps et dans l'espace ainsi que les techniques utilisées au cours de l'exercice avec l'équipe dans le but d'apprendre à jouer au football (américain), contribuent à faire découvrir au jeune qu'il peut acquérir une maîtrise graduelle de ses mouvements et de ses gestes, impliqué dans le rôle qu'il doit tenir à l'intérieur d'une équipe de football. Ce rôle n'est pas trop menaçant puisque le jeu est considéré par les éducateurs comme un univers d'essai.

Cette période d'activité offre au jeune l'occasion d'accomplir des performances individuelles à travers lesquelles il découvrira, en les vivant, les relations de causes à effets entre les efforts fournis, les performances accomplies et les résultats obtenus.

L'application stricte de la démarche prévue dans cette réception de passes, prescrite en vue de la réalisation de l'objectif fixé — recevoir le ballon —, offre la garantie de la réussite et motive le jeune à désirer recommencer une performance dont il peut anticiper le succès.

Cette période d'activité favorisera chez le jeune la découverte de son corps vécu, c'est-à-dire l'acquisition graduelle de la maîtrise de ses mouvements et de ses gestes en vue de l'objectif à atteindre. Dans l'exercice de la réception de passes, il est clair que les déplacements sont faits en accord avec les distances calculées et les gestes à accomplir.

La cotation officielle, qui sanctionne la performance accomplie en conformité avec la planification prévue, aide le jeune à percevoir la performance telle qu'elle a été réalisée.

Cette expérience que le jeune vient de vivre, c'est-à-dire cette réussite qu'il a accomplie de capter quatre des cinq passes qui lui étaient destinées selon la planification prévue, contribue à susciter chez lui un sentiment de *confiance* en face d'une telle situation. Il se sent maintenant capable de répéter cette expérience avec la même maîtrise de ses mouvements et de ses gestes, sachant qu'il aboutira à un résultat certain. Il se sent donc en confiance face à une telle situation, ce qui lui fait espérer la renouveler : « On devrait les recommencer tout à l'heure », dit-il. Il manifeste par de larges sourires la satisfaction que lui procure la participation à ces jeux.

Claude découvre, en accomplissant les diverses performances, la logique des techniques utilisées pour *atteindre l'objectif* poursuivi : la réception de passes. Il le juge ainsi puisque après la performance il dit : « Nous les avons bien déjoués avec ces jeux, nous allons les déjouer encore. »

Il se sent capable de contrôler ses propres mouvements et gestes en accord avec le rendement à atteindre. Il se sent sûr de lui dans sa façon d'agir puisqu'il n'a qu'à suivre l'ordre prescrit dans la planification acceptée à l'avance. Cette expérience de déroulement ordonné dans le temps, dans les déplacements à faire, et dans la façon de procéder pour atteindre le résultat de succession dans la causalité, aide Claude à s'affirmer lui-même. Le résultat obtenu est confirmé de façon officielle sur la base des normes en vigueur dans le milieu de vie : la cotation. Celle-ci souligne l'appréciation que l'entourage immédiat accorde à ses performances.

Au cours du jeu, alors qu'il prépare son activité, Claude a suggéré d'apprendre par cœur, c'est-à-dire de se représenter mentalement les diverses stratégies planifiées par l'éducateur afin de posséder plus à fond les moyens suggérés pour atteindre les buts poursuivis. Après avoir réussi à mémoriser les diverses stratégies, Claude s'est senti plus sûr de pouvoir orienter sa conduite en accord avec le but visé ; ainsi, il pouvait plus lucidement se représenter le parcours à exécuter selon la consigne prévue, et donc, par le fait même, remplir ensuite de façon satisfaisante le rôle précédemment anticipé et atteindre plus sûrement l'objectif.

Durant cette période d'activité, Claude a pu percevoir d'emblée l'articulation des moyens — les diverses stratégies planifiées — pour atteindre l'objectif fixé — la réception de passes — et, ainsi, il a pu prévoir le succès dès le début de la période d'activité.

Après avoir mémorisé les stratégies selon les numéros indiqués sur les graphiques présentés, Claude se sentait prêt à participer à l'activité, « il était le premier prêt à partir », indique l'observation, et, se rendant à l'activité, il anticipait mentalement les feintes à réaliser.

Au premier essai, même s'il ne réussit pas à capter la passe, il se donne du courage en se disant qu'il a « exécuté exactement le jeu » prévu. Lorsqu'il réussit à capter les deux autres passes, il manifeste sa satisfaction par de « larges sourires » et il exprime le désir de recommencer la performance, ce qui lui procure une véritable motivation vis-à-vis de la production, puisqu'il anticipe le succès dans les performances exigées par ces exercices sportifs et qu'il se sent efficace. Cette efficacité ressentie au cours des performances éveillera en lui le début du sentiment de sa *compétence.* Puisque ses performances individuelles se font en présence du groupe, il se sentira apprécié par les autres et, en retour, il s'appréciera lui-même.

La participation de Claude à cette période d'activité lui a fait éprouver le sentiment de maîtriser ses mouvements et ses gestes pour *répondre à l'attente de son entourage* — de l'éducateur qui a planifié les stratégies et du groupe de ses camarades, témoins de ses performances.

La coïncidence qui existe entre, d'une part, le sentiment d'être capable de maîtriser ses modes d'organes en accord avec les exigences dictées par la règle du jeu et, d'autre part, les conditions imposées par l'entourage, lui fait vivre l'« unité fonctionnelle » qui concourt à former le premier jalon de *l'identité* : l'« unipolarité ». Une telle expérience lui fait découvrir l'importance du respect de la règle du jeu et de la technique, ou de la stratégie à utiliser pour obtenir un résultat. C'est ainsi qu'il apprend à être loyal dans ses façons de procéder en regard de la règle du jeu.

Les interactions rééducatives entre l'éducateur et le jeune dans la situation observée sont facilement décelables. La participation de l'éducateur, soit au niveau de la planification anticipée de l'activité, soit au niveau de l'intérêt soutenu qu'il a porté à ces exercices sportifs, a vraiment été ressentie par le jeune qui, au long de l'activité, s'est exprimé à ce sujet, soit de façon non verbale — larges sourires — soit verbale — nous les avons bien déjoués, etc. La réponse du jeune consiste en une participation engagée qui s'est maintenue pendant toute la période d'activité en tous points conforme à la planification acceptée à l'avance avec, de plus, le désir de renouveler l'expérience.

Si le jeune, en utilisant d'une façon constante les techniques apprises, vit d'une façon assez continuelle des expériences où il se sent réussir, il aura confiance en lui-même face à cette activité et il se sentira capable de participer avec sécurité à ces exercices sportifs. Il atteindra une « aperception sécurisante » de ce genre d'activités. Par des expériences répétées d'une façon assez constante dans plusieurs secteurs de la réalité, le jeune acquerra graduellement une aperception sécurisante du monde extérieur. En l'occurrence, le monde extérieur sera tout d'abord cette micro-société qu'est l'institution, laquelle lui offre le régime de vie conforme aux apports dont il a besoin.

Au moyen des performances qu'il avait à exécuter, le jeune s'est engagé dans une participation qui lui a donné l'occasion de s'affirmer. C'est par des expériences semblables qu'il parviendra à s'affirmer dans son rôle d'exécutant, et le milieu, en venant confirmer son efficacité par des cotations officielles, contribuera davantage à encourager cette affirmation de soi.

L'ordre de succession spatio-temporel et causal dans les stratégies utilisées oriente l'expérience du jeune qui apprend ainsi à se commander lui-même en face des performances proposées en vue d'atteindre un but fixé. Ces diverses stratégies ont été mémorisées par Claude : il s'en est donc fait une représentation mentale lui permettant un début de perception de son rôle dans le jeu.

Notons toutefois que Claude ne peut pas raconter les jeux qu'il a faits, il traduit tout en termes de résultats. Il est impossible de lui faire verbaliser autre chose.

Il clarifiera graduellement cette perception pour en arriver à mieux saisir le rôle qu'il joue dans diverses occasions.

La participation active du moi corporel à des processus de réalisation qui permettent l'obtention de résultats souhaités aboutit au sentiment d'être efficace, puisque le garçon peut, à partir de là, imaginer le succès et se sentir une certaine compétence dans un secteur d'activité.

Pour mieux expliquer comment s'éveillent les forces vitales du moi à cette première étape « acclimatation », il faudrait citer bien d'autres exemples puisés dans les diverses activités, telles que la poterie, le boulot, les projets, etc.

• 5 •

L'étape « contrôle »

Les caractéristiques du jeune

Comme il a déjà été mentionné, le fait que le processus de rééducation se déroule par étapes, suppose que les besoins évoluent, c'est-à-dire que des configurations nouvelles se dessinent dans le développement de l'ego. Tour à tour, ou corrélativement, ces configurations nouvelles exigeront que les responsables remanient les conditions de vie en accord avec les changements intervenus.

Une brève récapitulation des caractéristiques les plus marquantes de la première étape préparera la voie à l'explicitation de cette deuxième étape. Le jeune délinquant qui, au début, était porté à utiliser le passage à l'acte offensif, c'est-à-dire à se servir de conduites sensori-motrices pour exploiter la réalité en accord avec la recherche de son plaisir, apprend graduellement à agir tout en respectant la réalité phénoménologique. C'est surtout par une concentration sur l'utilisation de son corps et par la prise de conscience de ses propres mouvements, qu'il en vient à faire des liaisons simples entre lui-même et le monde extérieur. La conscience élémentaire d'un avant et d'un après dans la séquence action-résultat évolue assez rapidement en une capacité de se rappeler un événement lié à un passé immédiat. Cette évolution ne se fera, cependant, que si le jeune a pris personnellement part à cette séquence. Par la suite, il parviendra à se remémorer un événement, alors que, jusqu'ici, sa capacité de rappel se limitait à une simple action passée. Enfin, un progrès décisif se manifestera lorsque les relations de sujet à objet céderont la place aux relations d'objet à objet, en ce sens que les objets deviendront des entités indépendantes des actes du sujet ; ces objets pourront, dès lors, être reliés entre eux de façon spatiale, temporelle et causale.

Les acquisitions du jeune sont encore limitées, à la première étape, à des actions manifestes ; à la seconde étape, par contre, le jeune doit atteindre le même degré de cohérence mais, cette fois, à travers les activités qui sont de moins en moins des conduites sensori-motrices ; il doit procéder graduellement à des adaptations qui le porteront à penser la réalité et à en parler plutôt qu'à se contenter d'agir directement sur elle. À partir d'un certain degré, ces adaptations se feront au niveau symbolique, c'est-à-dire au moyen d'une pensée représentative qui, de par sa nature, peut réfléchir sur l'organisation des actes posés. Le niveau symbolique se caractérise par la capacité de différencier le signifiant du signifié, donc par la capacité d'évoquer l'un pour se référer à l'autre. Cette capacité de se référer au signifiant — une image, un mot — pour symboliser un événement perceptuellement absent — le signifié — est désignée par le terme de fonction symbolique. À la seconde étape, non content d'enregistrer purement et simplement le succès empirique ou l'échec, le jeune pourra donc se représenter comment ses actes affectent les choses.

Au cours de cette étape, la pensée représentative prend, de par sa fonction symbolique, la forme de répliques internes d'actions concrètes. Ce ne sont pas encore de vrais signes ; toutefois, la pensée dispose d'un potentiel qui, graduellement, lui permettra de saisir simultanément toute une série d'événements concentrés dans un même schème. Elle s'étend donc au-delà des actes actuels et concrets du sujet ainsi qu'au-delà des objets concrets de l'entourage. À partir d'imitations faites dans le passé, une image — premier signifiant — est intégrée, elle permet d'anticiper en pensée des entreprises futures : un plan d'action par exemple, ou même une représentation graphique relative à une action future. Mais cette pensée est encore lente et statique, davantage constituée de configurations immobiles et qui frappent l'œil, que de composantes plus subtiles et moins obvies.

Situation du jeune par rapport au temps

Les schèmes de la pensée représentative, à mesure qu'ils s'exercent, deviennent un moyen rapide et mobile pour faciliter un rappel du passé, une perception du présent ou une prévision de l'avenir. Puisque, de par sa nature, la pensée représentative peut non seulement enregistrer le succès empirique, mais aussi réfléchir sur l'organisation des actes, le jeune ne se centrera plus seulement sur le résultat immédiat, mais aussi sur l'articulation des moyens pour atteindre le but. Il deviendra capable de participer à l'organisation d'activités dont la séquence s'étendra sur plus d'une séance car il ne fondera plus sa participation sur la gratification immédiatement obtenue à la suite de l'utilisation d'une technique ou de la réalisation d'une performance. Malgré une perception temporelle encore discontinue, la réflexion sur l'agencement des moyens pour atteindre un but, ainsi que sur la constance dans l'utilisation des matériaux et des techniques, rendra le jeune capable d'anticiper un futur relativement immédiat.

Capacités servant au développement des forces du moi

Une plus grande souplesse ainsi qu'une plus grande mobilité à l'intérieur des schèmes sensori-moteurs se perçoivent chez le jeune lorsqu'il est entraîné durant la première étape à des performances définies par les règles du jeu. Le jeune doit aussi faire preuve, dans sa participation corporelle, d'une coordination croissante entre les modes de perception visuels, auditifs, tactiles et kinesthésiques. À l'étape « contrôle », cette capacité de nuancer son agir, au moyen d'une certaine maîtrise des membres, et de certains outils inorganiques pour l'exercice de techniques connues et l'apprentissage de nouvelles techniques, démontre que l'adolescent en est arrivé à une perception différenciée de son équipement corporel.

La capacité de différencier le signifiant du signifié et d'évoquer l'un pour faire référence à l'autre — à savoir le pouvoir d'évoquer une image ou un mot symbolisant un événement perceptuellement absent au lieu de s'en tenir à enregistrer un résultat — dispose le jeune à réfléchir sur l'organisation de ses actes. Il devient capable de percevoir d'une façon claire comment ses actes affectent les choses. D'une part, cette contemplation le rend capable de se conformer avec précision au modèle et, d'autre part, l'imitation dont il sait faire preuve devient pour lui un outil spécialisé. Ce jeune se sent maintenant capable de se centrer non plus seulement sur le résultat, mais encore sur l'articulation des moyens pour atteindre le but, donc sur l'exercice des techniques. Il réfléchit sur ce qu'il vient de faire, par exemple au moyen de représentations graphiques. Graduellement, il en viendra à pouvoir dresser un plan d'action et à anticiper une démarche future. Au début, les graphiques ne représenteront que ce qui frappe l'œil, mais, plus tard, ils en viendront à insérer des composantes plus subtiles. Dans la mesure où il aura été continuellement soutenu dans sa démarche, le jeune pourra, vers la fin de cette deuxième étape, passer d'un fonctionnement intuitif à un fonctionnement opératoire concret, et cela dans son adaptation journalière aux différentes activités proposées.

Combinaison des pulsions et des défenses

Les pulsions qui sont à la recherche d'une satisfaction immédiate s'expriment, à la deuxième étape, moins fréquemment et sous une forme particulière. L'adolescent est maintenant en mesure de saisir les exigences de la réalité, exigences rattachées au milieu physique et aux groupes dans lesquels il vit. Face aux situations qui impliquent de renoncer à sa façon d'agir en fonction du principe de plaisir, le jeune délinquant peut manifester deux attitudes opposées, mais qui visent le même but : protéger sa structure délinquante contre un changement. Une première façon de procéder sera d'exploiter les situations, les personnes et les objets, précisément organisés pour faire échec à l'agir délinquant, en contournant les exigences d'adaptation. Le jeune s'emploie alors à protéger sa structure caractérielle de l'influence du milieu, tout en maintenant un contact avec l'entourage en tant que capable de lui procurer un plaisir immédiat.

Le jeune peut adopter une seconde façon de protéger sa structure délinquante, tout en se conformant extérieurement aux exigences suscitées par le code du groupe et par les conditions d'organisation des activités. L'évasion dans la vertu lui permet de vivre apparemment en harmonie avec le milieu organisé tout en maintenant sa structure caractérielle délinquante. En effet, le conformisme affiché déjoue les interventions éducatives et rééducatives des éducateurs et, au surplus, permet au jeune d'agir sa délinquance dans d'autres occasions.

Redl[27] a mis en lumière les différentes techniques utilisées par l'ego délinquant exposé à une attaque de plein front au cours d'un traitement résidentiel : refus de parler ; évasion dans la vertu ; utilisation du groupe contre les camarades qui veulent changer et se réformer ; fuite vis-à-vis des membres du personnel susceptibles de menacer la structure délinquante ; refus de renoncer aux facteurs qui encouragent la vie délinquante ; résistance en face de ses besoins cachés d'amour, de dépendance et d'activité.

Pourtant, à côté du conformisme élaboré comme défense et exprimant une résistance intérieure au changement, se situe la

27. Dans *Children who Hate*, *op. cit.*

conformité. Cette adaptation extérieure est une forme primaire de participation au milieu rééducatif et comporte une attitude qui tire son importance non pas du fait qu'elle soit limitée à elle-même, mais bien plutôt parce qu'elle est inscrite dans un processus d'intégration à l'organisation du milieu et à la réalité sociale[28].

De toute façon, à cette deuxième étape, les défenses qui surgissent chez le jeune pour se protéger d'un changement se manifestent par une absence de participation émotive au mode de vie du milieu.

Capacités de contact avec autrui

Les rencontres significatives s'élaborent parallèlement au processus d'intégration à une nouvelle réalité sociale : le groupe de compagnons au sein duquel le jeune doit s'insérer, groupe fortement organisé grâce à une tradition implicite et explicite. Le fait de vivre selon la tradition et le code du groupe rend d'abord l'individu acceptable aux yeux de ses camarades, et donc à ses propres yeux, puis accepté par les autres comme un des membres du groupe.

Ce statut de membre du groupe a un double effet sur la participation émotive du jeune aux conditions proposées par le milieu. En premier lieu, l'adolescent s'affirme comme membre du groupe et devient solidaire de ses compagnons ; ceci évite qu'il ne soit mis personnellement en cause de façon prématurée. En second lieu, l'adolescent se différencie du groupe des adultes : cette différenciation, si importante à cet âge, constitue

28. Erikson souligne cet aspect d'adaptation qui peut se rencontrer dans ce qui est généralement perçu comme une défense : « On doit soupçonner que, dans chaque étape de vie, ce qui peut nous apparaître comme un *passage à l'acte* peut aussi contenir un essai d'adaptation empreint d'immaturité pour établir une vérification mutuelle qui entretient l'activité de l'ego ; cela se retrouve surtout chez l'adolescent et chez le jeune adulte dans la poursuite de la *vérité* qui est elle-même une force d'adaptation de l'ego à cette période de la vie. »

un pas essentiel vers la formation de la bipolarité qui devra se manifester à l'avenir dans toute relation d'échange interpersonnel.

L'adhésion au groupe constitue la rencontre significative à cette deuxième étape ; le jeune confirme extérieurement son appartenance au groupe par une adhésion aux normes du groupe : il devient citoyen de la ville et du quartier. La participation émotive du jeune au mode de vie du groupe crée en lui des attitudes d'affirmation comme membre du groupe. L'expérimentation de cette solidarité constitue pour le jeune un précieux apport en vue d'une acceptation de lui-même. L'acceptation de l'exigence de rendement dans les activités, l'habileté technique acquise, les résultats visibles obtenus constituent la base de l'acquisition d'un certain prestige ou statut dans le groupe, lequel prépare les étapes suivantes ; l'observation toutefois a démontré que le sentiment d'appartenance au groupe est plutôt, durant cette étape, rattaché aux attitudes individuelles de participation positive à la tradition du groupe.

Cependant, l'habileté technique développée au fur et à mesure de la participation aux activités amène progressivement le jeune à découvrir dans l'adulte un individu compétent. À cette étape, l'aspect technologique contribue donc à un rapprochement jeune-adulte qui sera fondé surtout sur la compétence vécue au sein des activités.

Le but des activités

À cette deuxième étape, toutes les conditions du milieu doivent stimuler le jeune à s'intégrer à un groupe de semblables. De plus, toutes les activités devraient être présentées de manière à ce qu'elles fassent systématiquement appel à la fonction symbolique. En d'autres termes, il est important de faire faire au jeune acte de référence du signifiant au signifié en lui demandant de représenter, par des graphiques, par exemple, la suite des actes posés en vue d'atteindre un but. Qu'il s'agisse d'une séquence déjà accomplie ou d'une séquence à venir, l'éducateur devra accompagner le jeune dans cette démarche d'intériorisation en l'amenant à réfléchir sur l'organisation des actions qu'il entreprend en vue de maîtriser les techniques.

Les activités de groupe et les interactions avec des camarades suscitent des occasions où il sera possible au jeune de confronter sa façon de faire avec celle des autres. De cette confrontation découlera la perception des ressemblances et des différences qui le caractérisent. En se familiarisant avec des façons de faire différentes de la sienne, le jeune pourra découvrir que les points de vue peuvent différer et donc acquérir la rationalité et l'objectivité que seule une intelligence embrassant plusieurs perspectives peut conférer. Plus tard, par une coopération sociale au sein d'activités communes, le jeune pourra devenir l'agent d'activités socialisées.

Les activités conviennent à l'état actuel du jeune dans la mesure où elles réunissent les propriétés suivantes : les activités individuelles doivent comporter des points de repère concrets dans la démarche technologique qu'elles supposent ; les activités de groupe doivent mettre en valeur un contrôle personnel se référant aux normes du groupe ; la présence des camarades doit stimuler et confirmer un statut d'appartenance au groupe.

Découvrir l'articulation des moyens en fonction du but à atteindre

Les activités individuelles seront structurées de façon que le jeune apprenne, à travers une exécution effective, à différencier les divers éléments constituant la démarche technologique proposée. La tâche implique l'emploi de moyens — matériaux et techniques susceptibles d'être utilisés — et suppose un objectif — le produit. La réalisation de la tâche dépend de la façon dont le jeune articule les moyens et le but et de la façon dont il s'y prend pour mener sa démarche technologique à terme et pour représenter graphiquement cette démarche. Au début, la représentation graphique ne pourra être effectuée qu'après la réalisation de la tâche ; après un certain temps, le jeune sera en mesure de l'effectuer avant d'aborder une tâche donnée. Les points de repère concrets qui ponctuent la marche à suivre ou la séquence temporelle ont précisément pour rôle de faire expérimenter au jeune comment agir en vue d'un résultat. Les activités individuelles favorisent donc chez le jeune une certaine maîtrise active de la tâche : grâce à l'assouplissement de ses schèmes symboliques, il devient capable de maîtriser seul la démarche technologique requise.

Cette maîtrise technologique acquise dans les activités individuelles sera mise à profit secondairement dans les tâches de groupe là où, face aux normes du groupe, le jeune aura l'occasion d'exercer et d'afficher cette maîtrise dans les conditions particulières à une réalisation de groupe. Cette maîtrise technologique rehausse son statut de membre du groupe.

Découvrir la continuité

Les activités sont organisées de telle sorte qu'il existe une continuité à travers les différentes périodes d'une même entreprise (la poterie par exemple). Cette continuité se manifeste au niveau de l'ensemble des acquisitions procurées par les différentes tâches à accomplir au cours de chaque entreprise et au niveau des diverses activités qui composent le programme de vie.

L'ensemble des techniques à acquérir à l'intérieur des tâches est structuré de façon à marquer une progression fondée sur l'exercice des techniques apprises et maîtrisées à l'étape précédente. Le nouveau se greffe sur le connu. Cette continuité contribuera à faire vivre au jeune une expérience d'ordre dans le temps, dans l'espace et dans la causalité.

L'ensemble des séances d'activités nécessaires à l'exécution d'une tâche concrète est organisé dans le temps de façon que chaque séance devienne une phase du processus d'exécution et soit perçue comme telle par le jeune. La continuité de l'exécution est ainsi fondée sur la permanence des matériaux, de la marche à suivre et par des indices soulignant l'articulation des moyens et du but. Cette articulation bien définie de la démarche technologique compense la coupure temporelle entre les différentes périodes d'activités. Au moment où il perçoit la démarche technologique dans sa totalité, le jeune se remémore ce qu'il a exécuté au cours de la séance ou des séances immédiatement antérieures et il se trouve ainsi en mesure de prévoir le résultat qui sera obtenu dans un avenir proche. Les séances d'activités, organisées par phase en vue de la réalisation d'un objectif défini, structurent donc une séquence dont la durée dans le temps peut graduellement s'allonger.

À la deuxième étape, le jeune doit réapprendre au plan de la pensée ce qu'il a acquis au plan de l'action. Les actions réelles devront être remplacées par des actions virtuelles ou esquissées, puis être traduites par des signes ou par des représentations. Le jeune qui, antérieurement, utilisait surtout des schèmes sensori-moteurs pour saisir les rapports élémentaires de succession et de durée, devra maintenant utiliser des schèmes symboliques pour établir, entre les éléments, des rapports élémentaires. Ces rapports seront abstraits de leurs contextes particuliers pour être généralisés, mais l'indifférenciation du temps et des structures spatiales persistera. Puisque le temps demeure ainsi perçu par le jeune, l'ordre des successions et l'emboîtement des durées devront être présentés dans une seule série linéaire d'événements, indépendamment de la vitesse de l'exécution effective. Il est certain en effet, selon Piaget, que la succession temporelle se confond avec l'ordre spatial de parcours et la durée avec la distance des déplacements. C'est ainsi que, à ce stade d'évolution, le temps reste indifférencié des changements d'ordre spatial. Les activités devront donc, à cette étape, être organisées de façon que l'ordre de succession spatio-temporel puisse être prévu à l'avance et ressenti comme constant.

Chez le jeune, la conscience de l'unité du « temps vécu » durant ses activités sera facilitée par la claire définition de l'articulation moyens-but, et cela d'autant plus que les activités font appel à des techniques acquises et à un matériel de production soigneusement conservé d'une séance à l'autre. Le matériel garde l'empreinte du travail réalisé par l'exécutant et diminue ainsi l'impression de discontinuité entre deux périodes de production. Il témoigne des transformations apportées au cours des phases franchies dans un passé immédiat. À cette étape, les activités doivent être organisées de façon que chaque séance donne au jeune l'occasion de réaliser un segment de la production finale.

L'adolescent vérifie ainsi quelle est son efficacité et comment elle s'inscrit dans le temps. À partir de cette gratification, il aura à cœur de poursuivre l'exécution entreprise au cours de la période suivante. Le jeune acquiert l'impression d'être lui-même à travers les diverses phases de sa production puisqu'il s'aperçoit qu'il exerce un certain contrôle sur les conditions temporelles. Cette conscience valorisée de lui-même lui donne le désir de renouveler ses expériences de production.

L'ordre dans lequel se succèdent les divers objectifs à poursuivre exige de la part du jeune qu'il s'ajuste aux lois propres à chacun des outils dont il a antérieurement expérimenté l'usage.

Le comment faire comprend, à cette étape, l'ensemble des raisonnements et des démarches en vue de parvenir au but : il dépasse l'usage adéquat d'un outil simple pour l'exécution d'un objectif simple ; il s'élargit à toute démarche technologique inspirée par la logique inhérente à la fois au but poursuivi et aux moyens employés. À cette étape, les moyens d'exécution effective ont pour fonction propre de ne laisser aucune place aux interventions du hasard, car cela pourrait porter le jeune à une interprétation magique des effets produits.

L'articulation moyens-but se traduisant par des relations manifestes de cause à effets, le jeune peut procéder à une autocorrection et ainsi acquérir une maîtrise de plus en plus grande.

Lorsqu'il a décidé d'accepter les limites imposées par les lois inorganiques des outils, l'adolescent participe à l'établissement d'un ordre dans un secteur limité de réalisation des tâches, là où son jugement peut suffisamment évaluer les conditions de la réalité. Il est désormais en mesure de faire un choix au niveau des moyens à utiliser.

Le jeune s'affirme lui-même comme exécutant qui, en connaissance de cause, décide d'agir dans le sens prévu : c'est la caractéristique d'une force de l'ego à l'étape « contrôle ».

Afin de laisser au jeune un certain choix à l'intérieur du projet d'action, plusieurs démarches technologiques devront être possibles. Les instruments susceptibles d'être utilisés dans les diverses réalisations proposées seront mis en évidence. Dans une démarche technologique, l'exécutant cherchera à ajuster les techniques apprises à de nouveaux buts. Un tel ajustement se fait en deux temps : d'abord, par un certain tâtonnement dans la recherche des moyens les plus efficaces ; ensuite par une autocorrection destinée à s'assurer que l'objectif sera atteint.

Développer la capacité de représentation

Pour que les activités fassent appel à la capacité de représentation et afin que les schèmes symboliques s'assouplissent au point de devenir utilisables dans la vie quotidienne, l'agencement des moyens pour parvenir au but doit être transposé en signes ou en représentations graphiques. De cette façon, les relations moyens-but, antérieurement agies, seront abstraites de leurs contextes particuliers et généralisées. À partir de l'exercice de ses schèmes symboliques, le jeune deviendra capable d'une pensée intuitive simple au moment d'affronter une tâche nouvelle ; cela se traduira par la capacité d'avancer par tâtonnements. Cette pensée pourra se concrétiser, soit dans la réutilisation de techniques connues, appliquées cette fois à un objectif nouveau ; soit dans l'utilisation de techniques nouvelles. À cause même de la nécessité de prévoir différentes phases pour réaliser son but, le jeune parviendra à utiliser des intuitions articulées. Il deviendra aussi capable de reconstituer et d'anticiper le déroulement de la démarche technologique ou, en d'autres termes, de faire converger son attention sur l'articulation des moyens en vue de parvenir au but.

Même si la cotation est encore utilisée, l'appréciation officielle provient de plus en plus du groupe et du milieu institutionnel. C'est du style de vie même de l'internat que provient l'approbation accordée à certaines réalisations et c'est cela qui contribue à les valoriser. D'autre part, les éléments de la tradition, perçus par l'adolescent comme des normes sociales de production, conditionnent et dirigent, jusqu'à un certain point, son rendement.

Dans le but de faire échec à tout raisonnement fantaisiste qui pourrait persister chez le jeune, l'éducateur, chaque fois qu'il en verra la nécessité, devra faire découvrir la logique du processus de réalisation employé, soit pour résoudre les problèmes inhérents à la tâche proposée, soit pour atteindre l'objectif fixé.

Le jeune peut ensuite entreprendre de planifier des objectifs à plus long terme en indiquant les phases d'exécution sous forme de représentations graphiques.

La vérification de l'efficacité des démarches technologiques organisées et des interventions de l'agent exécutant, confirmées par la réussite même des exécutions, permet au jeune d'entrevoir d'autres succès ; il est donc encouragé à entreprendre d'autres tâches.

C'est avec un sentiment d'efficience qu'il aborde maintenant l'exécution d'un travail. En effet, ayant acquis peu à peu, à travers des expériences répétées, une plus grande maîtrise de la situation, se forme en lui un sentiment d'efficacité. Le sentiment de sa propre compétence est l'une des caractéristiques de cette étape « contrôle ».

L'ensemble des acquisitions revêt une signification particulière selon qu'elle est considérée en fonction d'une activité individuelle ou en fonction d'une activité de groupe.

Quand bien même le jeune participerait à certains projets d'action de groupe, la découverte de son rôle dans la situation productive se cantonnera tout d'abord au niveau individuel et il est nécessaire que les tâches confiées n'exigent encore aucune collaboration avec les autres jeunes.

Mais, puisque ses expériences d'exploration et d'exploitation aboutissent effectivement à la réalisation envisagée et qu'il s'agit en plus d'un objectif apprécié du milieu, l'adolescent se trouve par le fait même valorisé à ses propres yeux ainsi qu'aux yeux de ses compagnons. Les objectifs poursuivis et atteints stimulent son initiative et il apprend de façon concrète à ajuster ses moyens d'action au but proposé. Dès lors, il devient capable d'entreprendre une démarche active, concrète, proportionnée aux conditions de réalité et orientée vers un but sanctionné par le milieu. C'est ainsi que s'exprime, à la deuxième étape, la capacité de persévérer dans la poursuite des buts.

Apprendre à vivre en groupe

Pourtant, le groupe en tant que tel est un élément dans le développement de la socialisation du jeune : pour libérer graduellement la fonction cognitive et la fonction sociale de leur égocentrisme.

À Boscovillle, c'est à la fin de la première étape que le jeune passe du groupe d'observation de la banlieue au groupe de rééducation. Il quitte alors un groupe homogène pour s'insérer dans un véritable groupe de rééducation réunissant des membres situés à toutes les étapes du processus de rééducation. Dans ce groupe de rééducation, le jeune vit les activités à deux niveaux : des activités individuelles vécues dans le cadre spatio-temporel du groupe et des activités de groupe impliquant un partage des tâches. Dans ces deux cas, il doit vivre une expérience d'ordre.

Vivre une expérience d'ordre, c'est assumer, dans sa dimension sociale, la tâche qui est dévolue : le jeune exerce, découvre et finalement prévoit son mode de participation en fonction des normes du groupe.

Les activités individuelles, pour leur part, comportent chacune un nombre donné de séances agencées d'une façon fixe, soit à l'intérieur d'une journée ou d'une semaine, soit encore d'une semaine à l'autre. Le jeune est ainsi appelé à vivre l'expérience d'ordre en ajustant son rendement sur l'objectif de l'activité dans la séance en cours et en prévoyant les autres séances nécessaires à la réalisation de l'objectif fixé. Cette expérience est vécue par le jeune à l'intérieur des cadres institutionnels dont l'organisation a été décrite plus haut [29].

Les activités de groupe comportent une division des tâches pour atteindre un objectif commun. Celui qui se conforme à cette programmation se sent devenir un citoyen à part entière, droits et privilèges compris : il participe à une identité de groupe.

Pour qu'un jeune puisse vivre une expérience de succès qui lui permette d'ébaucher une image positive de lui-même face au groupe, les tâches qui lui seront confiées devront présenter les caractéristiques décrites plus haut, quand bien même la participation qu'il est appelé à fournir s'insérerait dans des projets d'action de groupe.

Ainsi, se construisant une figure aux yeux de ses camarades, il obtient un statut de membre en vivant selon la tradition du groupe. Comme individu, cependant, il demeure encore inconscient de l'effet que ses communications produisent sur les autres.

Grâce à l'organisation même du programme de vie particulier à cette étape, l'adolescent vit une double intégration sociale : intégration au régime de vie et aux structures sociales de l'internat, puis intégration à la tradition d'un groupe de compagnons, et ceci de la façon suivante :

29. Chapitre 3.

Lorsque s'effectue la transition de l'étape « acclimatation » à l'étape « contrôle », une reconnaissance officielle est accordée au jeune en même temps qu'un statut de citoyenneté lui conférant les droits et privilèges qui relèvent des structures sociales propres au mode de vie de l'internat de rééducation. L'adolescent a l'occasion de mettre immédiatement à l'épreuve les méthodes d'action acquises à l'étape précédente : il résout des problèmes rencontrés ; il cherche à réaliser certains objectifs avec l'aide de ces méthodes dans la mesure où elles lui paraissent appropriées ; il se perçoit exécutant ces tâches de la même manière que ses compagnons. Le fait que le programme d'activités auquel il doit actuellement se rallier se trouve être, en substance, le même que celui qui a fourni à chacun des membres leurs moyens d'intégration au groupe, confirme officiellement le jeune dans le sentiment qu'il éprouve d'être membre du groupe.

La standardisation des objectifs à réaliser et des problèmes à résoudre dans les activités, des instruments à manipuler et des techniques à apprendre, en manifeste l'accessibilité et procure au jeune les points de repère nécessaires pour se voir faire comme les autres font ou ont fait. Afin de répondre à l'attente de l'entourage, le jeune apprend à ajuster tous ses comportements extérieurs aux normes acceptées par le groupe de rééducation : c'est la dimension sociale de son adaptation. Notons que certaines normes sont élaborées dans un code de groupe, tandis que d'autres sont transmises par la tradition du groupe ; cependant, toutes sanctionnent les comportements extérieurs des membres.

Afin de se rendre acceptable, le jeune devra donc suivre le chemin parcouru par tous les autres membres du groupe, c'est-à-dire qu'il devra parvenir à maîtriser tous les éléments qui entrent dans la structuration et le contenu des activités.

Cette participation favorise un état d'équilibre entre la façon dont le jeune se voit progresser, tant dans son adhésion au mode de vie que dans l'acquisition des moyens d'action proposés par le milieu et dans la façon qu'il croit devoir adopter pour partager le mode de vie de ses compagnons [30]. Le code qui régit le groupe, de même que les interventions de l'éducateur, indiquent de quelle manière le jeune doit se comporter extérieurement pour être considéré comme acceptable dans le groupe.

La standardisation des critères d'appréciation des actes de l'individu assure au jeune qui arrive dans un groupe de rééducation les confirmations extérieures de l'acceptation que lui accordent ses semblables.

À cette étape, la force psychologique de fidélité consiste dans l'adhésion du jeune, au niveau de son comportement extérieur, à la tradition du groupe, dont les valeurs sont vécues et affirmées par les camarades et confirmées par les adultes.

Le rôle de l'éducateur

Les interactions éducateur-jeune renforcent précisément cette réalité qu'est le groupe. Pour favoriser la formation et l'approfondissement d'une identité positive, l'adulte protège la cohésion du groupe en attachant de l'importance à l'observance du code et au respect de la tradition. Il évite que les limites soient dépassées car cela serait interprété comme un laisser-aller de la part des membres du groupe et cela conduirait à l'exploitation de la situation uniquement selon le principe de plaisir.

L'éducateur, par l'attitude qu'il prend, devient un agent positif qui amène le jeune, en le soutenant à bon escient, à découvrir et à vivre la tradition explicite et implicite de son groupe.

Les interactions rééducatives se font au cœur même des expériences vécues, afin que le jeune puisse vivre les deux aspects de l'ordre qui vont permettre, par la suite, l'affirmation de lui-même. D'une part, le jeune accepte le contrôle des

30. Cet état rappelle la composante « bipolarité » qui caractérise le stade d'autonomie dans la formation de l'identité.

autres : celui des camarades, celui de l'éducateur qui intervient à bon escient pour prévenir toute exploitation délinquante de la situation. D'autre part, le jeune exerce un contrôle personnel dans les domaines où il est en mesure de faire un choix, c'est-à-dire là où son jugement discrimine les éléments en cause. L'éducateur encourage l'exercice du choix au moyen d'entretiens faits dans le vif de l'action [31]. À d'autres moments, l'éducateur sait se retirer pour permettre au jeune de prendre conscience du rôle véritable qu'il est appelé à tenir lorsqu'il faut poser un choix.

L'éducateur, en tant que figure d'autorité, pose des actes et prend des décisions en référence à des normes dépersonnalisées. La cohérence dans les permissions accordées, les défenses, les exigences et les limites imposées par le code en fonction des situations particulières témoigne au jeune que l'adulte a intériorisé le contrôle. Le jeune découvre le respect de l'autorité. Il est à noter, toutefois, que la façon adoptée par l'adulte d'agir son autorité ne doit en aucun cas favoriser le développement d'un conformisme de la part du jeune. La conformité aux normes et à l'attente du groupe est le contraire d'une attitude passive de conformisme et tend à stimuler une participation active au mode de vie du groupe, même si cette participation n'est encore qu'une adaptation extérieurement superficielle.

La fermeté de l'éducateur vis-à-vis du respect des normes de la vie du groupe fournit au jeune un soutien, grâce auquel pourra se faire l'intériorisation progressive du contrôle. Cette intériorisation amènera le jeune à découvrir un mode de participation à la tradition implicite et explicite du groupe, participation essentielle à l'acquisition d'un statut d'appartenance au groupe. Il est indispensable que l'éducateur soit ferme, ce qui n'exclut pas la disponibilité dans l'exercice de sa fonction d'autorité, lorsqu'il s'agit de faciliter l'intégration du jeune à une nouvelle réalité

31. Couramment, on parle d'entretien « sur-le-champ ».

sociale ou encore de lui faire découvrir la satisfaction que comporte une façon de vivre ordonnée.

Ayant vécu, avec l'aide de l'éducateur, des expériences correctives et ayant éprouvé les gratifications qu'apporte une participation active, le jeune commence à acquérir des idéaux capables de motiver des initiatives et de permettre leur réalisation. Ayant participé à la dynamique du groupe de vie, il apprend à se conformer à ses exigences et s'apprête à y jouer son propre rôle.

Un exemple

Le fait d'observation qui illustrera cette seconde étape a été choisi afin de souligner que l'accent doit être mis sur l'apprentissage des techniques en vue d'une production donnée. Le jeune doit avoir l'assurance qu'il pourra maîtriser lui-même les moyens à utiliser et qu'il pourra ordonner leur déroulement. À cette étape, la réussite dans les activités doit essentiellement dépendre de l'acceptation de la logique qu'imposent les lois inorganiques des outils.

À l'intérieur d'un projet d'action, l'initiative, qui sera laissée au jeune dans la tenue de son rôle d'exécutant, se confinera à certains choix portant, par exemple, sur deux façons différentes de procéder permises par les instruments et les techniques susceptibles d'être utilisés. Ce rôle d'exécutant comportera, d'une part, un certain tâtonnement, puisque le jeune devra découvrir lui-même les moyens les plus efficaces et, d'autre part, une autovérification qui assure que l'on est parvenu à l'objectif fixé. Pour que le jeune puisse réfléchir sur les transformations progressives qu'il aura exécutées dans le déroulement de ces situations productives, il lui sera demandé de retracer le chemin parcouru au moyen d'une représentation graphique.

Rappelons enfin que, à cette étape, la collaboration avec les autres jeunes n'est pas exigée. Toutefois, l'activité a lieu au sein d'un groupe et l'adolescent acquiert le sentiment qu'il devient citoyen à part entière.

L'activité choisie pour servir ici d'exemple est la poterie. Au moment où il a été observé, le jeune homme vivait la fin de l'étape contrôle [32].

Préparation de l'activité

L'éducateur demande au jeune de faire une petite jarre dont il indique toutes les dimensions.

L'éducateur laisse au garçon le choix de deux techniques :

> « Voici l'objet à réaliser, une potiche de 16,5 cm de hauteur sur 15 cm de diamètre.
>
> Tu as le choix de deux techniques : colombin rond ou colombin aplati. (Il choisit le colombin rond.)

— Quelles seront les phases de réalisation de cet objet ?

— D'abord, il me faut une tournette, un couteau. Je bats la terre, je fais mon colombin, je le pose, j'égalise le colombin et le fond en même temps. En même temps que j'égalise mon deuxième et mon troisième colombin, j'égalise le fond aussi. Je gratte, j'égalise, je fais mes colombins, je les pose, je gratte, j'égalise, etc. Ensuite je tape dessus pour égaliser ; je coupe le haut de ma pièce, j'égalise et je retourne avec mon couteau les deux, trois derniers colombins pour faire mon bord.

— Combien de périodes d'activité penses-tu prendre en tout ?

— Trois périodes, trois heures.

— Quelles phases réaliseras-tu dans ta première heure d'activité ?

— Le fond, plus le tiers de la hauteur ; je vais faire les colombins, les poser, les gratter.

— Peux-tu me faire le dessin de ta pièce en coupant par un trait les phases de réalisation ?

— Quelles phases réaliseras-tu dans ta deuxième heure d'activité ?

32. Nous tenons à remercier André Poirier, éducateur à Boscoville, qui a permis la publication de cette observation.

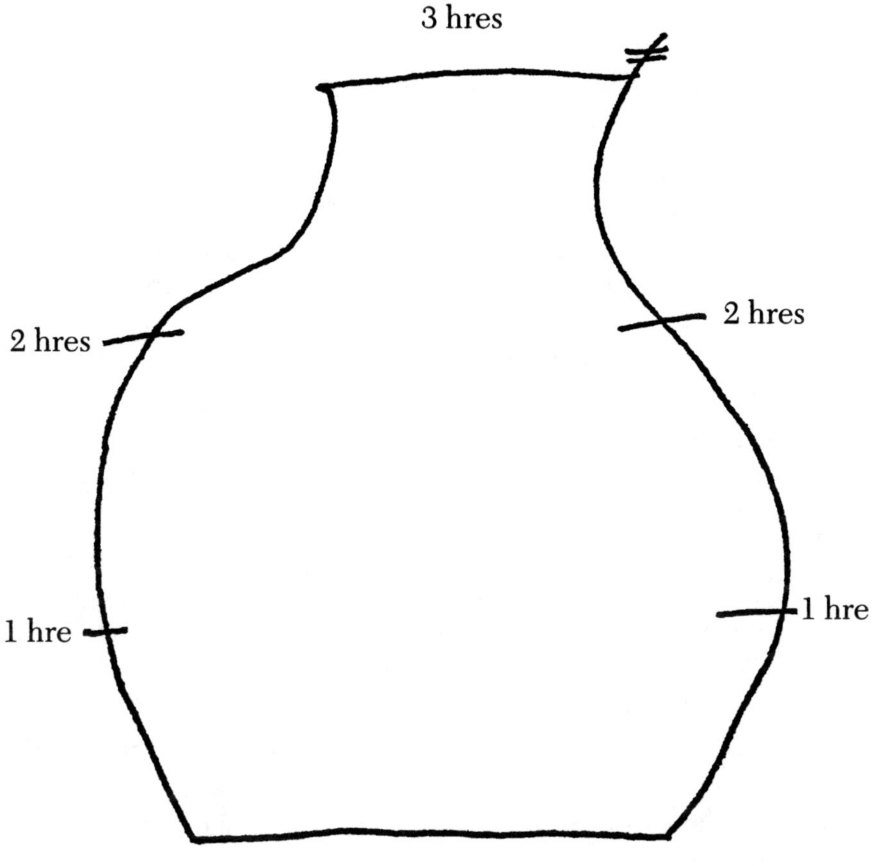

— Les trois-quarts de la pièce.

— Quelles phases réaliseras-tu dans ta troisième heure d'activité ?

— Le dernier quart, plus le grattage, la finition du col, et le grattage et la finition de toute la pièce.

— Comment vas-tu t'y prendre pour réaliser la première phase de ton objet (construction du fond et des colombins) ?

— Je vais battre ma terre dans mes mains ; je vais faire une petite boule, je vais l'aplatir sur la tournette. Je vais faire mon premier colombin et je vais le poser sur ma plaque de terre. Le colombin est posé en dedans de cette plaque ; je vais presser en dedans et en dehors de mon colombin pour bien le coller, ensuite, je vais gratter le surplus pour l'égaliser et enlever le surplus.

— L'as-tu déjà essayé ? Qu'est-ce que ça donne ?

— Oui, je fais toujours ça. Ça donne une base bien droite.

— Comment vas-tu t'y prendre pour réaliser la deuxième phase de ton objet (montage des colombins) ?

— Avec une main à l'intérieur pour une pression et une main à l'extérieur comme appui et mouvement de haut en bas pour le soudage.

— L'as-tu déjà essayé ? Qu'est-ce que ça donne ?

— Oui, plusieurs fois, meilleur soudage, aucun ne se brise, l'intérieur est mieux fait, ça enlève le surplus de terre.

— Comment vas-tu t'y prendre pour réaliser la troisième phase de ton objet (grattage de la pièce) ?

— Je tiens mon couteau de la main droite, et avec la gauche je fais tourner mon morceau dessus en donnant des petits coups et en pressant avec mon couteau.

— L'as-tu déjà essayé ? Qu'est-ce que ça donne ?

— Oui, plusieurs fois, ça amincit la paroi, ça fait une belle finition, ça égalise et ça solidifie les colombins en remplissant les petits trous.

— Comment vas-tu t'y prendre pour réaliser la quatrième phase de ton objet (finition du col) ?

— Je coupe le haut de la paroi avec mon couteau et j'arrondis le col avec mon couteau en pressant tout en tournant pour former le col. J'arrondis le haut et je coupe à l'intérieur de la paroi.

— L'as-tu déjà essayé ? Qu'est-ce que ça donne ?

— Oui, plusieurs fois, ça fait une plus belle définition du haut et plus beau lorsqu'on le regarde d'en haut.

— Comment vas-tu t'y prendre pour réaliser la cinquième phase de ton objet (finition) ?

— Grattage final avec un couteau pour enlever toutes les petites bosses et pression à l'intérieur avec un tournassin pour rendre la paroi plus ronde.

— L'as-tu déjà essayé ? Qu'est-ce que ça donne ?

— Oui, plusieurs fois, sauf la pression de la paroi avec un tournassin, je ne l'ai faite qu'une fois. Ça donne une paroi plus ronde, meilleure finition à l'intérieur.

— Est-ce qu'il y a d'autres gars qui font des objets semblables ?

— Ah ! oui : Serge, Alain, Jean, Pierre, Paul.

— Est-ce qu'il y a des gars qui s'y prennent comme toi ?

— Oui, mais pas sur toutes les affaires ; il y a des affaires où j'ai mes manières à moi, comme tous les gars d'ailleurs. »

Déroulement de l'activité

Il pose un premier colombin mais il n'était pas assez long pour faire le tour du fond ; il le pose quand même en le soudant au fond. Quand il a eu fini de le souder, il s'en fabrique un autre petit bout et le pose à l'endroit manquant en soudant bien le tout.

« Comment se fait-il que tu sois arrivé à ça ?

— Avant, quand mon colombin n'était pas assez long, je le jetais. Maintenant, je le pose quand même et je rajoute le petit bout qui manque. »

À la fin de sa première phase, il est rendu là où il l'avait dit. Les deux premiers colombins sont posés et bien égalisés et il a égalisé le fond en même temps avec son couteau.

« Est-ce que ça marche comme tu l'avais prévu ?

— Oui, exactement, sauf à un moment donné elle a penché trop sur un côté, je l'ai redressée avec mon couteau en grattant.

— Comment penses-tu que ça va aller maintenant ?

— Ça s'en vient bien ; non, je ne pense pas avoir de difficulté. Il pourrait y en avoir, bah ! il y en a toujours, mais je vais en venir à bout. »

À la fin de sa première heure :

« Quand je serre ma pièce pour le lendemain, il faut que j'en sois content, sinon le lendemain, je n'aurais pas hâte de la reprendre. Avant de la serrer, il faut qu'elle soit bien lisse et bien belle. »

Le lendemain, il m'attendait à la porte du quartier en me disant : « Dépêche-toi, les studios ! »

« J'aime bien ça avoir le même couteau pour travailler, on s'habitue à un couteau. »

Comme la terre est un peu dure, et il me l'explique lui-même, au lieu de se servir du bout du doigt pour souder, il se sert du manche de son couteau. Et il continue à m'expliquer tout en travaillant.

« Viens voir comme la terre est dure, je ne peux pas aller comme d'habitude de la partie lisse à la partie rude, ça arrache ; je suis obligé d'aller de la partie rude à la partie lisse.

— Est-ce uniquement le fait de passer le couteau sur la paroi qui la rend lisse ?

— Ben non ! ça se fait pas tout seul. Il faut que mon couteau passe sur les bosses et pas dans les trous, de façon à enlever la terre là où il faut que je l'enlève, et puis il ne faut pas que je le passe n'importe comment ; si je sens que ça arrache, je m'y prends d'une autre façon. »

Réflexion avec le jeune après l'activité

La pièce n'est pas tout à fait comme le tracé qu'a fait le jeune, elle est un peu plus grosse, un peu plus ventrue, mais de la même hauteur et avec le même col. Elle est très bien réalisée.

Pour le niveau d'apprentissage de ce garçon, c'est tout à fait normal. Le garçon ne passe pas pour un original : sa production et sa pièce sont tout à fait dans les normes de l'institution.

— Peux-tu me dire les phases de fabrication de ta pièce ?

« J'ai battu la terre pour pas qu'il y ait de bulles dedans. J'ai formé une motte de terre en boule. Là, je l'ai écrasée pour en faire une galette, fait un premier colombin que j'ai enroulé autour de ma galette à l'extérieur comme à l'intérieur. J'ai gratté avec un couteau à l'extérieur comme à l'intérieur et j'égalise en même temps le fond et le colombin à l'intérieur comme à l'extérieur avec une main à l'intérieur. J'ai posé d'autres colombins de la même manière que le premier, en soudant comme il faut. J'ai gratté à l'intérieur comme à l'extérieur. J'égalise toujours mon fond. Je monte toujours mes colombins en respectant la forme demandée en pressant avec mon couteau pour suivre les courbes demandées.

Je continue encore de monter en égalisant toujours ma pièce droit avec mon couteau ; c'est avec mon couteau que j'égalise toujours ma pièce.

J'ai eu une difficulté ; ma terre était trop dure. Je grattais et la terre se coupait, je déchirais ma pièce. Dans ce temps-là, je revenais en sens contraire avec mon couteau et mon doigt pour fermer la déchirure. À un moment donné, la terre était trop molle ; j'ai été obligé d'arrêter. Il restait dix minutes d'activité et j'ai pris ces dix minutes pour égaliser la pièce comme si elle était finie, parce qu'habituellement, tu égalises une pièce lorsqu'elle est finie.

Pour pas que le lendemain la terre ne soit trop molle sur les colombins que j'avais posés, je l'ai mise dans un sac sans papier humide. Puis quand elle est sortie, le lendemain, la terre était bonne à travailler sans déchirer. Pour ma boule de terre, pour la conserver à la bonne température, j'avais fait la même chose qu'avec la pièce.

J'ai continué à monter avec la même méthode. Vu que j'étais pressé pour fermer ma pièce, j'ai fait mes colombins plus gros. Mais vu qu'ils étaient trop gros, la pièce était portée à tomber lorsque je fixais les colombins dessus. Pour la redresser, j'ai été obligé de faire des gros colombins pareils mais en enlevant beaucoup de terre ; j'ai été obligé de mettre ma main à l'intérieur pour ne pas qu'elle tombe. J'ai continué à monter et j'ai fermé le col comme je le voulais. J'ai ouvert ensuite pour faire mon col ; en posant les deux derniers colombins, j'ai pressé en étirant et en ouvrant vers l'extérieur. Ensuite, j'ai coupé en dedans où était la courbe parce qu'en ouvrant et en étirant, il y a de la terre qui bouche le trou en dedans. J'ai coupé le dessus ; et là pour la terminer, j'ai égalisé la courbe du col tout en glissant et en pressant légèrement.

J'ai fait ensuite la même chose tout au long de la pièce mais en descendant pour enlever les bosses. J'ai tapé légèrement dessus avec mes trois doigts pour rentrer un peu les bosses, pour l'égaliser, pour faire la finition. J'ai terminé. »

N.B. Dans ses prévisions, à la cinquième phase (finition), il pensait se servir du tournassin pour rendre la paroi plus ronde et il disait lui-même qu'il ne s'était servi de cette procédure qu'une seule fois ; en cours de fabrication, il ne l'appliqua pas.

Commentaires

En ce qui a trait à la perception du temps, le jeune homme laisse voir que le temps est une dimension qui joue dans sa productivité. En effet, il exprime son désir d'atteindre l'objectif partiel qu'il s'est fixé pour la première séance d'activité sinon il ne pourra, le lendemain, avoir envie de poursuivre l'exécution entreprise : « Il faut que j'en sois content, sinon le lendemain je n'aurai pas hâte de la reprendre. » Atteindre l'objectif partiel, c'est-à-dire celui qui a été fixé pour cette première période d'activité, constitue pour lui une façon de vérifier l'efficacité du temps vécu.

L'éducateur s'intéresse au déroulement de l'activité et, en particulier, il s'informe des prévisions en ce qui concerne la démarche technologique afin de vérifier ensuite qu'elle se déroule selon l'ordre temporel prévu.

Le jeune homme exprime sa confiance de pouvoir atteindre l'objectif de la première séance : « ça s'en vient bien ; non, je ne pense pas avoir de difficultés. » Il ajoute : « Il pourrait y en avoir ; bah ! il y en a toujours mais je vais en venir à bout. » Le lendemain, le jeune manifeste qu'il a anticipé affectivement l'expérience vécue, puisqu'il attend l'éducateur à la porte de la salle d'activités pour lui dire : « Dépêche-toi, les studios ! »

Ce jeune homme semble avoir atteint la phase finale de l'étape contrôle. Il accepte lucidement de se conformer aux normes temporelles prévues pour cette activité : il respecte les trois périodes d'activité qu'il s'est allouées pour parvenir à l'objectif. De plus, le fait qu'il exprime sa hâte de continuer sa production le lendemain, indique bien qu'en ce qui le concerne, le passé commence à prendre un sens.

Afin de le stimuler à participer activement à la fabrication de sa pièce de poterie, il est demandé au jeune de choisir entre deux techniques. Ainsi, le jeune a une occasion de s'affirmer lui-même en posant un jugement personnel.

La décision prise par le jeune provient bien de la vision de l'exécution dans son ensemble puisqu'il est en mesure de décrire verbalement à l'avance la façon de procéder. La représentation graphique de l'ordre causal de succession, accomplie avant l'exécution du travail raffermit toutefois le jugement que le jeune pose sur sa façon de procéder. Le jeune homme est capable de tenir compte des conditions de la réalité phénoménologique ainsi que des limites imposées par les lois inorganiques des outils — l'usage du couteau — et par le matériel — « La terre est trop molle » ou « un peu dure » —, il fait preuve d'un discernement judicieux dans l'exécution de sa tâche. Les transformations progressives qu'il s'est imposées reposaient sur l'utilisation logique des instruments, de son matériel et des techniques employées.

Lorsqu'il a été demandé au jeune homme de se prononcer sur le rôle qu'il a eu à jouer dans la production de la jarre, il a décrit comment il a dû modifier ses façons de procéder : « Ma terre était trop dure. Je grattais et la terre se coupait, je déchirais ma pièce. Dans ce temps-là, je revenais en sens contraire avec mon couteau et mon doigt pour fermer la déchirure. »

Il a aussi décrit quelle initiative il a dû prendre pour atteindre son objectif dans le temps prévu : « Pressé pour fermer ma pièce, j'ai fait mes colombins plus gros. » Mais, il ajoute : « vu qu'ils étaient trop gros, la pièce était portée à tomber. »

Par ses interventions, l'éducateur aide le jeune à découvrir le rôle personnel qu'il a à jouer, surtout en ce qui concerne l'articulation moyens-but, en amenant le jeune, par exemple, à décrire quel sera son rôle avant de le jouer. Le jeune fait l'expérience d'une démarche technologique orientée exclusivement vers un objectif sans se laisser distraire par les humeurs ou les goûts fantaisistes qui auraient pu paralyser sa démarche.

Le jeune homme a démontré une capacité d'anticiper le succès d'une réalisation — la fabrication de sa jarre — puisqu'il a été capable de représenter graphiquement les phases d'exécution et de décrire verbalement les façons de procéder auxquelles il devra avoir recours pour fabriquer sa pièce. L'activité proposée donnait lieu à un résultat prévisible et contrôlable, puisque le jeune a maîtrisé des moyens d'autocorrection pour être capable d'atteindre le but avec succès. Dans cette production, rien ne pouvait être laissé au hasard. Ainsi, l'objet réussi selon les critères objectifs et dépersonnalisés procure au jeune, d'une part, la base expérimentale d'un sentiment d'efficacité et, d'autre part, un point de repère pour la planification d'une production ultérieure.

Tout en respectant les conditions de la réalité phénoménologique, le jeune découvre, dans une démarche active et concrète, qu'il est capable de certaines initiatives, lesquelles se fondent sur ces mêmes conditions de réalité.

La répétition de telles expériences productives éveille graduellement l'attrait du jeune pour des intérêts qui ont une valeur exogène, c'est-à-dire qui ne sont pas purement égocentriques. Son initiative sera d'autant plus stimulée que de telles expériences — nouveaux buts atteints, nouvelles démarches explorées — lui apportent une certaine valorisation à ses propres yeux comme d'ailleurs elles valorisent les autres jeunes du même groupe de vie.

Du fait que le jeune « se sent apprendre », il est porté à se concentrer davantage sur le processus de la réalisation afin de maîtriser mieux. Du même coup, l'acquisition d'une meilleure maîtrise augmente la satisfaction qu'il retire de son succès ; il se sent capable de contrôler la situation productive et, émotivement, il y participe plus intensément du fait que le résultat concret vient confirmer son sentiment d'efficacité.

L'emploi de moyens d'action standards — techniques et instruments — pour parvenir à la production de résultats analogues à ceux des autres exécutants aident le jeune à se percevoir lui-même, d'une part, comme un technicien qui acquiert une dextérité de plus en plus grande et, d'autre part, comme un membre du groupe participant au même programme d'activités que ses compagnons. Il constate que d'autres font ou ont fait des objets semblables au sien puisque, à la question posée par l'éducateur, il est capable de citer cinq autres membres du groupe qui ont réalisé des pièces analogues. Il se sent donc devenir membre du groupe.

L'éducateur essaie de favoriser l'intégration du jeune au groupe de vie en étant attentif à l'atmosphère de la vie du groupe et, surtout, en amenant le groupe à accepter la diversité dans l'unité, c'est-à-dire à respecter la démarche progressive de chacun de ses membres en face des tâches proposées.

• 6 •

L'étape « production »

Les caractéristiques du jeune

Bien que la pensée représentative puisse s'étendre au-delà des objets et des actes présents et concrets, le jeune est encore cantonné dans l'actuel tout au long de cette troisième étape.

Décrivant les caractéristiques de la pensée représentative, Piaget indique bien l'orientation générale du jeune à cette étape. Elle se concrétise, par exemple, dans sa façon de résoudre un problème. En abordant l'exécution d'une tâche, le jeune se réfère au concret : plutôt que de recourir à de vrais signes, il se rapporte à des images signifiantes en tant que répliques internes d'actions concrètes. Sa pensée est lente et statique, plus intéressée à des configurations immobiles et qui frappent l'œil qu'à des composantes plus subtiles et moins patentes. Ses représentations sont encore comme des instantanés de la réalité mouvante et ils ne représentent que quelques états ou quelques itinéraires parmi l'ensemble des trajets possibles. La pensée intuitive fournit donc une carte du réel mais celle-ci est encore formée d'images concrètes. Elle est peu socialisée[33] : elle ne s'intéresse pas à une preuve ou à une justification logique ; elle demeure, en général, ignorante de l'effet qu'elle peut avoir sur les autres personnes.

Cependant, à partir du moment où le jeune accède au fonctionnement opératoire concret, il s'intéresse à la réalité entière du problème à résoudre. Il l'envisage dans un plan d'ensemble où les figures, de statiques qu'elles étaient, se dissolvent ou se fondent, grâce à la capacité de groupements qui caractérise le stade des opérations concrètes[34]. Un progrès décisif apparaît dans la conquête des distances et dans la différenciation des trajets : la pensée ne saisit plus uniquement les états ou les itinéraires fixes, les transformations elles-mêmes sont maintenant appréhendées par la fonction cognitive. La pensée peut désormais passer d'un point à un autre et inversement : c'est la capacité d'envisager la réversibilité.

La notion de réversibilité et de groupement opératoire réalise pour la première fois l'équilibre entre l'assimilation et l'accommodation. La structuration de la pensée en groupements et en groupes mobiles permet à chaque individu d'adopter une multitude de points de vue.

Le système cognitif plus cohérent et mieux intégré dans l'ensemble de la personnalité rend le jeune capable d'organiser et de stabiliser le monde des objets autour de lui. Il peut structurer le présent par rapport au passé sans effort et sans contradiction. À partir d'un point de repère actuel et réel, il peut considérer le potentiel qui est le sien et, graduellement, planifier ses démarches pour atteindre un objectif plus complexe et plus éloigné. Il peut aussi, dans une grande variété de tâches, en arriver progressivement à se comporter comme si une organisa-

33. Au sens que Piaget donne à ce mot.
34. *Cf.* Flavell, *The Developmental Psychology of Jean Piaget*, New York, Van Nostrand, 1963.

tion assimilatrice fonctionnait en équilibre avec un mécanisme d'accommodation discriminatif et bien rodé.

À mesure que l'étape se déroule, le jeune adopte graduellement de façon plus définitive les caractéristiques du fonctionnement cognitif opératoire concret au point que cela devient une orientation généralisée applicable à toute tâche qui lui sera présentée.

L'éducateur, à cette étape, doit s'efforcer, chaque fois que l'occasion se présente, d'aider le jeune à mettre en relief le mécanisme de réversibilité des systèmes opératoires concrets. Pour cela, il aide le jeune à établir immédiatement un rapport entre les opérations directes et les opérations inverses — par exemple, dans l'enseignement des mathématiques, entre les additions et les soustractions. Il aide aussi le garçon en utilisant le processus d'ordre causal dans l'enchaînement des faits. Puis, l'éducateur peut demander au jeune de repenser à cet enchaînement causal mais en sens inverse, en remontant d'effets à cause. Une telle inversion du raisonnement facilite sans aucun doute la compréhension des relations qui sont en jeu et, au surplus, empêche le jeune de tomber dans la répétition mécanique de certaines formules ou de certaines actions partiellement saisies.

C'est pourquoi, à cette étape, l'éducateur doit encourager le jeune à parvenir à un même résultat par des voies différentes. L'associativité, propriété essentielle de l'opération, vient contrecarrer la stéréotypie de l'habitude de même que le recours à la facilité qui consiste à résoudre les problèmes par un procédé mécanique.

Ainsi, l'habitude d'organisation et de systématisation que ce type de réflexion apporte aux activités intellectuelles se répercute sur le reste des divers actes d'adaptation dans lesquels l'adolescent s'engage. L'observation démontre que les valeurs, poursuivies de façon instable et momentanée dans l'étape précédente, s'organisent dans des hiérarchies stables et durables. Les normes de l'obligation morale s'apparentent aux normes logiques et la notion d'obligation morale s'accole à la notion de nécessité logique.

À cette étape, l'existence de relations interpersonnelles, surtout les interactions bilatérales et réciproques entre des égaux, est une condition indispensable pour la formation même de ces « structures de groupe logiques ». Le jeune doit affronter d'autres points de vue que les siens. Il pourra le faire au moyen d'échanges interpersonnels répétés, d'ailleurs souvent frustrants, avec ses compagnons. Ces rencontres le font sortir graduellement de son égocentrisme statique pour le faire accéder à la conscience que des points de vue multiples sont possibles, avec ce que cela implique de capacités de concevoir la réversibilité des opérations intellectuelles. Piaget résume en ces termes ce point de vue :

> « Sans l'échange de pensée de la coopération avec les autres, l'individu ne parviendrait pas à grouper ses opérations en un tout cohérent ; en ce sens, le groupement opératoire suppose donc la vie sociale. Mais, d'autre part, les échanges de pensée eux-mêmes obéissent à une loi d'équilibre, laquelle ne saurait être à nouveau qu'un groupement opératoire, puisque coopérer, c'est encore coordonner des opérations. Le groupement est donc une forme d'équilibre d'actions inter-individuelles comme des actions individuelles, et il retrouve ainsi son autonomie au sein même de la vie sociale. [35] »

Toutes ces caractéristiques du fonctionnement cognitif opératoire concret se retrouveront, au long de cette étape, dans la façon adoptée par le jeune pour s'adapter à la réalité phénoménologique ainsi que dans ses échanges au niveau du groupe et au niveau interindividuel.

Situation du jeune par rapport au temps

Aux deux étapes précédentes, le jeune percevait d'une façon habituelle le temps comme indifférencié de l'espace ; en d'autres mots, l'espace et le temps constituaient pour lui un tout indisso-

---

35. J. Piaget et B. Inhelder, *De la logique de l'enfant à la logique de l'adolescent*, Paris, P.U.F., 1955.

ciable. Cependant, vers la fin de la seconde étape, l'ordre temporel et l'ordre spatial tendent à se dissocier graduellement.

Piaget a démontré comment la construction de groupements temporels rend le jeune capable d'organiser lui-même son temps vécu. Il y parvient par deux voies différentes : tantôt il découvre la succession temporelle avant de savoir emboîter les durées, tantôt il suit la marche inverse. Dans les deux cas, il appuie les successions sur les durées ou réciproquement. Or, le temps opératoire est constitué lorsque l'ordre des successions peut se déduire de l'emboîtement des durées et, inversement, lorsque l'emboîtement des durées peut se déduire de l'ordre des successions.

Par la réalisation de productions concrètes, le jeune en est arrivé, à la deuxième étape, à percevoir un passé immédiat et un avenir immédiat ; les productions concrètes sont pour lui les témoins et le rappel d'expériences vécues. Le jeune peut maintenant comprendre le temps puisqu'il est capable de s'affranchir du présent et de transcender l'espace par un effort de mobilité intellectuelle. Il s'agit essentiellement d'un acte de réversibilité. Le jeune acquiert, par le fait même, la capacité de reconstituer un ordre de succession exact et d'emboîter les durées selon un système d'estimations cohérentes. Il peut ainsi, à partir d'une représentation ou d'une activité réelle, mettre en relation le présent et le passé en un système réversible qui dépasse l'immédiat. Avec l'acquisition de la notion du temps opératoire, la durée se conçoit comme un flux continu et la continuité temporelle, au lieu de demeurer intuitive, apparaît comme le résultat d'une construction véritable. Il s'ensuit que la succession est définitivement abstraite de l'ordre spatial et que la durée peut être perçue, lorsque les mêmes distances sont parcourues, comme inversement proportionnelle aux vitesses. À ce niveau de fonctionnement, les relations temporelles constituent un système d'ensemble à la fois autonome et cohérent. Les groupements se font par la coordination des codéplacements.

Lorsque le jeune sera parvenu à cette étape où le temps est perçu comme une réalité qui offre des possibilités et impose des limites, il pourra prendre toutes les initiatives nécessaires pour organiser son temps à l'intérieur des activités, en accord avec la réalité phénoménologique.

En ce qui concerne une production concrète, le passé vécu n'est plus perçu exclusivement dans une continuité phénoménologique temporelle. Les diverses performances physiques et activités technologiques fournissent maintenant une somme d'expériences que le jeune saura mettre à profit au moment d'entreprendre une nouvelle expérience à travers une activité quelconque. La vérification de son rendement technologique, apportée par la sanction extérieure à la seconde étape, l'a aidé à accéder à la capacité de planifier et de vivre tout un processus d'action.

L'observation démontre bien que le jeune s'engage désormais vis-à-vis d'objectifs à plus longue échéance. La continuité temporelle et la perception du but à atteindre se fondent non plus tellement sur la constance des éléments extérieurs — unité de temps, matériaux, objectifs simples, exécutions par étapes — que sur l'intériorisation des expériences vécues dans les activités et de l'utilisation des techniques apprises.

Il est manifeste qu'à cette troisième étape, le fonctionnement opératoire concret rend de plus en plus la pensée apte à se porter sur l'actuel, mais aussi à l'étendre à des possibilités virtuelles. Le jeune envisage donc une double perspective : l'avenir à court terme et l'avenir à long terme. Grâce à un processus de réalisation dont il est l'agent de planification et d'exécution, l'avenir à court terme se concrétise par un objectif à atteindre à l'intérieur d'une production. L'avenir à long terme s'envisage en fonction d'une profession à exercer dans le monde du travail qui implique, dans le présent, la formation d'attitudes de responsabilité face aux tâches à accomplir.

La configuration du passé et du futur se caractérise donc ainsi à la troisième étape : vis-à-vis des techniques apprises au cours des productions ainsi que des valeurs qu'il a été amené à découvrir, le jeune tient compte de l'expérience vécue au sein d'activités passées ; il les met à profit dans l'actuel en vue d'atteindre, à plus longue échéance, un objectif plus complexe qui sera de se former une identité professionnelle dans le monde du travail.

Capacités servant d'appui au développement des forces du moi

À la troisième étape, les capacités du jeune atteignent deux niveaux : d'une part, lorsqu'il se joint aux activités de groupe ou qu'il accomplit des tâches pour le groupe, le jeune participe en tant que membre du groupe ; d'autre part, lorsqu'il produit individuellement à l'intérieur d'une activité, il utilise son équipement corporel ou les outils inorganiques mis à sa disposition.

L'adolescent manifeste une capacité de s'impliquer de façon particulière en tant que membre du groupe, alors qu'à la deuxième étape le statut d'appartenance n'était qu'une participation active au mode de vie du groupe. Les tâches accomplies avec le groupe ou pour le groupe offrent au jeune l'occasion de prendre des responsabilités, d'abord limitées au domaine matériel. Puis elles s'étendent progressivement aux personnes. Le jeune accepte, en tant que représentant du groupe, de s'occuper de la conservation du matériel et de contrôler son mode d'utilisation. Le fait d'assumer cette responsabilité l'amène à faire respecter le matériel par ses camarades et à rendre compte à l'autorité.

Au cours de la deuxième étape, la maîtrise technologique s'exerçait à l'intérieur d'activités dont la marche à suivre était représentée graphiquement dans le but de guider le jeune vers une articulation adéquate des outils et du rendement physique. À la troisième étape, ces expériences s'intériorisent, dans l'activité individuelle, en une capacité d'analyse et de synthèse. Le jeune est capable d'organiser son travail lui-même, c'est-à-dire d'anticiper la marche à suivre dans le processus de réalisation de tel objectif proposé et, pour obtenir un produit de qualité, d'utiliser ce qu'il a appris en fonction des nouvelles conditions d'application. Il peut maintenant se servir de son équipement corporel et technologique de façon différenciée et, du fait que les tâches proposées deviennent de plus en plus complexes, il peut, de plus, réussir à coordonner différentes acquisitions en vue d'atteindre un objectif complexe. À ce stade, évidemment, les automatismes ne suffisent pas.

Combinaison des pulsions et des défenses

À la deuxième étape, l'adolescent se défendait de renoncer à sa structure délinquante en contournant les occasions suscitées par le milieu pour l'aider à former de nouvelles attitudes. À la troisième étape, le délinquant s'attaque directement aux facteurs de changement : l'agir des pulsions se heurte de front à un milieu qui préconise des valeurs et à des éducateurs qui témoignent de ces valeurs.

Certes, comme il a été mentionné plus haut, le jeune poursuit un intérêt et cherche à acquérir une compétence au niveau des techniques nécessaires aux activités et celles-ci constituent bien un moyen d'apprentissage et de valorisation de lui-même. Cependant, c'est dans les interactions éducatives et rééducatives vécues avec les personnes que le jeune pourra choisir des valeurs de vie humaine et y adhérer. Par le fait même que ces valeurs inhérentes aux attitudes des éducateurs exigent un renoncement aux passages à l'acte délinquant et par le fait qu'elles impliquent une adhésion personnelle à une perspective idéologique, le jeune est ambivalent dans sa relation avec l'adulte. En d'autres termes, le délinquant est inconstant dans son identification avec l'éducateur qui agit de façon cohérente en regard des valeurs. Lorsque la relation au modèle exige un renoncement, le jeune peut devenir plus ou moins hostile, ou bien il se peut qu'il coupe la relation éducative. À ce moment, le délinquant fait appel au narcissisme de l'adulte pour établir un pacte avec lui, cherchant par là à faire semblant d'être son ami tout en gardant son quant-à-soi. Ce pacte contient une menace implicite de rupture du lien adulte-jeune et de soulèvement du groupe dans une guerre ouverte. Le délinquant fait alors agir les pulsions du groupe et il utilise la dynamique du groupe pour renforcer l'action de ses propres pulsions, de façon à détruire la figure prestigieuse de l'adulte et à se délier lui-même d'une sensibilisation aux valeurs organisées.

C'est ainsi que Redl[36] décrit les façons de réagir d'un moi délinquant vigilant confronté à des « situations par lesquelles les agents de changement s'introduisent dans sa vie sous la forme d'éducateurs et de cliniciens qui l'attaquent de front. Un véritable ego délinquant a généralement tout un arsenal mécanique de défenses directes à sa disposition : acuité de diagnostic dans les secteurs de combat ; esprit de procédure, habileté à se servir des gens et à exploiter les occasions ; absurdité des exigences ; provocation par anticipation ; diffamation organisée ; capacité d'être l'ami de quelqu'un sans en subir l'influence ».

À la troisième étape, les défenses s'exercent donc vis-à-vis du processus d'identification à un modèle — l'éducateur — qui incarne les valeurs du milieu. Ce processus est un chaînon indispensable pour la formation d'une identité et d'un style personnels.

Capacités de contact avec autrui

Les potentialités de l'adolescent, à cette troisième étape, se définissent particulièrement en fonction de l'acquisition d'une compétence personnelle, vécue à travers la réalisation de produits concrets. En s'identifiant à une figure compétente, le jeune élargit le rayon des rencontres qui l'intéressent. Cette identification lui permet de découvrir ses aptitudes personnelles, c'est-à-dire de percevoir ce qu'il veut faire et même ce qu'il veut devenir dans le domaine professionnel.

La relation d'identification à une figure compétente est un premier pas vers une découverte de soi-même. Le jeune, en se basant sur ses goûts personnels, se livre à un travail de sélection pour, finalement, choisir parmi les éducateurs celui qui est compétent dans le domaine précis où lui-même veut acquérir une

36. Dans *Children who Hate, op. cit.*

compétence. Cet éducateur devient « prototype de compétence » et entre en interaction avec le jeune à titre « d'aide » en regard des techniques à maîtriser, de la valeur qualitative à atteindre, de la démarche technologique à entreprendre pour l'accomplissement d'une tâche. Le jeune accepte des rencontres interpersonnelles afin de mieux prendre conscience de ses aptitudes personnelles.

Cette sélection dans les relations s'opère aussi au niveau des égaux. Le jeune porte son choix soit sur ceux qui ont les mêmes aspirations que lui et dirigent leur action dans le même secteur professionnel : tous partagent alors un même effort dans le but d'acquérir une compétence identique ; soit sur ceux qui ont des aspirations différentes ou complémentaires des siennes : en ce cas, il recherche leur contact dans le dessein de s'approprier de nouvelles qualités.

Il est opportun de souligner que, à cette troisième étape de rééducation, le jeune s'identifie à l'adulte en ce qu'il fait et surtout en ce qu'il produit, ainsi qu'en ce qui a trait aux moyens par lesquels il y parvient, avant de s'identifier à ce qu'il est, de la même façon qu'il découvre et intériorise ses moyens d'agir et son rendement personnels avant de s'estimer lui-même comme une personne.

Le but des activités

Il reste à voir comment, tout en favorisant la découverte, l'initiative et l'exercice des aptitudes personnelles du jeune, les divers aspects de la situation stimuleront et entretiendront les schèmes opératoires concrets. Les activités conviendront à l'étape « production » pour autant qu'elles posséderont certaines propriétés, à savoir :

Développer l'associativité

L'objectif poursuivi doit être assez complexe pour permettre au jeune : l'utilisation de divers moyens — associativité — ; le choix entre les moyens les plus adéquats, par rapport aux aptitudes personnelles du sujet et à l'objectif à poursuivre ; la possibilité de prévoir comment devront se coordonner les uns par rapport aux autres et dans le temps, les moyens choisis. La complexité de l'objectif exigera de la part du jeune une grande concentration et une persévérance active de telle sorte qu'il se sente progresser. Ainsi, le jeune expérimentera de façon significative la valeur de la maîtrise de l'organisation personnelle.

À la troisième étape, le jeune organise sa participation à la tâche par rapport aux exigences qu'elle comporte et à ses aptitudes personnelles qu'il doit mettre en œuvre pour la réaliser. L'adolescent acquiert ainsi les rudiments d'une méthode de travail : quoi faire, comment le faire, quand le faire. Les valeurs de rendement : précision, exactitude, utilité réelle de l'objet, placent le jeune en face d'options qui engagent tout son avenir professionnel.

L'organisation du milieu et des activités, à cette étape, doit respecter deux conditions de nature complémentaire. La première a trait à l'ordre établi provenant de la structure sociale du milieu institutionnel, de la tradition et des éducateurs. L'éducateur régularise l'organisation des rencontres intergroupes, définit la structure du groupe et les responsabilités officiellement assumées par les membres, prévoit la mise en route des activités, propose un partage des tâches, exige le respect de la logique dans l'utilisation des matériaux et des techniques, ceci pour les activités individuelles et de groupe.

La seconde condition a trait à la personne du jeune. Les activités individuelles, tout en délimitant l'objectif à réaliser, laissent à chacun le choix et l'agencement des moyens — matériaux et techniques — pour atteindre le but. Les activités de groupe, tout en comportant des tâches précises à accomplir en collaboration avec d'autres, laissent à l'individu le choix du mode de participation en fonction de ses goûts. Les responsabilités officielles sont assumées par les membres du groupe qui, d'une part, se sentent capables d'exercer ce rôle et, d'autre part, en sont jugés capables par leurs camarades et par les éducateurs. Enfin, certains secteurs de la réalité, désignés par les adultes, sont confiés quant à leur organisation structurale et fonctionnelle à l'initiative du groupe.

En somme, à la troisième étape, les activités doivent être présentées avec assez de souplesse pour permettre ou stimuler l'exercice des schèmes opératoires concrets. Elles doivent être l'occasion pour les jeunes d'utiliser activement leurs aptitudes personnelles et de prendre des initiatives.

C'est au jeune qu'il appartient d'évaluer le temps nécessaire à l'exécution de chaque phase de production. Au cours de l'exécution proprement dite, le bien-fondé de la planification peut être vérifié ou corrigé et cela contribue à modifier les planifications ultérieures. Ainsi se précise entre autres la découverte du temps.

L'exécution d'une tâche est dépendante d'une séquence à trois temps : la planification des moyens et des phases d'exécution ; la réalisation effective ; la généralisation des rapports entre la planification anticipée et l'exécution réalisée.

La méthode personnelle de travail se construit à partir de la systématisation des procédures employées pour la planification. La répartition de l'ordre de succession des tâches ainsi que la durée de l'exécution de ces tâches joue un rôle capital dans la capacité de structurer un travail à accomplir.

Guidé par l'éducateur, le jeune essaie, avant toute activité, de faire l'analyse de la situation actuelle sous ses divers aspects. L'éducateur encourage le jeune à prendre des initiatives et, au besoin, par une question posée à bon escient, il souligne certains aspects qui sont passés inaperçus aux yeux du jeune. Le fait que le garçon explique à l'éducateur comment il a l'intention de réaliser son objectif permet au jeune de prendre conscience plus lucidement des acquisitions qu'il aura faites dans l'un ou l'autre domaine.

Découvrir la réversibilité

Les différentes démarches technologiques doivent avoir une articulation logique interne ; celle-ci facilite l'exercice de la réversibilité dans la réflexion qui suivra l'exécution du produit.

Lorsque le jeune analyse la planification et l'exécution, il décrit d'abord leurs rapports selon le processus d'ordre causal, de cause à effet. Pour une meilleure assimilation, il y a avantage, cela a déjà été dit, à lui demander de les repenser ensuite en sens inverse, c'est-à-dire en commençant par les dernières conséquences du processus pour remonter à ses premières causes. Une telle inversion du raisonnement facilite la compréhension des relations en jeu et évite que le jeune ne se borne à répéter mécaniquement certains types d'organisation qu'il aurait partiellement saisis.

Dans le but de faire opposition à la stéréotypie de l'habitude, il sera aussi proposé au jeune d'organiser ses activités de façon à parvenir à un même objectif par des voies différentes.

Au moment de la planification, le jeune prévoit ses choix et, en esprit, agence les moyens qui lui semblent les plus conformes à l'objectif proposé. Pour l'exécution de l'objectif, il utilise les moyens choisis en conformité avec le temps disponible. Finalement, il évalue sa démarche technologique à la lumière du résultat obtenu. Il expérimente que le fait de poser des choix engendre une responsabilité : la prévision détermine telle démarche d'exécution et il en sort nécessairement un résultat donné.

Les initiatives entreprises et les choix posés par le jeune par rapport au temps disponible sont des expériences essentielles pour l'intériorisation du sentiment de sécurité, surtout si, dans les limites de temps objectivement fixées, elles lui procurent l'occasion d'exploiter de façon heureuse ses ressources personnelles.

Or, les situations deviendront de plus en plus complexes, surtout en fonction des objectifs fixés et des exigences qualitatives sur lesquelles est basée l'appréciation. Ces situations seront telles que le jeune n'aura plus maintenant qu'assez peu d'indices pour poser un jugement dans les choix à faire ; son autonomie sera donc beaucoup plus grande. La situation comportera généralement trois genres de choix :

Le jeune aura d'abord à choisir les moyens les plus adéquats à la réalisation à entreprendre, parmi ceux qui lui sont suggérés soit par ses expériences passées — matériel à utiliser, techniques à employer — soit par l'éducateur compétent ou encore par des camarades plus expérimentés.

Le deuxième genre de choix portera sur l'organisation des phases de travail nécessaires pour atteindre le résultat attendu.

Enfin, le jeune aura à choisir, parmi les moyens jugés adéquats, ceux qui se prêtent le mieux à une production de qualité.

Développer la compétence

La planification des étapes d'exécution, l'exécution elle-même et l'évaluation du produit doivent favoriser l'exercice et la découverte d'aptitudes personnelles d'une part, et, d'autre part, sanctionner et stimuler la formation d'un sentiment d'efficacité nécessaire au jeune pour se tourner vers son avenir professionnel.

Parvenu à cette étape, le jeune a intériorisé les liens infralogiques ; il est maintenant prêt à utiliser les schèmes opératoires concrets pour résoudre les difficultés inhérentes à la tâche ou à la situation. Il est en mesure de percevoir la raison d'être des conditions de participation à la tâche et à la vie de groupe. Il perçoit que ces normes impliquent la notion de nécessité logique et donc d'obligation morale. L'adhésion à une éthique de production se manifeste par l'utilisation d'une méthode de travail tenant compte à la fois des aptitudes personnelles et des exigences de qualité et de rendement.

Les exigences apparaissent au jeune non plus comme imposées par la volonté de l'adulte, mais comme des réponses évidentes à certaines nécessités relatives au mode de vie institutionnel. Les tâches de groupe donnent au jeune l'occasion de raffermir son image de soi, car c'est en y participant qu'il se fait apprécier des autres membres du groupe. Ces mêmes tâches l'aident, de plus, à se rendre compte qu'il y a diverses façons de procéder puisque chaque membre du groupe travaille à sa manière. S'ouvrant à des perspectives différentes des siennes, le jeune parvient à se détacher graduellement de son égocentrisme pour accéder plus facilement à l'associativité et à la réversibilité, modes opératoires dont il aura besoin pour mieux envisager ces perspectives multiples. Les tâches au service du groupe deviendront des occasions d'assumer des responsabilités accrues en vue du bien commun.

La décision d'utiliser tels moyens précis est donc stimulée et motivée de l'intérieur — alimentation interne — par un sentiment d'efficacité qui pousse l'adolescent à expérimenter soit des agencements nouveaux de moyens connus pour atteindre l'objectif, soit de nouveaux moyens apparemment capables de permettre une production de meilleure qualité.

À cette étape, les normes qualitatives auxquelles doit répondre le produit achevé ayant la prépondérance, elles guident le choix fait par le jeune des matériaux, des outils, des techniques et de leur usage. Le désir de réaliser un produit de qualité se concrétise dans l'organisation, à la fois logique et personnelle, de la démarche technologique. Cette organisation est facilitée par l'étalage des moyens susceptibles de convenir à cette nouvelle réalisation.

Lorsque le produit est achevé, le jeune peut réévaluer ses décisions. En regardant ses résultats, il apprécie sa démarche et formule éventuellement de nouvelles hypothèses d'exécution. Il crée donc lui-même la logique d'exécution de la tâche au cours de phases de planification, d'exécution et d'évaluation *a posteriori*.

L'action de l'éducateur se situe principalement à deux niveaux : au niveau de l'estimation des moyens en vue de déterminer quels sont les plus adéquats, non seulement au cours de l'évaluation anticipée, mais aussi une fois l'exécution terminée, au niveau de la révision du bien-fondé des décisions prises.

Au cours d'entretiens sur ce thème, l'éducateur attire l'attention du jeune sur les exigences de la réalité car elles conditionnent plus ou moins le mode de réalisation des diverses tâches : tâche individuelle où on apprend la maîtrise du travail ; tâche de groupe où il faut vivre le partage dans une coopération efficace ; tâche de groupe au sein duquel ce jeune doit assumer une fonction officielle comportant une responsabilité de groupe.

Ainsi, le jeune trouve, dans son expérience personnelle et dans les échanges avec l'éducateur au sujet de la tâche, l'occasion de vivre, dans le domaine du travail, toutes les phases d'affirmation de lui-même.

Du fait qu'il est maintenant en mesure de se servir de schèmes opératoires concrets pour résoudre les problèmes soulevés par les tâches à accomplir, le jeune peut, au cours de cette étape, se comporter dans une grande variété de tâches comme si une organisation assimilatrice fonctionnait en équilibre avec un mécanisme d'accommodation discriminatif et bien rodé[37]. Le caractère organisé et systématique, particulier aux schèmes opératoires que, dans un sens restreint, la structure de groupements apporte aux activités intellectuelles, aura des répercussions sur le jeune qui cherche diverses façons de s'adapter aux autres situations dans lesquelles il s'engage.

Ayant appris à reconstituer en sens inverse le processus d'ordre causal, le jeune sera encouragé à varier sa façon d'agencer des moyens pour parvenir au but proposé ou choisi. Grâce à ce processus, il pourra raisonner de façon rationnelle et, donc, il pourra désormais anticiper le succès avec plus d'assurance.

Sa confiance en lui-même lui servira de tremplin pour découvrir des techniques plus perfectionnées et de meilleurs agencements des moyens et des buts. Il sera devenu capable d'organiser lui-même et de façon efficace ses temps libres et il pourra affronter la compétition sans se sentir fâcheusement mis en cause. La certitude d'être capable de mesurer ses propres capacités et de les appliquer à un rayon d'action de plus en plus étendu se différencie de la simple satisfaction qui accompagnerait la démarche de production de résultats. Selon la théorie de

37. *Cf.* Flavell, *op. cit.*

White, c'est dans cette confiance en lui-même que le jeune découvre sa propre efficience et qu'il acquiert le sentiment profond de sa compétence.

Le jeune est maintenant capable de s'insérer dans une situation productive et il considère l'attention soutenue et la persévérance comme des facteurs déterminants du succès de l'entreprise qu'il a au préalable organisée avec réalisme.

Le contenu des activités est, en effet, conçu pour que le jeune découvre des valeurs professionnelles telles que l'exactitude, la précision, la concentration et la régularité. Pour cela, les choix à effectuer doivent concerner aussi l'exactitude et la précision. À cette étape, dans l'organisation des activités, l'ordre de succession spatio-temporel n'a plus à être respecté puisque le jeune a accédé au temps opératoire. Il peut maintenant objectiver son temps, planifier lui-même le temps disponible en fonction des techniques convenant à l'objectif fixé, aux limites temporelles d'une séance d'activités et à l'ensemble d'un nombre donné de séances.

Apprendre à partager les responsabilités avec d'autres

Les activités doivent comporter un partage des responsabilités matérielles, le jeune doit les assumer en tant que membre du groupe, face au groupe.

La découverte des aptitudes personnelles du jeune forme maintenant le centre d'intérêt particulier du dialogue entre l'éducateur et le jeune. L'adulte suggère au jeune d'employer des moyens plus complexes et plus perfectionnés et il l'aide à en découvrir la logique interne.

La prise de conscience de ses aptitudes particulières et de ses moyens d'action constitue un début d'identification à un rôle dans le monde du travail. À travers cela, le jeune s'achemine vers un état d'harmonie. Il parvient même à se compromettre face à la réussite et à l'échec. Il peut maintenant prendre le risque d'être davantage connu de ses camarades et de ses éducateurs.

La portée sociale de la prise de conscience que fait le jeune de ses aptitudes personnelles consiste d'abord dans la responsabilité avec laquelle il entreprend toute production et dans la concentration, la persévérance voulues pour bien respecter les valeurs d'exactitude et de précision ; elle consiste ensuite dans la responsabilité qu'il fait sienne de mettre à profit ses aptitudes pour le bien commun, en plus de celle qu'il prend relativement aux résultats.

Le jeune est maintenant apte à assumer des responsabilités qui touchent le bien commun : à organiser et à exécuter avec des camarades les tâches comprises dans un secteur de vie qui a été confié à leur initiative par le groupe d'éducateurs responsables.

D'après Piaget[38], la logique véritable et la moralité ne s'établissent qu'à travers le partage des perspectives avec des égaux d'abord dans des tâches concrètes, puis dans des échanges de vues.

Le jeune doit donc être sollicité à accomplir : des tâches individuelles qui concourent à lui faire acquérir une plus grande maîtrise du travail ; des tâches de groupe en vue d'un objectif commun. Elles offrent la possibilité d'assumer le partage des responsabilités, elles favorisent la coopération et la collaboration avec des égaux et contribuent à la découverte et à la prise de conscience des aptitudes personnelles. Cette prise de conscience se fera jour lorsque le jeune pourra confronter sa propre façon de procéder à celle des autres et percevoir les différences et les ressemblances qui ressortent de cette confrontation.

D'une part, l'adolescent s'affirme en reconnaissant ses propres aptitudes comme autant d'apports appréciables par rapport aux exigences définies par la tâche elle-même ; d'autre part, il a recours au savoir particulier de ses compagnons puisque, à son avis, chacun apporte à la réalisation commune une contribution tout aussi valable que la sienne.

38. Dans *De la logique de l'enfant à la logique de l'adolescent, op. cit.*

À cette étape, le jeune sera prêt à bénéficier de séances de discussion en vue de l'élaboration des projets d'action. Ces expériences l'aident à confronter ses jugements à ceux des autres, afin de se rendre compte de similitudes et de différences pouvant exister de part et d'autre. Cette prise de conscience l'aidera à se départir graduellement de son égocentrisme intellectuel, car seule une perspective à plusieurs dimensions peut faire découvrir la pensée socialisée.

Les activités proposées doivent donc nécessiter la coopération au niveau de l'exécution même du projet car, à travers ce genre de situations, le jeune sera amené à exercer un certain vouloir personnel, tout en apprenant à respecter le vouloir des autres.

Lors du partage des tâches, le jeune aura de nouveau à faire des choix, suivant ses aptitudes particulières. Ces choix l'engageront davantage à produire selon les lignes de force, à collaborer et à coopérer avec ses camarades dans le partage et l'exécution de ces tâches, ou encore à se rendre responsable des résultats produits aux yeux de tous les membres du groupe. Toutefois, les tâches ne seront assignées au jeune que dans la mesure où il les aura déjà expérimentées et maîtrisées individuellement.

Les relations avec les égaux, à cette étape, auront lieu surtout au niveau du jeu et seront stimulées par la compétition. En effet, dans le jeu, les aptitudes personnelles de chacun peuvent se comparer à celles des autres et, à ce stade de la rééducation, cela ne doit plus susciter de sentiment d'infériorité chez le jeune.

De plus, à cette étape, le jeune devra assumer, en accord avec ses aptitudes personnelles reconnues par le groupe, des rôles officiels qui comportent des fonctions précises. Parfois, il les aura lui-même choisis, d'autres fois il y aura été appelé par le groupe. De toute façon, à ces rôles se rattache un statut dans le groupe. Ils contribuent à circonscrire son identité sociale.

Le dialogue entre l'éducateur et le jeune gravite maintenant autour de la notion de responsabilité personnelle qu'entraîne la participation à la tâche et à la vie du groupe. Avec l'aide de l'éducateur, le jeune découvre progressivement l'aspect original de sa participation à la tradition du groupe, que ce soit au niveau du rôle officiel qu'il assume, d'interactions personnelles en tant que membre du groupe, ou encore de réalisations individuelles diverses. En effet, l'adolescent recherche le contact avec un éducateur, technicien compétent, dans le but d'en apprendre davantage. Il discute avec lui d'un choix professionnel qui serait en accord avec ses aptitudes particulières et qui représenterait pour lui le début d'une concrétisation de l'identité qu'il doit se créer dans le monde du travail. À cette étape, le jeune témoigne qu'il a intériorisé la loi, puisqu'il se montre capable de poser des choix au niveau de l'organisation et de l'exécution des tâches. Il peut maintenant considérer dans leur ensemble : l'objectif poursuivi, les exigences instrumentales et technologiques, la logique de la démarche, son propre savoir-faire, les apports de l'éducateur compétent et les exigences qu'apporte la coopération avec ses égaux.

L'affirmation de soi se raffermit chez le jeune, dans toute la mesure où il a affronté des situations comportant la résolution de problèmes complexes et cela en présence d'un petit nombre d'indices pour l'aider à poser un jugement sur les choix à faire. Le jeune fait donc preuve d'une autonomie accrue face à des situations. Une progression dans la complexité des situations offertes aux jeunes pourra s'opérer tant au niveau des objectifs à atteindre qu'à celui des exigences qualitatives appelées à devenir les normes d'appréciation de l'exécution et du produit.

Les diverses décisions que le jeune aura à prendre auront leur source dans un sentiment d'efficacité qui pousse le jeune à expérimenter, soit des agencements nouveaux à partir de moyens connus, soit de nouveaux moyens en vue d'une production de meilleure qualité.

Il doit aussi être capable, à la suite de discussions de groupe, de coopérer à l'exécution de projets collectifs où il sera lui-même tout en laissant les autres être également eux-mêmes.

À cette troisième étape, il doit pouvoir justifier verbalement la raison d'être de ses choix, en s'adressant soit à l'éducateur, soit au groupe, à des moments précis prévus pour cela. Cette justification logique intensifie chez lui la prise de conscience de ses choix et permet l'exercice des processus opératoires de réversibilité et d'associativité.

À cette étape, l'appréciation officielle du travail accompli repose sur des critères d'évaluation dépersonnalisés qui imposent à l'exécutant des normes qualitatives.

Pour illustrer cette étape du processus rééducatif, deux observations qui ont été faites par deux éducateurs de Boscoville vivant en contact avec deux « unités de vie » différentes, seront rapportées plus loin.

Le rôle de l'éducateur

Dès la première étape, l'attitude ferme et cohérente de l'éducateur, en tant que figure d'autorité, constitue un exemple de contrôle intérieur. C'est aussi le support extérieur qui vient consolider le processus d'intériorisation des expériences d'ordre vécues par le jeune.

À la troisième étape, l'éducateur modifie son attitude éducative envers le jeune du fait de la participation active de celui-ci au mode de vie du groupe, ainsi que de l'étendue de ses capacités techniques. Il se montre confiant dans la capacité que possède désormais le jeune d'intérioriser ses expériences et de mettre à profit sa dextérité. L'éducateur favorise des occasions où l'initiative du jeune peut s'exercer en connaissance de cause. Il stimule le jeune à vivre ses propres choix dans les moyens à utiliser pour la réalisation de telle tâche ou la fabrication de tel produit. Il met en valeur les aptitudes particulières du jeune et souligne son apport personnel. Témoignant de la confiance et suscitant des occasions où l'initiative peut s'exercer, l'adulte exprime sa participation émotive à la découverte des qualités technologiques personnelles de l'adolescent et à l'emploi de ces qualités dans les situations nouvelles, individuelles ou de groupe. L'adulte s'affirme comme prototype de compétence ; il est celui dont on veut acquérir l'habileté ; celui à qui l'on a recours lorsqu'il s'agit de perfectionner une technique ; celui à qui l'on est fier de faire part de ses dernières découvertes ; mais il est aussi celui qui n'agit pas et ne choisit pas à la place du jeune. En l'adulte, l'adolescent ne respecte plus seulement la figure d'autorité ; il admire la personne compétente, il a recours à elle et, finalement, il s'y identifie.

Une compétition sportive

En ce qui concerne le premier fait observé [39], les défis que le jeune doit relever comportent deux éléments caractéristiques de cette troisième étape. C'est une compétition sportive concernant l'ensemble de Boscoville ; elle est l'occasion d'assumer une responsabilité officielle au-delà du groupe de vie, en compétition avec les autres groupes de rééducation. De plus, le jeune bénéficie d'une latitude suffisante pour qu'il lui soit possible de faire preuve d'initiative personnelle, tant dans la façon de réaliser la production par le groupe que dans l'efficacité qu'il doit déployer pour assumer réellement le leadership du groupe.

Préparation de l'activité

Tout d'abord, l'éducateur analyse, en regard des cinq forces vitales du moi autonome, quelles difficultés le jeune devra affronter.

> À la fin de l'été il y a, à Boscoville, des compétitions olympiques entre les six quartiers. Un éducateur a présenté à un garçon qui se situe à la phase intermédiaire de l'étape production, la situation olympique en termes de deux défis à relever, l'un individuel, soit : les courses, et l'autre, dans une fonction officielle, soit : l'organisation du coin de quartier. Le coin de quartier est un endroit précis, déterminé à l'avance par les officiels, en dehors de la piste olym-

39. La rédaction est due à Serge Larivée qu'il convient de remercier ici.

pique. Cet endroit doit être organisé par un groupe de garçons de chacun des quartiers selon leur propre initiative. Les matériaux utilisés à cet effet sont : du bois, de la corde, une tente, un poteau pour y hisser les drapeaux distinctifs.

Analyse des défis pédagogiques présentés par cet événement olympique, faite par l'éducateur selon les cinq forces vitales du moi

1. Perspective dans le temps

a. *Au niveau individuel*

Le garçon doit organiser ses propres pratiques à l'intérieur des heures prévues pour l'activité sportive. À la suite de ces pratiques, selon les résultats obtenus, il a à prévoir en combien de temps il doit courir le 110 mètres-haies et le 400 mètres. (Il doit prévoir le défi, c'est-à-dire la vitesse à atteindre, en accord avec les aptitudes qu'il manifeste dans ce domaine.)

b. *Au niveau du groupe*

En tant que responsable de l'organisation du coin de quartier, il doit prévoir des heures de travail en regard du plan qu'il aura établi en collaboration avec le sous-groupe qu'il forme à cet effet, et ce plan doit se réaliser à l'intérieur des temps libres (le soir et le midi).

2. Affirmation de soi

a. Le garçon choisira les courses dans lesquelles il peut et veut faire sa marque, et prendra les moyens pour y arriver.

b. Le garçon doit assumer les responsabilités suivantes dans cette fonction qu'il partage avec d'autres membres du groupe : choisir, puis dessiner les plans du coin de quartier, prévoir les matériaux nécessaires, élaborer avec son équipe le plan général du travail à faire et comment il serait souhaitable de procéder.

3. Expérimentation des rôles

a. Le garçon doit se faire valoir comme « sprinter efficace » pour l'équipe de son quartier.

b. Il doit, pour la première fois à Boscoville, remplir les fonctions d'organisateur en chef d'une tâche de groupe, et faire valoir, à cette occasion, ses talents naturels de bricoleur.

4. Anticipation du succès

a. Les performances prévues dans les courses choisies doivent répondre aux normes considérées comme des succès objectivement valables en regard à la fois des possibilités personnelles du garçon, et de l'ensemble des concurrents à Boscoville.

b. Le garçon doit considérer l'organisation du coin de quartier comme devant correspondre à des normes qualitatives et susceptibles d'être appréciées par l'ensemble de Boscoville.

5. Vision de soi dans les structures sociales

a. Le garçon veillera à ce que ses performances soient le fruit d'un travail régulier de précision, en accord avec les règles du jeu. Il doit aussi accepter de coopérer avec ses pairs.

b. L'organisation du coin de quartier doit être pour le garçon une occasion de faire valoir ses aptitudes personnelles : ses talents de bricoleur à l'intérieur de l'organisation olympique, ainsi qu'une manifestation de leadership efficace en suscitant la collaboration de ses pairs lorsqu'il assume une fonction officielle.

Déroulement de l'activité

Cinq périodes d'activités : une heure de pratique ; deux heures de compétition ; deux heures d'organisation du coin de quartier. Ces cinq périodes s'échelonnent sur une période de dix jours.

Le déroulement des situations telles que vécues par le jeune

1. Courses

Après un certain nombre de pratiques olympiques, le garçon a choisi les épreuves auxquelles il entendait participer. Considérant alors l'ensemble des épreuves, il dit : « Hé, je pense que je peux faire ma marque comme coureur de vitesse, qu'est-ce que tu en penses ? » L'éducateur lui demande : « Dans quelles courses crois-tu pouvoir faire ta marque ? » Le garçon répond : « Les 110 mètres-haies, c'est sûr. Le 400 mètres, je pense que je peux être bon ! » L'éducateur acquiesce.

L'éducateur remarque alors l'attitude suivante chez le garçon. À l'intérieur de chaque heure de pratique olympique, le garçon se fixe des moments où il fait des exercices précis pour améliorer son rendement aux 110 mètres-haies. Il ne parle pas encore à l'éducateur du temps à atteindre, mais uniquement des techniques à appliquer. Ainsi, il calcule exactement quelle doit être la longueur de sa foulée pour qu'il puisse réussir à ne faire que sept enjambées dans l'espace séparant la ligne de départ et la première haie et que quatre enjambées entre chacune des haies. De plus, il attache beaucoup d'importance au fait d'acquérir un bon départ. Après avoir exercé toutes ces techniques, il ne manque pas de dire à l'éducateur : « Bon, là, j'ai tout ce qu'il me faut pour chronométrer mon 110 mètres-haies et me fixer un temps pour les semi-finales. » Ce qu'il fait, et il se fixe comme temps à battre : 22 secondes.

Juste avant le départ de la course de la semi-finale, le garçon confie à l'éducateur : « Je sais que je vais me classer ! » Effectivement, il se classe second de sa course avec un temps de 20 secondes, soit deux secondes de moins que prévu. À noter les points suivants : le garçon n'a pu prendre son rythme de quatre enjambées qu'à la troisième haie, mais, comme il le remarquait après la course : « Je savais que même en perdant du temps pour rattraper mon rythme de quatre enjambées, je pourrais rattraper les autres gars par après ! » Un des adversaires du garçon a fait tomber ses deux dernières haies ; l'éducateur a alors remarqué que le sujet observé a fait son enjambée comme si les haies y étaient sans ralentir son rythme.

Lorsqu'il revient dans le coin de quartier, les gars l'applaudissent en prenant bien soin de lui signaler qu'il a de fortes chances « d'aller chercher une médaille en finale ». Le garçon sourit et dit : « J'y compte bien ! »

Lors de la course finale du 110 mètres-haies, le garçon signale au marqueur officiel de son quartier qu'il espérait pouvoir courir sa course en 20 secondes. Dès le départ, le garçon prend une légère avance, laissant prévoir une victoire, mais à la quatrième haie il trébuche et se fait une entorse ; il poursuit alors sa course et réussit à dépasser un coureur pour finir cinquième avec un temps de 20 secondes 1 dixième.

De retour au coin de quartier, il est déçu de sa chute, mais il parle beaucoup plus du fait qu'il ait réussi à rejoindre et à dépasser le sixième coureur, et ajoute même : « La médaille, c'est pour l'an prochain ! »

Le lendemain matin, c'est la finale du 400 mètres et le garçon ne peut pas courir. Un de ses adversaires vient lui signaler qu'il comptait sur lui pour le « faire foncer ». Quelques instants plus tard, le sujet observé dit : « J'essaie quand même, je n'ai rien à perdre ! » L'éducateur lui demande alors comment il entend mener sa course. Il répond : « Je crois que je suis mieux de partir vite, alors, si j'ai à « casser », ça va m'arriver de toute façon et, si ça marche jusqu'au bout, j'ai des chances de me classer. » Effectivement, le garçon donne tout ce qu'il peut dès le début et réussit à terminer troisième, gagnant ainsi la médaille de bronze. Les autres concurrents le félicitent chaleureusement.

2. L'organisation du coin de quartier

Lors d'une décision du conseil de quartier (comité élu par les garçons d'un même quartier en vue de voir à la bonne marche du groupe) dont il fait d'ailleurs partie, le garçon est nommé organisateur en chef du coin olympique. Il accepte.

Après une heure au cours de laquelle chacun des garçons émet ses idées sur la manière dont il voit le coin de quartier, le sujet observé fait la synthèse et dessine les plans définitifs. Une fois le plan accepté par le groupe, il commande la matériel nécessaire.

Comme ce travail doit être exécuté lors des temps libres, il dresse un horaire auquel les six membres de l'équipe adhèrent sans trop de difficultés.

Un soir que l'éducateur va sur le « chantier » pour aider les garçons, il demande au sujet observé : « Comment vont les travaux ? » Le garçon répond : « Ça va mieux que je pensais. Hé, comprends-tu ça ? J'ai seulement à demander aux gars de faire telle ou telle affaire et ils le font. Et puis, mieux que ça, il y en a même un qui est venu chercher de l'ouvrage parce qu'il avait fini de peinturer ! » L'éducateur dit : « C'est peut-être que les gars ont confiance que tu puisses mener à bien ce que tu as commencé ! » Le garçon reprend : « Ça c'est vrai, tu sais que ce que je commence, je le termine toujours. Et puis je t'assure que ça va être original. Je sais pas si ça va être le meilleur, mais je te promets qu'on va être fiers de notre coin ! »

Le coin est divisé en deux parties séparées par un passage. Dans l'un des coins, il y a une tente où sont installés les tableaux de compilation. Dans le coin opposé, il n'y qu'un mât pour le drapeau, en plein centre.

Chacune des deux parties entourée d'une clôture différente. Lorsque l'éducateur demande pourquoi deux genres de clôtures, le garçon répond tout simplement : « Pourquoi pas ? On a décidé de faire un coin en deux parties, pourquoi est-ce qu'on essaierait pas deux genres de clôtures qui vont quand même bien ensemble ? »

Une fois le coin terminé, l'éducateur demande au garçon ses prévisions quant aux résultats. Le garçon dit alors : « Mais, regarde toi-même, je ne sais pas le pourcentage qu'on va avoir, mais je sais qu'on a de fortes chances d'être les premiers, d'ailleurs il y a beaucoup de gars des autres quartiers qui l'ont dit. »

Effectivement, le quartier de la Terrasse a remporté la médaille d'or pour son coin de quartier, avec un pourcentage de 92,6. Les remarques qui accompagnaient ce résultat étaient les suivantes : souci d'originalité, de précision et de propreté.

Commentaires

Ce jeune manifeste qu'il est capable d'organiser personnellement son temps ; il est capable aussi de groupements temporels dans la planification et l'exécution des performances et des tâches à entreprendre en vue des objectifs à atteindre. Au début de chacune de ses répétitions, il consacre une partie de son temps à s'exercer. C'est donc qu'il accepte le délai nécessaire à l'acquisition de la maîtrise des techniques. Une fois qu'il s'est objectivement préparé par des exercices répétés, et à partir de ce moment seulement, il se fixe une performance précise. Cette évaluation se révèle fondée puisqu'en semi-finale, son espérance sera confirmée, il réussira même à dépasser son objectif de deux secondes. Dans la course finale, la déception que peut lui causer sa chute ne réussit pas à l'atteindre profondément, et il est capable de rester objectif en face de cet échec. Il souligne qu'il a tout de même réussi, malgré la difficulté, à dépasser un concurrent ; il ajoute même : « La médaille, c'est pour l'an prochain. »

Malgré le handicap physique que représente son entorse, le jeune espère se classer dans la finale de l'autre course. Il est toutefois réaliste puisqu'il dit : « J'essaie quand même, je n'ai rien à perdre. » Il prévoit la stratégie à utiliser : déployer le plus d'efforts possible dès le début de la course, de crainte de ne pouvoir, à cause de son handicap, soutenir un effort intense pendant la durée totale de l'épreuve. Ses prévisions sont objectives et le résultat confirme son espérance d'établir un record en dépit du handicap.

La capacité d'organiser personnellement son temps se retrouve dans la planification de l'organisation du coin de quartier : l'horaire que le jeune responsable a dressé pour faire exécuter cette tâche par le groupe s'est avéré adéquat puisque la tâche s'est terminée dans le délai fixé.

Dans le choix des courses à entreprendre, le jeune a fondé son jugement sur des indices recueillis à partir d'évaluations répétées, au cours des diverses performances qu'il a lui-même exécutées dans le passé. Ce sont donc ses propres évaluations qui lui ont servi de points de repère pour poser son jugement. Le jeune a fait preuve d'un discernement judicieux et, de plus, s'est montré capable de soutenir la recherche d'un record dans une situation comportant une forte concurrence.

Le sens de l'efficacité se manifeste chez ce jeune dans les diverses décisions prises pour mieux se préparer à faire face à la situation compétitive. Il s'est attardé à préciser les techniques utilisées et donc à les maîtriser graduellement.

La décision prise par le jeune de fournir l'effort le plus intense au début de la seconde course s'est avérée adéquate.

En ce qui concerne le projet d'action du groupe, c'est-à-dire l'organisation du coin de quartier, le jeune accepte d'assumer la responsabilité que le groupe lui confie. Cette décision du groupe est un jugement qui vient confirmer sa capacité d'assumer une telle tâche.

Dans le but de planifier ce projet, le sujet recueille les idées émises au cours de la discussion de groupe, en fait la synthèse et dresse les plans définitifs qu'il soumet à l'approbation du groupe. Dans ses manières d'agir, le jeune fait preuve d'une volonté personnelle tout en respectant la volonté des autres.

Le jeune a analysé avec précaution les techniques à utiliser pour parvenir à maîtriser la poursuite de son objectif ; par exemple, l'ordre de succession des gestes à poser, en l'occurrence des enjambées, afin de les faire concorder avec l'espace à parcourir, espace qu'il structure en enjambées. Cette préparation lui fait découvrir ses aptitudes et, celles-ci une fois confrontées avec celles des autres participants, il se raffermit lorsque les succès viennent les corroborer. La médaille de bronze obtenue en dépit de la chute subie et les félicitations chaleureuses des autres concurrents constituent des évidences qui concourent à lui donner confiance.

Lorsqu'on lui offre des occasions de verbaliser les raisons qui sous-tendent ses décisions, tant au niveau de ses performances qu'au niveau de son rôle de leader, ce jeune se montre capable d'émettre des justifications logiques.

Dans sa façon de préparer ses exercices préparatoires, le jeune s'est organisé rationnellement, en ce qui suppose l'utilisation de groupements logiques et cela, tant en ce qui a trait à l'organisation de son temps qu'à l'organisation de l'espace.

C'est avec assurance qu'il annonce : « Je sais que je vais me classer. » De fait, il dépasse le résultat prévu. De même, il prévoit ses chances de se classer dans la seconde course malgré le handicap causé par l'accident survenu la veille, si toutefois il est capable de poursuivre jusqu'à la fin de la course. Il s'accorde cette possibilité et, effectivement, il réussit à atteindre l'objectif visé : remporter une médaille.

Le jeune a encore fait preuve d'organisation rationnelle dans sa fonction officielle au niveau de l'organisation du coin du quartier. Il a rempli cette fonction avec assurance ; il ne doute pas de sa compétence dans ce rôle puisqu'il est confiant de faire atteindre au groupe l'objectif fixé. Ses verbalisations traduisent assez clairement qu'il prévoit le succès : « Je t'assure que ça va être original. Je sais qu'on a de fortes chances d'être les premiers, d'ailleurs il y a beaucoup de gars des autres quartiers qui nous l'ont dit. »

L'appréciation officielle des diverses tâches accomplies confirme au jeune qu'il a fait preuve de compétence dans les différents domaines.

Le travail a été fait avec exactitude et précision, ce qui exige persévérance et continuité dans l'engagement à l'égard des tâches entreprises. La façon dont il s'est acquitté de ce rôle que le groupe lui avait confié contribue à préciser son identité sociale et cela d'autant plus que l'initiative et l'originalité dont il a fait preuve lui ont valu la médaille d'or.

Les diverses réalisations effectuées tant au niveau individuel — courses — qu'au niveau du groupe — fonction officielle dans la construction du coin de quartier — contribuent donc à faire acquérir au jeune une vision de lui-même dans la structure sociale et lui donnent l'occasion de manifester, dans ce qu'il accomplit, son engagement personnel par rapport aux valeurs de rendement et aussi dans la coopération avec des camarades.

Un travail scolaire

Un second fait d'observation, ayant trait au travail scolaire, est maintenant rapporté, pour illustrer les caractéristiques propres aux structures cognitives — la réversibilité et l'associativité — chez un jeune qui en est au début de l'étape « production ». L'éducateur[40] a recueilli ce protocole après avoir analysé l'activité projetée à partir des propriétés qu'elle comporte et, surtout, par rapport à l'organisation qui la caractérise. Il a pris soin d'en souligner l'aspect rééducatif selon les composantes des cinq forces vitales de l'ego telles qu'on les trouve à cette étape.

40. Remercions ici Jean Ducharme.

Déroulement de l'activité

Durée de l'activité : trois séances de 50 minutes en 3 jours successifs.

Mercredi matin, à 9 heures, Jean fait d'abord ses prévisions et aussitôt après, il vient me trouver avec son cahier. Il me dit : « Est-ce que ça ira, je prévois faire la fiche 17 en géométrie et peut-être débuter ma fiche 34 en arithmétique ? » Je réponds : « Qu'est-ce que tu en penses, crois-tu possible d'accomplir cela dans le temps que tu prévois ? »

JEUNE : Je pense bien car je crois pouvoir me tirer assez bien de la fiche sur le volume du cylindre. Je l'ai regardée rapidement et je crois que ça ne sera pas tellement difficile.

ÉDUC. : À quelle formule le volume du cylindre fait-il appel ?

JEUNE : À celle du cercle, car la base de la figure est un cercle.

ÉDUC. : Très bien, vas-y.

Jean travaille et fait toute la partie théorique qui se trouve sur sa fiche sans demander d'explication. Puis, avant de commencer les problèmes proprement dits, vers la fin de la deuxième période de boulot de mercredi, il vient me voir. Il inscrit sur une feuille différentes formules sur le cercle.

JEUNE : Je viens te voir pour me rendre compte si j'ai bien saisi la différence entre les formules pour trouver la surface du cercle, la circonférence, la surface latérale et la surface totale. Je vais te l'expliquer et tu me diras si c'est bien.

ÉDUC. : D'accord.

JEUNE : Pour trouver la surface, je prends le rayon, je le mets au carré et je multiplie par π. Pour la circonférence, je multiplie le rayon par deux et ensuite la réponse par π.

ÉDUC. : Quand tu as multiplié le rayon par deux, qu'est-ce que ta réponse t'a donné ? Comment appelles-tu cela ?

JEUNE : Le diamètre. C'est ça.

ÉDUC. : Es-tu certain ?

JEUNE : Oui.

ÉDUC. : Pour trouver la surface latérale, je prends la circonférence et je la multiplie par la longueur du cylindre. Quel autre nom peux-tu donner à la longueur ?

JEUNE : La hauteur.

ÉDUC. : Pour la surface totale ?

JEUNE : Je prends la surface de la base et j'additionne la surface latérale.

ÉDUC. : Est-ce que tu oublies quelque chose ?

JEUNE : Non, je ne crois pas.

ÉDUC. : Combien y a-t-il de surfaces de base ?

JEUNE : Il y en a deux.

ÉDUC. : Alors ?

JEUNE : Ah oui, c'est vrai, il faut multiplier la surface de la base par deux et ensuite additionner la surface latérale. Merci, je crois que ça va aller.

Il retourne à sa place, travaille un peu et l'activité se termine.

Le lendemain, jeudi, l'horaire prévoit 3 heures de boulot à la suite. Au début de la première heure, Jean jette un coup d'œil sur les formules et se met aussitôt au travail. À la fin de la première heure, il a terminé sa fiche et il vient me trouver pour que je la vérifie avant qu'il se corrige. Tout est bien. Il commence alors la correction. Je vérifie sa correction et tout est parfait, sauf deux erreurs de calcul que je lui fais découvrir en lui posant des questions appropriées. Ceci fait, il commence son test d'autocorrection qui comprend cinq problèmes. Il fait les deux premiers sans difficulté. Au troisième, il vient me demander une explication.

Il s'agit de trouver le volume d'un cylindre dont la surface totale et le rayon sont donnés. Il me fait voir une feuille sur laquelle se trouve une série de calculs. Il commence par expliquer ses calculs mais aussitôt je l'arrête et lui dis : « As-tu tracé ta figure ? »

JEUNE : Oui. (Il me la montre.)

ÉDUC. : Qu'est-ce que tu connais ?

JEUNE : La surface totale et le rayon.

ÉDUC. : Quelle est la formule pour la surface totale ?

JEUNE : Deux fois la surface de la base plus la surface latérale ?

ÉDUC. : Peux-tu trouver la surface de la base ?

JEUNE : Oui.

ÉDUC. : Comment ?

JEUNE : Rayon au carré multiplié par π.

ÉDUC. : Peux-tu trouver la surface latérale ?

JEUNE (il réfléchit un moment) : Oui, en soustrayant de la surface totale deux fois la surface de la base.

ÉDUC. : Quelle est la formule pour trouver le volume ?

JEUNE : C'est la surface de la base multipliée par la hauteur, mais justement, je ne l'ai pas !

ÉDUC. : On ne l'a pas, mais il y a deux éléments qui peuvent nous aider à la trouver. Quelle est la formule pour trouver la surface latérale ?

JEUNE : La circonférence multipliée par la hauteur.

ÉDUC. : La formule de la circonférence ?

JEUNE : Deux fois le rayon multiplié par π.

ÉDUC. : Si tu as la surface latérale et la circonférence, que peux-tu faire pour trouver la hauteur ?

JEUNE : Ah bien, c'est bien trop vrai ! On divise l'un par l'autre !

ÉDUC. : As-tu bien saisi ?

JEUNE : Je crois bien.

Il m'explique à nouveau la façon de procéder, phase par phase, pour trouver la hauteur, et de là, trouver le volume. Il retourne à sa place et termine son test d'autocorrection. Tout est très bien fait, et c'est la fin de la période.

Au « boulot » suivant, l'après-midi du même jour, Jean fait son test de progrès qu'il termine 10 minutes avant la fin. Je me suis aperçu qu'il s'est dépêché de terminer avant la fin pour que je puisse le corriger. Je le corrige et lui mets une note de 85 sur cent. Ses erreurs ne sont pas dues à un manque de compréhension mais bien à des erreurs de calcul causées par de l'inattention. Je lui fais voir son test. Après un coup d'œil rapide, il se tape le front en disant : « Que ce sont donc des erreurs bêtes, j'aurais dû faire plus attention, j'ai voulu aller trop vite. »

Puis, il inscrit sa note dans son cahier de production en ajoutant cette remarque : faire plus attention au calcul ; erreurs d'inattention.

Réflexion avec le jeune

La seconde partie de cette observation a pour but de vérifier la capacité acquise par le sujet en ce qui a trait à l'exercice de ses schèmes opératoires concrets. Il lui sera demandé d'opérer la réversibilité de l'ordre causal dans la solution d'un des problèmes de sa fiche, c'est-à-dire de retracer le cheminement parcouru, mais dans le sens inverse, en partant du résultat obtenu pour remonter jusqu'à l'énoncé du problème.

Pour ce faire, nous avons choisi le problème n° 1 de la fiche 3. En premier lieu, l'éducateur demande au jeune de redonner, à l'aide des formules, la façon dont il s'y est pris pour résoudre ce problème.

JEUNE : La formule du volume est :
V = Surface de la B × H (base par hauteur).
La surface latérale, c'est :
SL = C × H (circonférence par hauteur).
Alors, si je divise la SL par la hauteur, cela va me donner la circonférence : $\frac{SL}{H} = C$.
La formule de la circonférence, c'est le diamètre multiplié par π.
Donc, la circonférence divisée par π donnera le diamètre : $\frac{C}{\pi} = D$.
Le diamètre au carré par π donnera la surface de base. Non ! c'est faux, c'est le rayon au carré multiplié par π qui donne la surface.

ÉDUC. : Alors, que vas-tu faire ?

JEUNE : Diviser par deux le diamètre, ce qui donne le rayon : $\frac{D}{2} = R$.
Ensuite, mettre le rayon au carré multiplié par π, ce qui donnera la surface de base : $R^2 \times \pi = SB$. Ensuite, je multiplie la surface par la hauteur et j'ai le volume : SB × H = V.

ÉDUC. : Bon. Maintenant, voici ce que je te demande : en partant du volume, par quelles formules vas-tu trouver la surface latérale ?

JEUNE (il répète la question et réfléchit quelques instants) : Je vais diviser le volume par la hauteur ? Mais, au fait, est-ce que je connais la hauteur ?

ÉDUC. : Qu'est-ce que tu en penses ?

JEUNE : Si je ne connais pas la hauteur, je ne vois pas comment je pourrais faire le problème seulement en connaissant le volume. Ça serait impossible.

ÉDUC. : C'est vrai, alors la hauteur est connue.

JEUNE : Bon. Le volume divisé par la hauteur me donne la surface de base : $\frac{V}{H} = SB$.

Ensuite, en divisant la surface par π, j'obtiens le rayon : $\frac{SB}{\pi} = R$. Puis, le rayon par deux et j'obtiens le diamètre. (Moment de silence, il semble hésiter.)

ÉDUC. : Qu'est-ce qui ne va pas ?

JEUNE : Il me semble qu'il y a quelque chose qui ne va pas : j'ai oublié quelque chose. (Il regarde sa formule de la surface de base divisée par π.) Ah oui ! en divisant cela ensemble, ça me donne le rayon au carré et je dois extraire la racine carrée pour avoir le rayon, ensuite multiplier par π, non ! par deux et ensuite par π pour avoir la circonférence.

ÉDUC. : Alors, comment vas-tu formuler cela ?

JEUNE : Comme ceci : $R = \frac{SB}{\pi} \sqrt{R^2}$. $C = R \times 2 \times \pi$.

ÉDUC. : Bon, continue.

JEUNE : Maintenant, je suis rendu à la circonférence. Je la multiplie par la hauteur et j'obtiens la surface latérale : $SL = C \times H$. Est-ce tout ?

ÉDUC. : Oui, et je te remercie.

JEUNE : Ça a été bien amusant de faire ces problèmes, je vais essayer de m'en faire de semblables.

Pendant les 15 minutes qui suivent, Jean, en effet, s'occupe à jouer avec les formules qu'il connaît, les transforme. Il vient me voir et me dit en me faisant regarder une feuille remplie de différentes formules : « Je m'en suis demandé de bien plus difficiles que celles que tu m'as demandées et je les ai réussies. »

Conclusion

Ayant observé Jean tout le temps que dura l'expérience, je crois pouvoir affirmer qu'au début il procéda par tâtonnement systématique mais qu'après un certain temps il en est vraiment arrivé à la réversibilité et à la généralisation, puisque de lui-même il était capable de poser une question et, partant du résultat, de remonter à la source en utilisant et en transformant au besoin les formules de géométrie (réversibilité et associativité). Ainsi, lorsqu'il s'attaqua au problème n° 5 de la fiche 3, il partit de la surface totale en connaissant la circonférence, pour aboutir au volume, indiquant ses formules de la façon suivante :

$$\frac{\text{Circonférence}}{2} = \text{R}.$$

Rayon^2 $\times$ π = Surface de Base.
SB $\times$ 2 = Surface des deux bases.
Surface totale − Surface des 2 bases = Surface latérale.
Surface latérale : par la Circonférence = Hauteur.
Surface de Base $\times$ Hauteur = Volume.

Ce qui est exact.

Commentaires

Ces deux observations ont permis d'illustrer partiellement quelques aspects des cinq composantes de la structure d'ensemble du moi autonome, telles qu'elles se présentent à l'étape « production ». Une brève récapitulation permettra de les mettre en relief.

La composante confiance-sécurité, qui se traduit par une capacité de se situer dans le temps, se révèle surtout lorsque, dans la réalité phénoménologique, le jeune, poursuivant un objectif futur, grâce à une planification adéquate, doit faire face à un imprévu — l'entorse — qui impose un délai : « la médaille, ce sera pour l'an prochain ». Du fait que, dans de telles circonstances, le jeune ait pu se réorganiser dans les limites de temps disponible, démontre vraiment qu'il a confiance.

La capacité de vouloir, qui se manifeste par une affirmation de soi, se révèle surtout lorsque le jeune fait montre d'autonomie dans ses choix tout en tenant compte des limitations extérieures ; lorsqu'il assume les responsabilités impliquées par la fonction qu'il a acceptée — faire la synthèse de toutes les suggestions données par ses camarades, dresser un plan et le faire exécuter par un sous-groupe désigné pour cette tâche — ; lorsqu'il utilise des capacités pratiques — il est un habile bricoleur et un bon leader. Pour parvenir à assumer ses responsabilités, le jeune devait avoir acquis une véritable méthode de travail, grâce à laquelle il a pu choisir, évaluer, décider et exécuter.

La persévérance dans la poursuite des buts s'exprime surtout par le discernement judicieux qu'il est maintenant en mesure de faire entre la représentation anticipée du rôle — la planification adéquate de la tâche à réaliser, par exemple — et les aptitudes personnelles impliquées dans ce rôle — celles de bricoleur et de leader. Le jeune participe émotivement à la tâche de groupe et remplit la fonction officielle qui lui a été dévolue, car il répond à la confiance que ses camarades ont mise en lui. L'échange de paroles qui a lieu entre l'éducateur et le jeune traduit clairement comment celui-ci se sent engagé dans ce rôle, comment il apprécie la participation des autres membres du groupe et comment il est confiant de pouvoir atteindre l'objectif fixé.

Le sentiment de sa compétence se traduit, au niveau du comportement, par l'anticipation du succès. De la part du jeune, la recherche active de la compétence, soit dans les tâches individuelles — les courses, les problèmes de géométrie — soit dans les tâches de groupe et pour le groupe — le coin de quartier —, laisse entrevoir qu'un sentiment d'efficacité l'anime et le pousse à agir. Par exemple, lorsque le jeune a pu reconstituer l'ordre causal en reprenant à l'envers la solution de son problème de géométrie, il s'est senti tellement efficace qu'il a voulu continuer de lui-même à opérer cette réversibilité avec des problèmes plus complexes.

La fidélité se manifeste chez le jeune surtout par un double engagement : au niveau du travail et au niveau personnel. Elle s'incarne dans son comportement et se traduit dans une conscience de soi face aux structures sociales existantes.

Ainsi, dans la fonction officielle qu'il a dû assumer, le jeune a manifesté de la loyauté face à l'engagement qu'il avait contracté envers le groupe. À cette occasion, il a démontré qu'il avait intériorisé certaines valeurs : la précision et l'exactitude, l'efficacité dans l'utilisation de tous les moyens disponibles, le sens du devoir. Il a été capable de s'organiser dans son travail et de coordonner celui de chacun de ses cinq collaborateurs.

• 7 •

L'étape « personnalité »

Les caractéristiques du jeune

Rappelons que, au seuil de cette quatrième étape, dans le domaine cognitif, le jeune est capable d'organiser et de stabiliser le monde des objets environnants ainsi que les événements. Il ne se préoccupe plus seulement de l'actuel, mais aussi du potentiel.

Au niveau des opérations concrètes, il s'efforce de structurer la réalité de la manière la plus complète possible. Toutefois, il prend toujours le réel pour point de départ et il s'en tient aux faits tels qu'il les enregistre. Il ne songe pas encore à critiquer l'expérience ou à prendre des précautions systématiques.

Une autre limite imposée par le fonctionnement cognitif au niveau opératoire concret se traduit par l'impossibilité de former un groupement sans être très dépendant du contenu qu'il donne aux éléments les plus prégnants, puisque la pensée n'est pas encore suffisamment détachée et dissociée du réel. Le jeune n'est pas encore porté à la spéculation pure : par exemple sur des propositions énoncées à titre d'hypothèses.

De plus, le jeune ne peut pas former un système total et unifier des éléments divers en un tout. Le passage d'une sous-structure à une autre au cours de la solution du même problème ne s'opère pas encore.

Chez tout adolescent, le passage de la pensée concrète à la pensée formelle entraîne une transformation fondamentale, du fait que l'univers du possible lui devient accessible. La pensée formelle est hypothético-déductive, en ce sens qu'elle est capable de déduire des conclusions à partir de pures hypothèses, et non pas seulement à partir d'une observation réelle. Ses conclusions demeurent valables indépendamment de leur vérité de fait ; c'est pourquoi cette forme de pensée représente un travail mental beaucoup plus complexe que la pensée concrète.

Il ne faut donc pas s'étonner que le système d'opérations concrètes doive s'achever avant que la réflexion en opérations formelles ne devienne possible[41]. Cette réflexion permet de devancer et d'interpréter l'expérience ; elle englobe les constructions illimitées de la déduction rationnelle et de la vie intérieure.

Selon Piaget[42], l'insertion de l'adolescent dans la vie sociale des adultes signifie concrètement que l'adolescent commence à se considérer comme l'égal des adultes et à les juger sur ce plan

---

41. Des études faites sur les jeunes délinquants à Boscoville ont confirmé l'hypothèse du retard dans le développement de la pensée formelle chez ceux-ci. *Cf.* en particulier : Hélène Leduc, *Travail préliminaire à une étude sur les relations entre la pensée formelle et l'établissement de l'identité chez les garçons délinquants de 15 à 20 ans*. Thèse inédite, Université de Montréal, 1964.

    J. Metivier, *Recherche expérimentale préliminaire sur les relations entre fonctionnement intellectuel, conception de soi et de la société et communication chez le délinquant*. Thèse de licence inédite, Université de Montréal, 1968.

    J. Mongeau, *Résultats d'un groupe de délinquants juvéniles à des épreuves opératoires*. Thèse de licence inédite, Université de Montréal, 1966.

42. *De la logique de l'enfant à la logique de l'adolescent, op. cit.*

d'égalité et d'entière réciprocité. Il commence à penser à l'avenir, c'est-à-dire à son travail actuel ou futur, au sein de la société ; il ajoute donc à ses activités du moment un programme de vie pour ses activités ultérieures. Il cherche à s'introduire et à introduire son travail actuel ou futur dans la société des adultes et il se propose également de réformer cette société en quelque domaine restreint ou en sa totalité.

Au cours de cette étape du processus de rééducation à Boscoville, le jeune adulte, continuellement confronté à des tâches effectives qu'il doit remplir, se transforme en réalisateur plutôt qu'en ce réformateur idéaliste dont parle Piaget. Puisque « c'est le travail qui permet à la pensée menacée de formalisme de rejoindre le réel », le jeune réconcilie ainsi plus facilement la pensée et l'expérience au cours de cette étape.

Les points de vue de Piaget et d'Erikson se rejoignent lorsqu'il s'agit de définir la personnalité de l'adolescent normal, et ces deux auteurs tombent d'accord pour démontrer que les acquisitions affectives fondamentales de l'adolescent sont à mettre en parallèle avec ses acquisitions intellectuelles.

Piaget[43] rattache l'aspect cognitif à l'aspect affectif de la façon suivante :

> « Le programme de vie et le plan de réformes (...) qui constituent l'un des critères essentiels de la conduite de l'adolescent, sous l'angle des fonctions cognitives, sont en même temps le mobile affectif de la formation de la personnalité. Un plan de vie, c'est d'abord une échelle de valeurs, qui mettra certains idéaux au-dessus des autres et subordonnera les valeurs — moyens aux fins considérées comme permanentes ; or, cette échelle de valeurs, c'est l'organisation affective correspondant à l'organisation intellectuelle de l'œuvre que le nouveau venu dans le corps social se propose d'entreprendre. »

Erikson, pour sa part, explicite cet aspect d'option par rapport aux valeurs lorsqu'il parle de la fidélité, force psychologique particulière à l'adolescence.

43. Piaget et Inhelder, *op. cit.*

D'autre part, Piaget souligne l'acquisition de l'autonomie des forces du moi en ajoutant :

> « Un plan de vie, c'est une affirmation d'autonomie, et l'autonomie morale enfin entièrement conquise par l'adolescent qui se juge égal aux adultes est un autre aspect affectif essentiel de la personnalité naissante s'apprêtant à affronter la vie. »

Par ailleurs, l'expérience rééducative démontre que la pensée formelle est indispensable pour défaire l'identité négative que s'attribue le jeune délinquant. Il lui faudra, en effet, comprendre son inadaptation personnelle à travers une évaluation exacte de sa propre vérité historique : le jeune doit pouvoir comprendre les liens qui ont existé entre son inadaptation et les événements qui ont conditionné sa vie. Cette rétrospective historique ne sera toutefois valable que dans la mesure où l'adolescent saura distinguer clairement la vérité historique qui le liait, d'un futur possible où il pourra exercer une liberté nouvelle. Puisque, pour penser en regard du possible, l'acquisition et l'assouplissement des schèmes inhérents à la pensée formelle sont indispensables, il s'agit d'affermir la capacité de réaliser des opérations formelles au moyen de toutes les activités faisant appel aux forces de l'ego. Ceci prépare l'adolescent à utiliser lui-même ces opérations formelles dans ces moments où il serait tenté d'agir uniquement sous l'incitation du principe de plaisir.

C'est à partir du moment où le jeune sera capable de regarder son passé historique à la lumière d'une pensée formelle qu'il pourra comprendre que ce passé est irréversible et qu'il pourra entrevoir en même temps la possibilité de le dépasser, moyennant d'autres conditions de vie et en misant sur une expérience actuelle et significative.

De même, la promotion de la pensée formelle apparaît indispensable au développement de l'engagement par rapport aux valeurs. Il est vrai que les aspirations adolescentes se polarisent autour d'idéologies formées à partir des valeurs dont témoigne le milieu immédiat. Or une idéologie ne peut entraîner réellement que dans la mesure où l'individu, en effectuant une juste synthèse entre le passé et le futur, devient capable de se projeter dans l'avenir. Pour en arriver à cette assimilation idéologique, le jeune doit disposer de moyens cognitifs qui lui permettront de réfléchir sur sa propre pensée, de reviser ses positions actuelles en regard du passé et face au futur. La possibilité de réfléchir sur sa propre pensée constitue le gage d'une intelligence parvenue à la structure hypothético-déductive, indispensable à l'assimilation de l'idéologie proposée dans le milieu rééducatif.

La nécessité de faire converger les efforts psychopédagogiques vers l'établissement de la pensée formelle apparaît donc évidente. Ces efforts psychopédagogiques ne devraient pas uniquement se déployer sur le terrain des activités proprement scolaires, ils devraient aussi inspirer la démarche pédagogique de toute activité inscrite au programme de la vie institutionnelle.

Situation du jeune par rapport au temps

Grâce à l'acquisition de schèmes opératoires concrets, à l'étape précédente, le jeune se trouve maintenant en mesure de comprendre le temps. À cause de la réversibilité qui caractérise ces schèmes, il peut maintenant, à partir d'une activité réelle ou de la représentation d'une activité passée, mettre en relation le présent avec le passé et ériger un système réversible qui dépasse l'immédiat. Le jeune devient ainsi capable d'organiser son temps à l'intérieur des activités en tenant compte des limites imposées ; il sait anticiper la planification des activités, c'est-à-dire prévoir le choix et l'agencement des moyens dont il dispose à l'intérieur des cadres imposés par les limites du temps : le nombre de séances d'activités disponibles et la durée de chacune des séances.

De plus, les expériences de production vécues dans le passé lui suggèrent de nombreux moyens — matériel utilisé et techniques apprises — susceptibles, dans des conditions de temps imposées par la réalité, d'être agencés de diverses façons à propos de projets d'action.

Face à l'avenir, le jeune s'intéresse à son choix professionnel qu'il précisera graduellement dans la mesure où il découvrira ses aptitudes particulières et où il prendra conscience de l'importance des valeurs de qualité et de rendement qu'il apporte à ses productions pour répondre aux normes en vigueur.

À l'étape « personnalité », en tant que personne possédant une identité propre, en interaction avec un milieu physique et humain, il assume lui-même l'organisation de son temps à l'intérieur du cadre institutionnel. Puisqu'il est en mesure de comprendre le passé et d'envisager l'avenir, il devient capable de s'insérer dans le processus historique. Le passé ne représente plus pour lui la simple juxtaposition de démarches antérieures par rapport à une exécution en cours, mais bien son passé à lui comme son histoire personnelle. Il devient capable de concevoir certains liens explicatifs entre les conditions de vie dans son milieu antérieur et les attitudes délinquantes qu'il avait contractées. Il inscrit comme une expérience vécue antérieurement dans un temps délimité et dans des conditions particulières ce passé qu'il accepte en tant que vérité historique.

Affranchi de la pensée fataliste et irréversible qui le poussait à se sentir déterminé par son passé, le jeune peut maintenant, grâce à cette rétrospective historique, comprendre son passé et, en même temps, envisager l'avenir. Il puise, à même l'expérience corrective et significative vécue actuellement, les éléments nécessaires à une prise en charge personnelle. L'expérience actuelle est envisagée sous la perspective d'une actualisation des choix, déjà amorcés par le jeune, tant au niveau professionnel par la découverte de ses aptitudes particulières, qu'au niveau personnel, par un engagement de plus en plus conscient face aux valeurs proposées par l'idéologie affirmée par ses camarades et confirmée par les éducateurs. C'est ainsi qu'il opte pour un style de vie.

Il a conscience d'être toujours lui-même, autrement dit il porte en lui le sentiment de son identité et de l'unicité de sa personne. Ce sentiment est dorénavant assez fort pour qu'il puisse faire face aux changements du milieu environnant.

Puisqu'il lui est possible de prévoir son avenir, le jeune devient capable d'examiner toutes les hypothèses que lui suggèrent la découverte de ses aptitudes particulières et celle de certaines valeurs. Le jeune apprend à arrêter son choix sur ce qui lui paraît le plus réalisable, en accord avec les limites que lui impose le contexte historico-géographique et socio-culturel dans lequel il est appelé à s'insérer. Pour reprendre les termes d'Erikson [44], le jeune « veut ce qui est possible, renonce à ce qui est impossible et sait qu'il a accepté l'inévitable ».

Il est donc clair qu'à l'étape « personnalité » le jeune est en mesure d'intégrer le temps vécu et le temps à vivre dans un cycle de vie personnel. Les perspectives d'avenir qu'il échafaude reposent sur une base solide, faite d'expériences vécues, lesquelles lui ont fourni l'occasion de faire une synthèse de son histoire personnelle.

Capacités servant d'appui au développement des forces du moi

La pensée hypothético-déductive permet au jeune de réfléchir sur ses propres propositions et, au besoin, de les ériger en systèmes. Cette réflexion lui permettra de faire face à des tâches beaucoup plus complexes puis d'élaborer ces tâches, de développer son sens critique ; enfin, de se construire une méthode de travail qui lui soit propre, comportant la capacité de prendre des précautions méthodologiques systématiques. Il est capable de faire la discrimination entre l'inévitable, le variable et l'aléatoire.

La méthode de travail est un instrument précieux pour organiser des tâches et des projets envisagés comme possibles — *quoi faire* — ainsi que pour obtenir un bon rendement par l'utilisation de techniques ou de moyens d'expression. Elle permet en outre de formuler des concepts appropriés, dictés par les conditions de réalisation — *comment faire, quand le faire*.

Le jeune devient capable d'une production originale, exprimant et affirmant ainsi les qualités qui lui sont propres et qui reflètent l'unicité de sa personne. Il découvre et développe une

---

44. *Op. cit.*

manière d'être personnelle, dans les tâches à accomplir ainsi que dans les relations interpersonnelles ; il forme son style personnel. Il est maintenant en mesure d'assumer une responsabilité vis-à-vis des personnes, responsabilité qui influence sa façon de participer aux activités de groupe et de s'impliquer dans des tâches pour le groupe.

Il se produit un phénomène de choix réciproque entre le jeune qui a atteint cette dernière étape et certains membres de son groupe ; ou, quelquefois, entre le jeune et le groupe entier. Le jeune homme assume personnellement ses responsabilités envers ses camarades, en remplissant une fonction officielle déterminée par l'organisation du groupe et en vivant à sa façon la tradition du groupe qu'il contribue à faire respecter. En ce sens, il collabore avec les éducateurs à l'intégration de ses camarades, ainsi qu'au développement de la cohésion du groupe.

Le sérieux avec lequel le jeune endosse ses responsabilités à l'égard des autres lui confère un rôle particulier : celui de stimuler la participation active des membres à la vie du groupe. Il est choisi comme modèle, prototype d'un certain équilibre intériorisé qui se manifeste par son adhésion à une échelle de valeurs en accord avec la polarisation idéologique commune à l'ensemble institutionnel. Il devient capable d'élaborer un plan de vie réaliste à partir de ses choix professionnels et personnels ; il suscite les occasions ou profite de celles qui s'offrent à lui pour se préparer d'une façon plus ou moins immédiate à s'intégrer dans la niche sociale choisie.

Combinaison des pulsions et des défenses

L'adhésion aux valeurs proposées par le milieu exigera du jeune un renoncement aux passages à l'acte offensifs de type délinquant.

Les défenses qui s'exerçaient plus particulièrement à l'étape précédente faisaient résister le jeune à la relation d'identification à l'éducateur qui confirme ces valeurs. L'ambivalence envers l'éducateur se résorbe lorsque les valeurs s'intègrent dans des actes vécus.

L'intégration s'opère graduellement à mesure que le jeune assume personnellement la responsabilité de vivre selon les règlements et l'ordre établi — valeurs de vie commune — ; le rôle de modèle — valeurs de responsabilité et d'équilibre personnel — ; ses capacités de produire — valeurs d'exactitude, de précision, d'objectivité, de sens du devoir. Le vécu de l'internat aide donc le jeune à raffermir ses options personnelles lorsqu'il choisit son propre style de vie.

À chacune des étapes précédentes, les défenses caractérielles s'érigeaient en un système bien ordonné, accepté par le moi soumis au principe de plaisir. Les techniques défensives particulières à chacune des étapes du processus de rééducation permettent au jeune de se défendre contre tout changement apporté à sa structure délinquante. Au cours de ces étapes, l'action rééducative vise à procurer au moi une expérience à la fois corrective et gratifiante, en faisant échec aux passages à l'acte par principe de plaisir.

À la dernière étape, la capacité de se comporter conformément au principe de réalité et de s'engager de plus en plus par rapport à une échelle de valeurs dans des expériences significatives, témoigne de l'autonomie des forces de l'ego chez le jeune qui, du fait qu'il adhère complètement à l'idéologie proposée par le milieu institutionnel, ne ressent plus le besoin de se défendre [45].

---

45. Les mécanismes de défense qui pourraient provenir d'un noyau pathologique, ou encore les mécanismes de comportement qui pourraient se manifester pour protéger l'équilibre pathologique acquis, ne seront pas mentionnés ici. Ce sont en effet des modes de réaction qui relèvent non pas d'éléments généralisables faisant partie du processus de rééducation, mais bien de l'étude de cas individuels.

Capacités de contact avec autrui

À l'étape « personnalité », le jeune s'affirme en faisant des options et en s'impliquant personnellement vis-à-vis des valeurs proposées par le milieu institutionnel et qu'il a déjà vécues dans une participation émotive à la tradition du groupe. Il est autonome face aux modèles qu'imposent ses camarades, face aux prototypes qu'incarnent les éducateurs : il s'affirme comme personne. L'adolescent prend conscience des caractéristiques de son sexe et de celles de l'autre sexe ainsi que des différences psychologiques, sans pour autant sentir sa propre identité menacée. Cette confrontation confirme sa virilité et permet un échange réel avec des personnes du sexe opposé. Le processus d'intériorisation des expériences vécues en interaction avec les situations, les objets et les personnes, au cours des étapes « contrôle » et « production », se conclut ici puisque l'intégration du vécu à l'histoire personnelle fait émerger l'unicité de la personne du jeune.

Le jeune homme, à cette dernière étape, se dégage progressivement de la micro-structure institutionnelle pour s'orienter vers l'intégration à un nouveau milieu social. Il se prépare à cette intégration en précisant son choix professionnel à partir de ses aptitudes personnelles et des possibilités du milieu socio-culturel qui l'accueillera. Les cadres de vie du groupe, les valeurs proposées et vécues, les échanges avec les éducateurs sont des points de repère qui l'aideront à franchir cette période de transition et qui lui permettront de prendre position dans le milieu nouveau où il aura à évoluer.

Le but des activités

Favoriser la participation

À la dernière étape, chacune des activités contribue de façon importante à favoriser la participation personnelle du jeune. La stimulation s'opère à plusieurs niveaux : dans les activités de production individuelle ; dans les activités d'expression ; dans les projets d'action de groupe ; dans les tâches pour le groupe.

En ce qui concerne les activités de production individuelle, toute autonomie est laissée quant au choix de l'objectif à réaliser et des moyens pour y parvenir à l'intérieur des cadres réguliers des activités. Ces activités ne sont plus que des occasions qui permettront au jeune, dans l'exécution de ses projets, de donner libre cours à son sens de l'organisation ainsi que de s'exercer à la créativité, une valeur particulière étant attribuée à l'originalité. À cette étape, l'organisation de son temps incombe totalement au jeune.

Le jeune, placé en face d'un objectif à réaliser, doit pouvoir considérer tout ce qui relève du domaine du possible, c'est-à-dire formuler toutes les hypothèses que permet un tel objectif. Ces hypothèses seront ensuite examinées soit à partir d'une réflexion personnelle qui anticipe l'application, soit après discussion avec des camarades dont le niveau de développement intellectuel est le même, ou avec l'éducateur. Elles seront ensuite retenues ou écartées selon que les preuves logiques évoquées sont applicables ou non ; compte tenu qu'elle implique un engagement réfléchi de la part du jeune, la réalisation d'une tâche dépasse la simple application d'une méthode de travail. Elle exige du jeune la constance de sa participation, constance qui est soutenue par l'intégration des valeurs attribuées à la tâche concernée en regard de son propre avenir.

Les normes de production rencontrent maintenant les exigences économiques ; exigence de rendement quantitatif par unité de temps, caractère fonctionnel et pragmatique du résultat obtenu, etc. Le jeune cherche à entreprendre les tâches et à réaliser les objectifs qui sont le plus en mesure de l'intégrer ou de l'identifier à des secteurs définis du monde du travail. Ainsi se constitue un certain échantillonnage des éléments susceptibles de se retrouver dans les occupations et les professions qui l'intéressent plus particulièrement. Cette participation active, compte tenu de ses aptitudes personnelles, contribuera à le préparer le mieux possible à l'occupation professionnelle qu'il aura lui-même choisie.

Le genre de travail que le jeune effectue fait appel à l'exercice, au perfectionnement et à l'engagement de ses aptitudes personnelles d'exactitude et d'efficacité qui sont les critères d'appréciation du travailleur ainsi que du rendement fourni par celui-ci.

Le jeune qui fait face à l'exécution d'une tâche doit maintenant tenir compte d'une séquence complexe et plus précise. Cette séquence se déroule en trois temps : dans un premier temps, toutes les hypothèses possibles surgissent, des choix doivent être faits en accord avec les habitudes personnelles de travail, les exigences particulières à la tâche, la nature de la participation sollicitée et, finalement, les limites temporelles dictées par diverses conditions de la réalité. Le deuxième temps est celui de l'exploitation et de l'expression des aptitudes personnelles sollicitées par cette tâche entreprise. Dans un troisième temps, le jeune se préoccupe de l'évaluation de sa participation. En cas d'échec, il ne remet pas en cause le sentiment de sa valeur personnelle : il accepte et admet ses propres limites. Cette constatation accentue finalement la prise de conscience de ses aptitudes personnelles et, par le fait même, stimule sa participation dans les domaines qui lui offrent davantage de possibilités d'exprimer ses aptitudes.

D'autre part, à cette étape, devra avoir lieu un élargissement du champ d'action en fonction des investissements du jeune. L'adolescent sera appelé à choisir, parmi les différents secteurs proposés à son activité, ceux qui le rapprochent davantage de son option professionnelle et auxquelles il voudra naturellement consacrer plus de temps.

Les activités qui dépassent les cadres institutionnels se font maintenant plus fréquentes et offrent au jeune l'occasion d'initiatives personnelles ; face aux relations qu'il a à établir avec des personnes de l'autre sexe, de même que face à son choix professionnel, il devra désormais se prendre lui-même en charge.

Tenir son rôle dans un groupe

Les projets d'action de groupe permettent au jeune de mettre en évidence ses aptitudes particulières et d'apporter sa contribution personnelle à l'œuvre commune. Les tâches pour le groupe engagent le jeune homme à remplir une fonction officielle, mais aussi à devenir une personne apte à aider les autres en tant que personnes. Il assume son rôle de modèle comme une responsabilité personnelle qui lui incombe. Il désire que ses camarades vivent authentiquement leur rééducation durant leur séjour en internat ; il profite de toutes les occasions pour transmettre à ses compagnons, afin de leur venir en aide, les valeurs qu'il a découvertes par sa propre expérience.

Les tâches de groupe font appel à ses aptitudes et à sa compétence sociale et, plus encore, à une qualité de présence et d'ouverture aux autres qui le rendra solidaire de l'idéologie commune et l'engagera dans l'action. En assumant ses fonctions officielles, le jeune fait converger ses préoccupations sur la transmission et le partage des valeurs de participation et de réciprocité.

Le champ d'action du jeune s'étend, à la dernière étape, non seulement à tous les éléments de la vie institutionnelle, mais aussi à des préoccupations qui dépassent les cadres institutionnels puisqu'elles sont fonction des démarches nécessaires à sa future intégration sociale. C'est ainsi qu'il prend conscience de la possibilité d'une plus grande autonomie qui va de pair avec la prise en charge de responsabilités plus importantes envers lui-même et envers les autres. Il assume ses responsabilités non plus seulement à titre d'exécutant compétent, mais à titre de personne qui, étant ce qu'elle est, choisit de faire ce qu'elle fait.

Vivre son autonomie

Durant les deux premières étapes, le milieu institutionnel structurait les occasions afin de permettre au jeune de vivre des expériences d'ordre. L'attitude active de conformité à l'ordre établi faisait faire au jeune ses premiers pas dans la voie de l'intériorisation d'un ordre personnel. À la troisième étape, l'ordre établi offre encore un soutien à la recherche d'une cohérence personnelle. Tout au long de ces trois étapes, l'institution s'érige en prototype de la société à laquelle le jeune doit s'adapter.

Parvenu à la dernière étape, le jeune homme devient capable de vivre son autonomie. C'est une autonomie personnelle qui, d'une part, dépasse le sentiment de solidarité au groupe — deuxième étape — et, d'autre part, élargit les limites de l'initiative jusque-là cantonnée aux structures et à la tradition de l'institution — troisième étape. Le support de l'organisation et de l'ordre établi dans l'institution est progressivement retiré de façon que l'alimentation interne devienne la seule motivation des actes du jeune.

Les actes posés par le jeune viennent confirmer l'engagement aux valeurs choisies et manifester que la « fidélité » est une force psychologique acquise. C'est aussi au cours de cette étape, cela a déjà été dit, que le jeune homme, suffisamment affermi dans son identité propre, deviendra en mesure de découvrir, au moyen d'échanges interpersonnels, la personne de l'autre sexe comme étant différente de lui-même.

En résumé, l'organisation du régime de vie du jeune homme parvenu à la quatrième étape devra favoriser la transition entre la micro-société et le milieu social extrainstitutionnel. Au terme de cette transition, le jeune homme sera prêt à s'intégrer dans le monde du travail, ou à poursuivre des études de formation professionnelle, ou à s'insérer dans une autre occupation de son choix.

Le rôle de l'éducateur

La relation qui s'établit entre l'éducateur et le jeune est maintenant faite d'échanges interpersonnels. L'éducateur met à la disposition du jeune l'expérience qu'il possède en tant que membre de la génération précédente ; le jeune, de son côté, s'appuie sur la confiance que l'adulte lui témoigne au moment où il est appelé à s'engager vis-à-vis de son propre avenir et vis-à-vis des autres.

Ainsi, l'éducateur ne s'érige plus en modèle d'identification : il demeure le guide sûr, par le fait même de l'expérience acquise, mais un guide dont la préoccupation sera maintenant de stimuler le jeune à s'affirmer lui-même et à s'exprimer de façon personnelle, tout en demeurant fidèle aux valeurs choisies. À travers ces échanges interpersonnels, l'éducateur et le jeune, chacun pour sa part, s'affirment comme des êtres autonomes qui ont leur personnalité propre.

C'est au cours d'entretiens réguliers, à travers des échanges interpersonnels avec l'éducateur qui a établi avec lui une relation d'assistance [46], que les engagements vis-à-vis des autres et vis-à-vis de lui-même prendront progressivement plus de relief aux yeux du jeune. Il pourra désormais envisager le rôle irréversible qu'il est appelé à jouer dans sa vie professionnelle et dans sa vie personnelle : dans sa vie professionnelle, par le choix de sa carrière, en tenant compte de ses aptitudes personnelles, de ses limites, et de ses options faites en accord avec les disponibilités prévisibles dans le contexte socio-culturel où il aura à s'intégrer ; dans sa vie personnelle, par le choix éventuel du conjoint qui partagera sa vie — choix qui sera déterminé par l'idéologie qui polarise les valeurs intériorisées.

L'éducateur amène le jeune à découvrir toutes les implications qui peuvent découler du mode de vie partagé avec les adultes et ses camarades durant son séjour en internat, celles qu'engendrent les valeurs et le style de vie personnellement choisis. Le jeune s'applique à projeter dans un avenir plus ou moins immédiat, en tenant compte des modifications prévisibles, les rôles qu'il vit actuellement avec l'aide du milieu institutionnel, tant au niveau professionnel que personnel.

L'adulte aide aussi le jeune à découvrir les conditions sociales et technologiques dont il devra tenir compte lorsque, dans le

46. Au sens rogérien du terme.

futur, il exploitera ses aptitudes particulières à l'intérieur de l'occupation ou de la formation professionnelle de son choix. Le jeune se révèle maintenant capable d'anticiper, dans une certaine mesure, les modifications qui s'imposeront lors de son intégration dans la collectivité économique. Le jeune apprend, dans ses productions actuelles à l'internat, à répondre à l'éthique de production du monde du travail.

Il se pourra que les préoccupations du jeune soient plus ou moins freinées par des besoins d'intégration à la réalité socio-économique, mais son identité personnelle, qui englobe son identité professionnelle, ne peut en être altérée.

L'identité du jeune se concrétise dans le monde du travail lorsqu'il pose un choix occupationnel ou professionnel alimenté par sa compétence. Intériorisé, le sentiment de sa compétence, qu'il soit conscient ou non, permet au jeune d'être lui-même la source des initiatives qu'il aura à poser dans le monde du travail.

La participation du jeune à l'intégration des discontinuités de son propre développement antérieur dans une nouvelle combinaison de fragments d'identifications anciens et nouveaux, contribue à la formation d'une certaine synthèse intérieure et conduit le jeune à un état d'harmonie qui provient de la coïncidence entre, d'une part, un style personnel avec ce que cela comporte d'expression de la créativité et, d'autre part, les perspectives extra-institutionnelles de vie professionnelle et familiale. Le jeune construit lui-même les ponts qu'il devra jeter entre le mode de vie de l'internat et celui de la société extrainstitutionnelle, en se servant de deux éléments qui peuvent être liés ensemble sous un dénominateur commun : son style personnel et l'idéologie proposée par l'institution.

En d'autres mots, ayant maintenant défini son identité sexuelle et occupationnelle en regard de la société humaine et technologique qui sera la sienne, le jeune se bâtit un programme en fonction de sa vie future, qu'il voudrait conforme à une promesse idéologique qu'il est maintenant capable de percevoir dans le processus historique de son époque.

Il est clair que, au terme de ce processus rééducatif, le fonctionnement du moi s'appuie sur les cinq forces psychologiques précédemment énumérées.

Les actes posés par le jeune viennent confirmer l'engagement aux valeurs choisies et manifester l'acquisition de la force psychologique de fidélité. Il envisage l'avenir avec confiance, c'est-à-dire avec objectivité et espérance.

Amené à poser des jugements et à prendre des décisions face à des choix irréversibles engageant sa vie future et qui contribuent, par le fait même, à raffermir sa propre identité, l'adolescent s'affirme lui-même dans l'exercice de son vouloir.

En ce qui a trait à la persévérance dans la poursuite des buts, le jeune homme peut, à l'intérieur de divers champs d'activité, exercer toute l'initiative dont il est capable, puisqu'il assume la responsabilité de décider non seulement des moyens d'action à utiliser mais aussi des objectifs à atteindre dans chacun des différents secteurs qui entrent dans son programme de vie.

L'espérance de réussir à se découvrir une carrière en accord avec ses aptitudes personnelles et avec une place sociale qui corresponde à son choix, mobilise une large part des énergies du jeune parvenu à cette dernière étape. Le travail qu'il effectue désormais s'inscrira dans le contexte des possibilités du monde du travail. À partir du sentiment de compétence se fera le choix professionnel adéquat. Grâce également à ce sentiment et à sa compétence réelle, le jeune sera capable de faire face aux divers obstacles qui pourront se dresser sur son chemin. Sans pour autant perdre sa confiance en lui, il regardera bien en face les différents aspects de la réalité.

Le cadre institutionnel reconnaît l'autonomie du jeune homme et lui retire progressivement l'aide apportée jusque-là, de façon qu'il puisse assumer lui-même l'organisation de son programme de vie. Parallèlement, il favorise l'ouverture vers des champs d'activité en dehors du milieu institutionnel.

À travers ses diverses expériences, le jeune aura eu l'occasion de manifester sa fidélité à ses engagements vis-à-vis des valeurs qu'il a choisies.

Un exemple

Pour concrétiser le processus rééducatif, seront présentés des extraits tirés d'un entretien entre un éducateur et un jeune homme, à partir de thèmes choisis en accord avec les critères de fin de rééducation [47]. Bien qu'il ait atteint les objectifs à l'étape « personnalité », ce jeune homme demeure encore à Boscoville, tout en poursuivant ses études à l'extérieur.

Premier thème : l'avenir professionnel

Le premier thème abordé concerne l'avenir professionnel du jeune homme et cherche à démontrer la constance de son engagement telle qu'elle se manifeste dans la recherche d'une carrière, à partir de la découverte de ses potentialités propres.

ÉDUC. : Parle-moi de ton avenir professionnel.

JEUNE : Ce que je me vois devenir... dans le secteur professionnel... alors ça va demander encore cinq autres années pour arriver. Je dois arriver, au terme de mes études, à être ingénieur.

ÉDUC. : Tu veux devenir ingénieur ? Depuis combien de temps es-tu engagé dans des études pour y parvenir ?

JEUNE : Ça fait déjà trois ans.

ÉDUC. : Raconte un peu l'histoire de ton désir de devenir ingénieur.

JEUNE : Bah, au tout début ce n'était pas ça du tout, j'envisageais devenir comptable agréé. J'ai commencé à prendre des cours. J'ai fait mon inscription et j'ai été accepté. J'avais fait des sciences puis, comptable agréé ça m'enchantait moins, alors j'ai changé d'option, je me suis dit je vais poursuivre mes études, probablement que je vais finir ingénieur ou un autre cours, mais ce sera en sciences. Je suis meilleur en sciences. Je me vois plus en sciences que comptable agréé, parce que comme comptable agréé il me manquait quelque chose ; de prime abord, par exemple, être capable de prendre des décisions et de faire contact avec le public.

47. Nous devons cette observation à André Poirier.

ÉDUC. : Actuellement, tu considères devenir ingénieur, mais tu envisages d'autres possibilités ?

JEUNE : Oui, il y a ingénieur, il y a les sciences pures, puis il y a d'autres cours dont j'ai entendu parler, mais ça va rester quand même en sciences, ça j'en suis sûr.

ÉDUC. : Raconte-moi comment tu en es arrivé à changer d'option : de comptabilité à sciences ?

JEUNE : Même avant d'entrer à Bosco, je suivais mon cours commercial, j'avais lu bien des renseignements sur le comptable agréé, je voyais ça comme le métier le plus libre — en fait, comme le métier qui nous laissait le plus libre — pour celui qui l'exerçait. Il y avait une liberté là-dedans qui s'adaptait à moi. Après ça, je me suis aperçu qu'il y avait toutes sortes d'autres aspects, comme la personnalité, tout ce que ça demande pour être comptable agréé, un homme de décision, etc., ça ce n'était pas bien mon genre. Quand j'ai fait des sciences, bien j'ai eu des bons professeurs en sciences, j'étais assez bon là-dedans, c'est ainsi que mon goût s'est développé. En même temps, j'étais fort en maths, ça fait que ça se combine bien avec les sciences.

ÉDUC. : C'est tout en étudiant que tu aurais réalisé que tes goûts et tes aptitudes correspondaient mieux avec le travail scientifique ?

JEUNE : Oui.

ÉDUC. : D'après les études que tu as faites à date, soit à Boscoville, ou soit à l'extérieur, penses-tu que ce sera possible pour toi de devenir ingénieur ou un homme de science ?

JEUNE : Ah, probablement que je vais en arriver à ce terme-là, à moins que je rencontre des cours que je ne sois pas capable de réussir ; mais, de prime abord, je suis pas mal sûr d'y arriver si je veux.

En sciences, il y aura toujours une branche dans laquelle je puisse réussir. C'est tellement diversifié, que ce soit technicien en électronique ou une autre branche scientifique, je vais arriver à quelque chose qui va me permettre de réussir là-dedans.

De toute évidence, ce jeune homme manifeste sa confiance en l'avenir et il recherche activement comment acquérir la formation professionnelle qui lui permettra d'exercer la profession de son choix.

Deuxième thème : l'affirmation de soi

Le second extrait aura pour thème la façon dont le jeune homme s'affirme lui-même, dans le travail et dans ses relations humaines.

> ÉDUC. : Tu veux devenir un homme de science ou un ingénieur, que vas-tu apporter de particulier à toi, dans ce domaine ?
>
> JEUNE : Bien, peut-être dans le milieu de travail, la façon dont je vais travailler. Disons que je travaille beaucoup, de prime abord..., j'ai toujours été un gars qui travaillait. Je cherchais à éclaircir tout ce que j'apprenais, rien de vague en fait, j'aime ce qui est précis ; ainsi les sciences, je pense que c'est un peu ce qu'il me faut, c'est du travail, de la recherche.
>
> ÉDUC. : Dans l'avenir, en plus de ton activité professionnelle, tu vas rencontrer des gens, soit des confrères de travail, des amis, des jeunes filles ; toi, que vas-tu apporter à ces gens-là ?
>
> JEUNE : Bien, pour cela, je vais probablement rester tout le temps le même, tu sais, là je me connais comme assez serviable, même je dirais capable de vivre avec du monde, je ne pense pas que ça change, bien que ça va changer peut-être un peu ; quand tu rentres dans la vie ça change toujours un peu, mais probablement que je vais garder tout le temps le même type de personnalité, tu sais, vouloir rendre service, vouloir être heureux aussi, beaucoup, vouloir connaître une vie assez stable, bien organisée, connaître un peu de confort.

Ce jeune démontre bien qu'il « veut ce qui est possible, renonce à ce qui est impossible, et sait qu'il a accepté l'inévitable ».

Troisième thème : assumer ses responsabilités

Le troisième extrait de l'entretien laisse entrevoir comment le jeune assume, dans sa vie actuelle, la responsabilité des buts qu'il poursuit, tant au niveau de son option professionnelle qu'au niveau de sa vie personnelle.

ÉDUC. : Tu vis encore à Boscoville mais, depuis un an, tu as un régime de vie bien à toi, différent de celui des autres citoyens. Quelle est la différence entre ta façon de vivre actuellement, et celle du passé, au moment où tu étais « citoyen comme les autres » ?

JEUNE : Bien, quand j'étais un citoyen comme les autres, c'est sûr, c'était là un style de vie différent, soit avec les éducateurs ou en regard des activités. Les éducateurs étaient là pour nous aider. Le contact est bien différent. Il fallait qu'on se dise, dans un certain sens : les éducateurs s'occupent de toi, et ils te font prendre conscience comment tu agis, et puis ce que tu faisais, tout ce que tu réalisais, ça avait une importance dans ce temps-là. Avec le groupe, dans le quartier, je trouvais toutes sortes de réalisations à faire, d'activités à organiser. Après ça, quand j'ai commencé à étudier à l'extérieur tout en restant dans le quartier, il y a eu quelques petits troubles, je m'en allais, je ne faisais plus la même vie que les autres. Les ministres (éducateurs), tantôt s'occupaient de moi, et moi je m'occupais d'eux autres ; j'avais encore besoin d'eux autres en fait ; mais là je voulais me détacher, mais je ne me détachais pas vite, ça a pris du temps.

ÉDUC. : Tu ne te détachais pas vite ?

JEUNE : Disons que je ne devais pas être tout à fait prêt encore à partir, et puis j'étais avantagé de pouvoir étudier à l'extérieur ; bien il fallait, pour que je me détache, que je montre réellement que j'en étais capable. C'est ce qui s'est produit après, tranquillement, pendant l'année là. Il y a eu beaucoup de changements, les éducateurs se sont aperçus que j'étais capable de m'arranger seul. Moi aussi je me suis aperçu que j'étais capable, comme eux autres, de m'arranger tout seul. Là j'ai commencé à me détacher. Ça commençait à ne plus être des contacts, on va dire, des contacts de..., bien ça c'est rien qu'imagé, ça n'a aucun sens péjoratif, supérieur-inférieur, mais ça devenait plutôt des contacts d'égal à égal tu sais, rien n'empêchait ça, des contacts naturels parce qu'ils savaient que j'étais capable d'organiser mon affaire parce que je l'avais montré. Puis moi aussi, de mon côté, c'était pareil. Puis après ça, il y avait aussi toute une nouvelle idée qui se développait de ma vision des éducateurs. Au début, les éducateurs, tu les vois comme des grands dieux irréprochables, tout ça, sur toute leur ligne de conduite ; mais quand tu commences à te détacher d'eux autres, bien là tu t'aperçois que premièrement, c'est du monde comme toi, qui font des erreurs. Puis après ça, là c'est l'étape un peu de vouloir se prouver, de vouloir se comparer. Après ça, tu passes à l'étape où tu es capable de reconnaître ce qu'il y a de bon. Tu reconnais tous les bons côtés de cette vie-là et aussi ce qui peut te nuire. Ça devient normal, même dans les discussions ; tu peux suivre les discussions avec le groupe et même avec quelqu'un d'autre. Puis dans les rencontres avec l'éducateur, tu vas le voir au début, tu es bien épaté, tu veux faire l'éducateur. Après ça, tout d'un coup, tu te chicanes avec lui. Puis, après ça, bien là tu commences à être d'égal à égal. Tu t'aperçois quand même qu'il y a de bons côtés dans l'affaire. Ce que je viens de dire là, ça s'est retrouvé beaucoup chez plusieurs gars. Il y avait un gars qui était beaucoup plus vieux que nous autres, à la résidence. De le voir agir extérieurement, c'était la même chose qui se déroulait en lui, avec les mêmes étapes, tu sais. On a tous connu ça en fait, si on demeure à Bosco.

Si on demeure à l'extérieur, bien ça va se produire beaucoup plus avec du monde de l'extérieur ces contacts-là, et c'est très différent.

ÉDUC. : As-tu l'impression que tu joues un rôle aux yeux des autres garçons à Boscoville ?

JEUNE : Ah oui ! ça c'est sûr !... Tu joues un rôle, tu as une certaine influence, c'est normal ; pas une influence pour les obliger, mais ça vient comme ça, naturellement, on remarque l'influence que l'on a sur eux, même lorsqu'ils sont au début de leur séjour à Bosco. Si tu vas voir ce qu'ils réalisent, par exemple une production quelconque, seulement un geste comme ça de ta part te donne une certaine influence. Par exemple, j'ai eu à exécuter un travail avec les gars de la Banlieue ici, ça m'avait épaté, j'ai même gardé ce qu'ils avaient fait. Ils avaient réalisé un genre de projet scientifique. J'avais bien aimé ça, et j'ai été à même de constater l'influence que j'avais sur eux, du fait aussi que c'était un projet en sciences.

Lorsque j'ai commencé un régime de vie différent de celui des autres, je m'intéressais beaucoup aux citoyens au début, parce qu'il y avait des gars que je connaissais. J'avais passé un an et demi avec eux. Après ça, bien ça a changé là, je m'intéressais beaucoup moins aux citoyens en particulier, mais plus à la vie générale de Bosco. Mon intérêt s'étend à tous les quartiers maintenant. Je vais jaser avec les gars. Il y en a qui vont venir me poser des questions, par exemple s'ils doivent continuer à étudier. À ces moments-là, je vais prendre le temps de répondre parce que moi-même j'ai déjà eu cette expérience ; il y avait des gars qui continuaient à étudier et puis il y en a eu trois autres qui ont commencé en même temps que moi, ça m'a donné confiance. Avant, j'avais des doutes que je puisse réussir à étudier, mais lorsque je voyais qu'il y en avait d'autres qui réussissaient, ça me frappait. Après ça, cette question-là devient moins embêtante, tu peux te débarrasser de tes doutes beaucoup plus. Le fait qu'il y en a qui le font, tu as moins de problèmes là-dessus, tu ne poses plus les mêmes questions : est-ce que je vais réussir ? est-ce que je vais être capable ? Non, il y en a qui le font, tout simplement, qui sont dans le même cas que toi, tu vis avec eux, tiens ils le font, pas plus de difficultés que ça, ils réussissent très bien. À ce moment-là, tu te parles beaucoup à toi-même, dans ce sens-là.

ÉDUC. : Il y a plusieurs garçons qui vont te voir pour te parler de leurs études ?

JEUNE : Oui, des garçons qui voudraient savoir qu'est-ce qu'il faut pour aller aux études, quels cours il faudrait pour se rendre au même point que moi, pour se renseigner en fait. Il y en a même qui vont connaître les renseignements mais qui vont quand même venir poser la question, simplement pour en parler, pour connaître un peu plus ce que c'est, voir si c'est bien difficile, parce qu'ici, je ne sais pas si c'est la même chose pour tout le monde, mais au début tu as peur de te lancer dans un cours, seulement à cause de l'âge. C'est bien difficile de se lancer dans de telles études. Tu penses plus d'une fois à te trouver un bon métier pour en finir. Tandis que c'est pas mal difficile à envisager encore cinq ou six ans d'étude pour arriver à un but. Ça exige des efforts. Les gars vont venir te poser des questions face à ces problèmes-là ; par exemple, comment je me sentais dans les écoles quand j'y allais, voir si je me sentais plus vieux que les autres. Quelle mentalité que c'était, parce qu'il y a quand même une mentalité qui s'était faite avant. Dans ce sens-là on peut les aider beaucoup, je crois en tout cas que ça a bien de l'importance pour eux autres, comme ça en avait pour moi dans ce temps-là.

ÉDUC. : Et toi, à ce moment-là, quelle est ton attitude ?

JEUNE : Ah bien, que ce soit n'importe qui, ou que ce soit n'importe quelle question, je vais répondre. Je vais même essayer de les encourager, de leur venir en aide, n'importe quand. Qu'il s'agisse de n'importe quel garçon, quand ils ont besoin d'aide, par exemple du côté scolaire, je suis toujours prêt à leur aider. Je vais laisser tomber de mes activités pour leur donner de l'aide, ça ne me dérange pas du tout, même ça me fait plaisir là-dessus, et si quelqu'un continue ses études après ça, ça va me faire plaisir.

ÉDUC. : Lorsqu'on te demande de rendre des tâches à Bosco, que ce soit à la cantine, ou que ce soit du ménage, ou toute autre tâche, as-tu l'impression qu'aujourd'hui tu t'en acquittes d'une façon différente de la façon dont tu aurais fait cela au début de ton séjour à Bosco ?

JEUNE : Bien, si on m'avait demandé ça il y a deux ans, ça aurait peut-être été un excès de confiance. Après un certain temps à Bosco, ça devient graduellement une marque de confiance. Au début, les éducateurs ne m'auraient peut-être pas demandé de faire des tâches comme cela. Maintenant, il n'y a plus rien qui les en empêche. Si on me demande de faire une tâche, je la fais maintenant. Aujourd'hui je ne choisis plus les «*jobs*». Comme le ménage ici, je me cherchais du travail pour la fin des vacances, je l'ai trouvé ici, et j'ai essayé de faire de mon mieux. J'essaie de travailler comme il faut, pour Bosco surtout, car j'ai quand même reçu beaucoup ici, je ne le regrette pas, tu sais ; mais je le fais aussi à mon profit personnel, et au profit des autres. Quand je travaille, j'essaie de faire comme il faut tout ce que je fais. Même si c'était en dehors de Bosco, je le ferais bien aussi, ce n'est pas seulement parce que c'est à Bosco. J'essaie de toujours bien faire le travail que j'ai à faire.

Ce jeune homme a exprimé assez clairement ce qui s'est opéré en lui au fur et à mesure qu'il a eu l'occasion d'assumer graduellement ses propres responsabilités. Il a démontré jusqu'à quel point ses relations ont changé avec les éducateurs, avec ses camarades, et même avec l'institution de Boscoville dans son ensemble. Il a décrit très lucidement le rôle qu'il se voit jouer auprès des jeunes en rééducation, rôle dont il devient d'autant plus conscient qu'il se réfère à l'expérience personnelle qu'il a vécue dans une situation analogue.

Cet extrait illustre l'acquisition du sentiment de compétence sociale — dans le sens que White lui accorde — par ce jeune homme.

Quatrième thème : la compétence

Le quatrième extrait de cet entretien se limitera donc à ce qui touche au sentiment de sa propre compétence lorsque ce jeune est confronté à ses diverses activités. Qu'il s'agisse d'activités sportives, intellectuelles, artisanales, d'entreprises de groupe, le jeune est suffisamment capable de prévoir le succès pour se sentir maître des divers moyens mis à sa disposition.

ÉDUC. : À Boscoville, tu as fait des activités sportives, intellectuelles, tu as réalisé d'autres activités durant les projets, ou dans le Studio, quel a été ton cheminement en regard de ces activités ?

JEUNE : Bien c'est sûr qu'il y a eu des changements qui se sont faits, surtout dans ma mentalité, dans ma façon de penser le monde en général, et dans les activités en particulier. Par exemple dans les sports, lorsque je suis entré à Bosco, je n'étais pas très bon dans les sports, en fait je pense que, de prime abord, tu ne te crois pas capable de réussir. On aurait parlé de compétitions olympiques à ce moment-là, je ne me serais jamais lancé là-dedans, je n'étais pas assez bon ; mais après avoir pratiqué les sports durant les activités, aujourd'hui ce serait autrement si j'avais à faire face à la même situation, il n'y aurait plus de questions comme ça de ma part. Face à la compétition olympique, tout ce à quoi je penserais ce serait l'entraînement que je devrais suivre et non pas la difficulté que je ne me sens pas assez fort là-dedans, ça ne se pose plus cette question-là.

Pour les activités intellectuelles, avant même d'entrer à Bosco, tu passes tout le temps pour un maudit fou. C'est peut-être ça qui m'aide moi-même, c'est peut-être ça qui m'a fait continuer à étudier, tu sais, quand on se dit peut-être que j'étais fou, maintenant j'ai prouvé le contraire. À faire des études, tu t'aperçois que tu n'es pas si fou que ça, en fait. Le jugement que tu as sur le monde change bien gros aussi. Avant, le monde, tu le voyais d'une manière autre. Aujourd'hui ton opinion change là-dessus. En fait, tes idées sont moins catégoriques là-dessus, sur le monde en général. C'est ce qui va te permettre de vivre beaucoup plus avec eux autres, de les accepter, parce qu'avant ça, peut-être intérieurement, tu ne les acceptais jamais. Après ça, bien, tu commences un peu à les accepter, malgré que tu continues un peu à réagir à toutes sortes d'autres sujets, même aux occasions qui se présentent et qui sont très normales.

ÉDUC. :Si je comprends bien, l'exemple que tu as donné au sujet des activités physiques à Boscoville est une preuve qu'en ce qui te concerne, tu peux faire face à tout dans ce domaine sans que cela te pose aucun problème ?

JEUNE : Oui.

ÉDUC. : J'aimerais que tu exposes le cheminement que tu as fait en regard de tes activités intellectuelles.

JEUNE : Ah ! les activités intellectuelles, bien ça, ça reste un bobo longtemps, hein !

ÉDUC. : As-tu eu du succès à Boscoville dans ton travail ?

JEUNE : Oui, j'ai eu du succès, ç'a bien été, même à comparer avec d'autres, ç'a très bien été. Mais ça reste longtemps, tu sais, même chez plusieurs gars, le besoin de prouver qu'on est capable de faire quelque chose dans ce domaine-là. Je l'ai encore, ce bobo-là. Puis je vais peut-être l'avoir encore jusqu'à ce que je puisse certifier que je suis capable de réussir quelque chose. Ça va peut-être être seulement dans le monde du travail. Actuellement, je commence à réaliser quelque chose dans ce domaine ; en fait, ça s'éteint tranquillement cette peur. Que ce soit rien qu'une preuve là que je suis capable de réaliser tout ça, mais cette peur, je ne sais pas quand est-ce que ça va finir.

ÉDUC. : Depuis que tu étudies à l'extérieur, quels genres de succès as-tu eus ?

JEUNE : J'ai eu bien du succès, c'était avec des adultes. Mais c'était difficile, tu n'en parlais pas tu sais, il fallait que tu réussisses puis tant mieux ! C'est dans ce style-là avec les adultes, ils n'ont plus une mentalité de jeunes, ils vont là, c'est pour étudier et atteindre un but. Dans une école secondaire, là, à cause de mes méthodes de travail, j'ai réussi, je dépassais les autres, ça allait bien dans toutes les matières. Je me suis fait un peu connaître comme ça parce que j'ai eu un bon succès cette année-là. Après ça, en commençant cette année au collégial, ç'a bien été dans des matières, dans d'autres matières, ça se tenait juste à la moyenne. Mais c'était pas mal plus dépersonnalisé, on va dire, comme dans une école secondaire. Tu connaissais moins les gens, tu changeais de groupe à tous les cours, ça dépendait des options. Mais, cette année, j'ai bien réussi sur bien des matières, il y en a d'autres où c'était passable. Dans cette vie-là, ça change bien gros la mentalité. Tu ne cherches plus à te prouver là. Tu rentres dans la mentalité. Au commencement, tu veux réussir, après tu commences à étudier rien que pour l'étude. Au commencement, tu étudiais sans arrêt pour arriver à quelque chose, par exemple arriver à des bonnes notes, mais tu viens que tu laisses tomber un peu l'étude pour faire un peu d'à-côté, ce qui t'intéresse. Tu suis tes études pour que ça passe, pour que tu réussisses, mais le reste là, tu t'aperçois que ça devient moins une preuve, parce que tu donnes moins de travail. C'est moins de vouloir te prouver à toi-même, même si ça reste un peu. Tu cherches moins à te prouver là par des scores, tu suis les autres en fait, naturellement, sans t'en rendre compte. Ça devient plus une preuve à l'intérieur d'un groupe.

ÉDUC. : Penses-tu réussir ta prochaine année, que tu commences dans deux semaines ?

JEUNE : Ah oui, sûrement, avant de l'entreprendre je sais que je vais réussir.

ÉDUC. : Ici, à Boscoville, si vous avez quelque chose à faire, soit un travail scolaire ou soit en poterie, ou même si vous apprenez une technique de sport, vous avez tout le temps qu'il vous faut. En dehors de Boscoville, vous avez une limite de temps. Comment as-tu réagi à cela ?

JEUNE : Pour des actions, bien ça dépend dans quel monde. Seulement dans le monde scolaire.

ÉDUC. : Qu'as-tu rencontré toi, par rapport à cette réalité-là ?

JEUNE : Ah, ah ! hum, hum ! ça c'est vague... c'est vague même...

ÉDUC. : As-tu déjà été placé dans des circonstances où tu as eu à faire face à la réalité ? Par exemple, veux, ne veux pas, la classe finissait à telle date, puis il fallait que tu sois prêt pour cette date-là.

JEUNE : Bien oui.

ÉDUC. : Par comparaison avec Bosco où, par exemple, si tu veux faire des révisions pendant trois mois, tu le peux parce que les dates d'examens ne sont pas fixes.

JEUNE : J'étais assez bien préparé que même je n'ai jamais fait de révision en fin d'année. J'en savais assez, elle était faite d'avance.

Cette année, en suivant des cours, bien j'ai pris plus une mentalité étudiante là, tu réalises tout à la dernière minute, tu sais. Au début du premier trimestre, j'étais préparé avant le temps, j'étudiais à chaque cours. Au deuxième trimestre, bien j'ai eu un gros laisser-aller au début. Après ça, ça s'est replacé on va dire, c'est redevenu normal. Puis, à la fin là, je passais les dernières journées à faire comme tous les étudiants, on donne un boum pour passer les examens, en fait.

Mais je n'ai jamais été frappé par ça on va dire, d'être obligé de remettre des devoirs à temps, des vraies réalités, c'est-à-dire ça finit là !, non pas tellement. Même si ça m'arrivait, ce serait comme à un étudiant. Si comme étudiant tu es pris à la dernière minute, tu as un examen à préparer et tu n'as presque pas le temps de l'étudier, bien lorsque tu étudies, ce n'est pas plus grave que ça que je le manque ou que je le réussisse. Si je le manque, je le reprendrai, ça finit là. Ce n'est pas un drame, même il n'y a pas de conséquences. Si tu le manques, il n'y a rien qui joue dans ce sens-là. Je ne sais pas ce que pourrait être une réalité étudiante. Par exemple, tu vas te faire cogner sur les doigts, tu vas être obligé de reprendre un 45 heures parce que tu n'as pas étudié avant. Mais de là à ce que tu en tiennes réellement compte, tu en tiens compte au point de vue études, mais ça ne marque pas tellement.

ÉDUC. : Qu'est-ce que tu veux dire par ça ?

JEUNE : Bien disons que ça m'est arrivé dans un cours où j'ai été pris à la dernière minute, mais remarque que j'avais des bonnes excuses. J'ai manqué mon examen. Ça n'a pas eu plus de conséquences que ça en fait, je me suis trouvé de bonnes excuses, je me suis pardonné tout ça. Mes excuses, qu'elles soient valables ou non — remarque, à mon point de vue elles étaient très valables — ce sont des excuses mais en même temps bien, c'est vrai...

ÉDUC. : Dans les travaux que tu fais pour Boscoville, les travaux d'entretien que tu fais ces temps-ci, par exemple, as-tu été obligé de finir plus vite que tu ne l'aurais désiré pour le faire très bien ?

JEUNE : Ah oui ! ça arrive souvent, tu as un travail, il faut que tu le finisses ; par exemple ça peut être un bureau qui sera occupé dans très peu de temps. Bien là, tu fais de ton mieux, tu le finis.

ÉDUC. : Trouves-tu cela difficile, une telle situation ?

JEUNE : Oui, des fois même, faire des choses qu'à moitié, tu n'aimes pas ça ; mais tu viens que tu l'acceptes, ça arrive de même. Tu viens que tu l'acceptes naturellement. Si quelqu'un te presse, t'oblige à faire quelque chose, bien c'est final, là tu n'as plus le temps de faire quelque chose de bien au point, de bien beau, car il faut que ça se finisse. Tu le fais pour arriver à le sortir à temps.

Le jeune homme souligne, en se référant au cheminement qu'il a dû parcourir pour devenir compétent, comment, malgré les succès encourus, il lui a été difficile de se convaincre de ses réussites possibles dans le domaine intellectuel. Par contre, en ce qui concerne d'autres activités, les sports par exemple, il ne pose plus de question au sujet de ses capacités ; au contraire, il est prêt à envisager les moyens qu'il pourrait prendre pour parvenir à un bon résultat.

Nous croyons aussi que ce jeune effectue une distinction entre les conditions de réalité ayant des conséquences immédiates, comme il s'en trouve dans le monde du travail, et la réalité étudiante, préparation à long terme qui, à son avis, ne comporte pas actuellement d'échéances et de conséquences bien précises. Ce jeune homme s'est plié aux conditions de travail qu'imposaient les limites temporelles et, en conséquence, a renoncé à obtenir des résultats fignolés. Sa méthode de travail lui semble assez efficace pour lui donner confiance dans la réussite des études entreprises.

Cinquième thème : l'identité

Le dernier extrait de cet entretien touche surtout le problème de l'identité. Il y est question de l'attitude d'authenticité que le jeune homme prend en tant que personne confrontée à diverses situations et à d'autres personnes ; de la fidélité à son style personnel qui se retrouve dans sa préparation à assumer sa carrière ; de la fidélité aussi, en ce qui a trait aux valeurs de vie qui ont pris un sens à ses yeux durant le processus rééducatif. De plus, il rencontre assez régulièrement une jeune fille avec laquelle il cherche à établir un contact et cela contribue à affermir son identité sexuelle.

ÉDUC. : Tout au long de l'entretien, tu as mentionné, à différentes occasions, que tu étais devenu aujourd'hui très différent de ce que tu étais il y a quatre ans. Quand tu parlais tout à l'heure au niveau du travail, tu t'es décrit comme un gars qui est porté à faire un travail précis et le faire comme il faut qu'il soit fait ; tu es prêt à mettre une bonne quantité d'heures de travail pour mieux le faire, tu es serviable avec ceux qui t'entourent. Tu es devenu comme cela avec les années. Plus tard tu entrevois travailler en sciences ou en génie, est-ce que tu vas demeurer comme ce que tu es devenu actuellement ?

JEUNE : Je pense bien que oui, parce que lorsque j'étais au quartier et que j'avais quelque chose à faire, j'avais la mentalité de le faire que ça m'intéresse ou non, et je donnais le support, l'aide aux autres. Depuis que j'ai changé d'atmosphère, que je ne suis plus dans un quartier, je ne dispose pas du même temps si je veux aider quelqu'un. Quand tout de même, actuellement, en certaines circonstances, il y a un gars ou une fille, à l'école ou au collège, qui va me demander d'aller lui aider, et de mon côté j'ai autre chose à faire, bien je vais organiser mon temps pour aller lui aider quand même ; ma mentalité reste pareille, je vais arranger mon programme en conséquence, je vais travailler plus vite. Si, en plus, je tiens à l'aider parce que c'est une amie ou un ami, bien là je vais aller lui donner aussi un coup de main parce qu'il en a besoin réellement. À ces occasions, je suis toujours prêt à le faire, je vais limiter mes activités, et vais rendre service. Ça, je ne pense pas que ça change, que je sois dans un milieu de travail ou dans un autre, des individus peuvent avoir besoin d'aide à un moment ou l'autre, parce que tous on a besoin d'aide ; tu as besoin d'aide pour un certain laps de temps, et d'autres en ont besoin à un autre moment. Ceci crée une mentalité de contact. Je ne pense pas que ça va changer. Ça peut s'améliorer, ça peut changer dans un certain sens, mais rester un peu dans la même ligne d'autre part. Par exemple, comme tu peux t'endurcir quand tu rentres dans le milieu du travail, tout dépend des milieux, tu apprends à être plus rude. Si tu es dans un autre milieu qui exige un travail en équipe, de prime abord tu sais qu'il faut que ça marche, et cela rondement, autant dans le travail que dans l'entente avec ceux avec qui tu travailles. Ma mentalité à moi, je pense qu'elle ne changera pas là-dessus.

ÉDUC. : Déjà tu as changé de situation, tu as constaté que tu étais resté le même. Donc, d'après toi, tu vas demeurer ainsi. Avec tes amis — tu vas avoir un groupe d'amis éventuellement — comment te vois-tu te comporter ?

JEUNE : Là-dessus, bien ça dépend. J'aime bien avoir des amis, mais ça se limite à un côté, celui d'aider en cas de besoin ; mais du côté de l'amitié, je peux être bien difficile, les personnes, même, je les tiens loin, c'est un mode de défense qui m'est resté, de ne pas trop me livrer. Pour l'avenir, je ne sais pas, je connais beaucoup de monde ; au point de vue des besoins, les leurs et les miens, je vais être ami avec eux autres, puis pour échanger des idées communes, par exemple un groupe d'amis qui existe indépendamment des besoins, bien c'est un côté un peu plus difficile à réaliser pour moi, tu sais, peut-être que c'est en train de se préparer tranquillement avec les jeunes que je connais au collège.

ÉDUC. : En as-tu des amis, actuellement ?

JEUNE : Pour dire, très peu... Très peu... hum !

ÉDUC. : As-tu une vie de loisir, actuellement ?

JEUNE : Non, pas tellement.

ÉDUC. : Que fais-tu quand tu fais une sortie ?

JEUNE : Ah ! bien là, c'est ça, je sors avec une fille.

ÉDUC. : Tu as une amie, actuellement ?

JEUNE : Oui, mais là encore, on reste deux personnes, il n'y a pas d'autres personnes, il n'y a que nous deux. Les autres personnes, on les voit de temps en temps, parce qu'on les connaît, on a étudié l'année ensemble, mais ce n'est pas régulier. Il y a des parties où il y a un groupe là..., c'est en faisant des parties qu'on se groupe ensemble.

ÉDUC. : Dans tes échanges avec la jeune fille que tu fréquentes, est-ce que tu restes toi-même avec cette jeune fille ?

JEUNE : Peut-être pas sur tous les points, mais je dirais en partie, oui.

ÉDUC. : Que veux-tu dire : « Peut-être pas sur tous les points mais en partie, oui » ?

JEUNE : Bien, cette année, du côté scolaire, j'ai eu une relâche au cours de l'année ; peut-être c'est en partie en fonction de ça parce que j'ai commencé à sortir avec une jeune fille et tout à coup j'ai commencé à me laisser aller sur certains côtés. C'est une expérience qui me change. Par exemple, dans mon travail, ça m'empêche de me concentrer, c'est parce que, là-dessus, c'est la première fois. Sur bien des côtés, une expérience comme celle-là, ça demande un changement, même ça demande un gros changement du côté des idées. Tu rentres dans un autre monde en fait, c'est un autre monde.

ÉDUC. : As-tu un exemple ?

JEUNE : Bien, avant ça, tu sais, pour faire des sorties, c'était différent. Quand tu ne sors pas directement avec une jeune fille, bien tu vas courir n'importe où, tu vas prendre n'importe quelle occasion et c'est fini là. Quand tu commences à sortir avec une jeune fille, bien tu vas peut-être aller au cinéma, à des spectacles.

ÉDUC. : Tu veux dire que tu fais un choix de sorties ?

JEUNE : Oui, disons oui. Oui. Tandis que quand tu es tout seul, tu vas partout, tu ne choisis pas les endroits, tu prends ça comme ça vient.

ÉDUC. : Pourquoi choisis-tu les endroits quand tu fréquentes une jeune fille ?

JEUNE : Bien, il y a tout de suite quelque chose de cadré, de stable. En fait, quand des fois tu sors tout seul, et que tu invites une jeune fille, alors tu l'invites pour aller à un endroit particulier, c'est un peu la même chose lorsque tu sors avec une jeune fille. Si tu ne sors pas avec une jeune fille, tu vas t'organiser pour aller à des places pour en rencontrer. Maintenant, pour moi, c'est secondaire l'endroit, aussi quand on sort avec une jeune fille, ça fait changement, beaucoup de changement.

Ces quelques illustrations ne constituent que l'exposé partiel de certains des éléments qui contribuent à la rééducation du jeune délinquant.

La consultation des tableaux suivants peut servir de point de repère à une compréhension plus exhaustive de tous les éléments qui se retrouveront dans le processus rééducatif. Ces tableaux décrivent à l'intérieur de chacune des étapes du processus rééducatif, les propriétés des activités qui alimentent chacune des cinq forces du moi, l'organisation particulière des activités, et précisent quel est leur aspect rééducatif particulier en vue d'actualiser chacune de ces cinq forces. Il faut souligner encore que les interactions rééducatives entre l'éducateur et le jeune servent à actualiser les forces de l'ego de ce jeune, contribuant, par le fait même, au développement des structures intrapsychiques de son moi autonome.

Tableau 1 Acclimatation : 1re étape — Actualisation par la situation rééducative

Perspective dans le temps **Confiance — espérance**	***Affirmation de soi*** **Autonomie — vouloir**	***Expérimentation des rôles*** **Initiative — poursuite des buts**	***Anticipation du succès*** **Travail — compétence**	***Vision de soi dans structures sociales*** **Identité — fidélité**
Propriétés de l'activité : Exécution effective dans une *seule* unité de temps pour un produit achevé... Objet achevé dans *1 période* *Organisation* de l'activité : *Unité de temps* contrôlée de l'*extérieur* par — l'éducateur — l'objet imposé	*Propriétés :* *Rationalisation* des procédés dans le déroulement de l'activité selon les *outils utilisés* qui n'exigent pas une *coordination musculaire différenciée* *Organisation :* La *loi* et l'*ordre* imposés par *la logique* 1) des *instruments* 2) du *choix* du *matériel* 3) de la *manipulation* 4) et de l'*exécution*	*Propriétés :* Fait appel à l'utilisation de l'équipement corporel — surtout dans un univers d'essai — le *jeu* — où l'expérimentation des rôles est moins compromettant — selon la loi et la règle du jeu *Organisation :* *Agencement* des jalons de l'activité, par une progression précise qui permet une utilisation individuelle à son rythme personnel, à l'intérieur des cadres imposés (espace-temps) : conditions de réalité comme exigences irréversibles.	*Propriétés :* Activités individuelles qui 1) suscitent un intérêt réel (i.e. en accord avec les intérêts et les élans) 2) encourent un *résultat contrôlable* en fournissant les *moyens d'autovérification*, i.e. quelles actions produisent quels effets sur quels objets — aucun élément laissé *au hasard*. *Organisation :* Permet une *expérimentation* et une *vérification* de la démarche effectuée pour atteindre la production. *Progression* précise basée sur des expériences déjà réussies.	*Propriétés :* 1) activités qui permettent une *autovérification* où le sujet lui-même peut se *voir* réussir 2) a. *lui* dans son *équipement* corporel b. à *travers* une démarche de *réussite* dans une tâche individuelle, à cause de l'*adéquacité* des *moyens* par rapport au *but*. *Organisation :* Progression précisément basée sur sa *performance* qui confirme l'*adéquacité* des moyens pour atteindre *l'objectif* dans des normes minima maxima

Tableau 2 Acclimatation : 1re étape — Aspect rééducatif de l'activité et interactions rééducatives

Perspective dans le temps **Confiance — espérance**	***Affirmation de soi*** **Autonomie — vouloir**	***Expérimentation des rôles*** **Initiative — poursuite des buts**	***Anticipation du succès*** **Travail — compétence**	***Vision de soi dans structures sociales*** **Identité — fidélité**
Satisfaction du temps vécu i.e. de l'expérience significative dont l'ego est le principal agent. *Temps actuel — significatif* par *l'activité vécue*. *L'ÉDUCATEUR* : *participe* aux tâches et aux vérifications gratifiantes, *exige la conformité* à la structure par des interventions directes. *LE JEUNE* : *prend contact avec l'objet* et *ses exigences (temps, techniques)*.	*Rudiments* de *jugement* : expérience vécue de la maîtrise d'une technique en vue d'un résultat qui est la *conséquence* de l'application de la technique : *vouloir ce qui est possible*. *L'ÉDUCATEUR* : *opère la discrimination* entre les *exigences* (interventions) : — de *fermeté* vis-à-vis de la *destruction*, — de *tolérance* vis-à-vis de certains détails du code : *application* sans *rigidité*. *LE JEUNE* : vit ce qu'il faut faire conformément à la *loi* et l'*ordre* imposés par la logique des instruments et des techniques utilisées.	Perception de son rôle et de sa *performance* dans le *jeu*. *L'ÉDUCATEUR* : *stimule à l'activité* au cours de laquelle les planifications fantaisistes sont mises de côté. *LE JEUNE* : *expérimente* la maîtrise graduelle de son corps dans *le jeu*, en regard des conditions de réalité (règles) qui structurent son *rôle*. N.B. Les interactions sont dépersonnalisées par des exigences extérieures de « conditions de vie » et « conditions de jeu ».	L'objet réussi, comme produit d'une *exécution* du jeune procure : — un stimulant, — une *motivation à agir* et *à produire*. *L'ÉDUCATEUR* : *crée* des *conditions protégées* pour faire vivre au jeune l'expérience de la découverte d'une *réussite*. *LE JEUNE* : *est valorisé* (estime de soi) par le *résultat* obtenu comme *conséquence* de sa *participation* à l'activité.	Les acquisitions progressives, dues à la prise de conscience des expériences vécues, élargissent son *contact* avec la *réalité* des objets inanimés. *L'ÉDUCATEUR* : *protège le jeune* d'un *rejet* par le *milieu institutionnel* qui pourra lui offrir l'occasion de s'exprimer positivement et de posséder un *statut* de membre. *LE JEUNE* : *expérimente* des *devoirs* envers une micro-société (internat) en mesure de lui *fournir des privilèges*.

Tableau 3 Acclimatation : 1re étape — Actualisation du développement de l'ego

Perspective dans le temps **Confiance — espérance**	***Affirmation de soi*** **Autonomie — vouloir**	***Expérimentation des rôles*** **Initiative — poursuite des buts**	***Anticipation du succès*** **Travail — compétence**	***Vision de soi dans structures sociales*** **Identité — fidélité**
Acquisitions du jeune par sa participation :				
Expérience vécue qui vérifie la constance des objets et la cohérence des personnes. *Sécurisation exogène.*	*Expérience vécue* — du contrôle *imposé* par l'utilisation rationnelle selon *la loi* des instruments et selon une démarche technologique pour l'objectif fixé, — du *contrôle* de sa propre *musculature* et *motricité* (coordination). Affirmation vécue, dirigée par des *jugements* et des *décisions* inhérents aux *cadres* mêmes de l'activité. *Expérience d'ordre.*	En regard de « *l'univers du jeu* ». *Représentation mentale* — des moyens adéquats aux buts, des techniques de performances adéquates et des exigences de la règle du jeu. *Capacité d'agir* et de *poursuivre un but*, fournie par *l'expérience* du *contrôle* de *son propre corps* dans une performance et de la *participation* à une *règle* du *jeu* non *compromettante* (en groupe et individuellement).	*Valorisation* de soi par l'exécution effective réussie, ce qui stimule la participation active de l'ego dans une autre réalisation.	Coïncidence entre : le *sentiment d'être bien dans son corps* (modes d'organes maîtrisés) et le *sentiment d'être bien dans l'institution*. — Unité fonctionnelle qui concourt à l'identité. — Unipolarité.
Composantes de la structure intrapsychique du moi à la première étape :				
Aperception sécurisante du monde extérieur.	La *personne participante s'affirme* par un *rôle d'exécutant* que le *milieu confirme*.	La règle du jeu dicte et oriente l'expérience de se *commander à soi-même* pour une performance. Cette expérience est représentée mentalement dans une *perception de soi* et le *début d'une certaine maîtrise* de son équipement corporel.	*Participation active* du *moi corporel* à un processus de réalisation vérifié comme *efficace*.	*Loyauté vis-à-vis de la réalité et de soi-même* i.e. *être vrai* face à : — la règle du jeu, — la logique d'un processus pour arriver à un résultat.

Tableau 4 Contrôle : 2e étape — Actualisation par la situation rééducative

Perspective dans le temps **Confiance — espérance**	***Affirmation de soi*** **Autonomie — vouloir**	***Expérimentation des rôles*** **Initiative — poursuite des buts**	***Anticipation du succès*** **Travail — compétence**	***Vision de soi dans structures sociales*** **Identité — fidélité**
Propriétés de l'activité : L'activité est conçue comme une *structure d'ensemble* qui est divisée en diverses *unités* et dont la *progression* se répartit sur *plus* d'une *période*. *Organisation* de l'activité : 1) une *structure d'ensemble* qui configure *l'activité* et 2) qui *se déroule* en une *progression* des *diverses unités* en *plus d'une période*, 3) délai approprié entre les *périodes*.	*Propriétés* : L'activité qui permet des *choix limités et obvies* : 1) dans les matériaux utilisés, 2) dans l'usage des techniques pour atteindre les objectifs fixés. *Organisation* : 1) Progression à base de *difficultés graduées* dans les matériaux utilisés, dans l'usage des techniques selon la gradation des objectifs fixés, 2) Progression selon la *logique* des lois inorganiques des outils ou instruments, des techniques et selon la *logique* inhérente au but poursuivi dans la démarche technologique.	*Propriétés* : L'*activité* à conséquences limitées par rapport à la *vie de groupe*. L'*activité individuelle*, conçue dans une progression précise, exige une *démarche technologique* dont *l'objectif* à atteindre ne dépend que de *l'application des techniques* et qui se prête à l'analyse. *Organisation* : *Organisation* bien *cadrée* permettant une expérimentation dans une poursuite adéquate des buts.	*Propriétés* : L'activité doit donner lieu à un *résultat prévisible* et *contrôlable*, — doit inclure des moyens d'*autovérification* et d'*autocorrection*. *Organisation* : — rationnelle pour en faciliter l'analyse, — se prête à la représentation graphique pour faciliter l'exercice des schèmes symboliques.	*Propriétés* : L'activité *confirme* l'insertion dans la *structure sociale* (citoyen) conférant droits, privilèges, — permet de *réussir* en présence du groupe (ébauche d'image positive dans le groupe). *Organisation* : L'*organisation* souligne cette *insertion* par une *confirmation officielle* (aux yeux des autres et aux siens). — Cotation selon code.

Tableau 5 Contrôle : 2e étape — Aspect rééducatif de l'activité et interactions rééducatives

Perspective dans le temps **Confiance — espérance**	***Affirmation de soi*** **Autonomie — vouloir**	***Expérimentation des rôles*** **Initiative — poursuite des buts**	***Anticipation du succès*** **Travail — compétence**	***Vision de soi dans structures sociales*** **Identité — fidélité**
Désir de renouveler, dans le *futur*, l'expérience vécue avec impression de contrôle du temps alloué par un appel *après la situation*. *Prise de conscience* de la *durée* de l'expérience significative. *L'ÉDUCATEUR :* — exige une *centration* sur la tâche, par interventions directes, stimule la *participation* de l'ego et il est *présence d'assistance* en dehors des tâches. *LE JEUNE :* *Conservation affective* de l'expérience vécue.	Discrimination entre le possible et l'inévitable. *Choix vécu dans le domaine* tandis qu'un *contrôle* extérieur s'exerce pour la part des *inévitables*. *L'ÉDUCATEUR :* — stimule les choix dans les domaines où le jeune *peut* choisir, — impose une conduite dans les domaines qui réveillent et renforcent la structure délinquante (entretiens sur-le-champ). *LE JEUNE :* — *vit dans un cadre qui lui procure les rudiments de l'affirmation de lui-même*, — acceptation du contrôle des autres (celui des pairs et de la tradition), — contrôle personnel dans les domaines où son jugement discrimine les éléments en cause.	*Découverte de son rôle* et des *éléments maîtrisables* dans la *logique du déroulement*, pour atteindre un résultat à travers une démarche d'exécution et d'autocorrection. *L'ÉDUCATEUR :* — fait découvrir le *rôle personnel* du jeune dans l'articulation moyens-but pour lui faire *vivre* une *satisfaction* au niveau de l'*ego*. *LE JEUNE :* — *expérimente* une démarche orientée exclusivement *vers un but*, sans recherche de gains par principe de plaisir. N.B. Les interactions visent une « intériorisation d'idéaux d'action » (principe de réalité) en fonction desquels le jeune est porté à agir.	*L'objet réussi* selon des critères objectifs et dépersonnalisés — procure la *base d'un sentiment d'efficacité*, un point de repère pour une *planification nouvelle* et une *acquisition* pour la *formation* d'une *compétence*. *L'ÉDUCATEUR :* — *témoigne* de la *logique du processus* de *réalisation* pour favoriser cette découverte chez le jeune. *LE JEUNE :* découvre l'*efficacité de son action* par rapport au *résultat obtenu* ; l'*efficacité* de son action comme expression d'une force active sur l'entourage, « l'efficience ».	Le *comportement extérieur* est *ajusté* et *sanctionné* selon des *normes* qui représentent les exigences de la réalité extérieure : — le *code*. *L'ÉDUCATEUR :* — préserve la cohérence et la cohésion du groupe pour permettre l'élaboration d'une identité positive de groupe chez le jeune. *LE JEUNE :* expérimente la dynamique intérieure de son groupe, le rôle propre à chacun de ses membres.

Tableau 6 Contrôle : 2e étape — Actualisation du développement de l'ego

Perspective dans le temps **Confiance — espérance**	***Affirmation de soi*** **Autonomie — vouloir**	***Expérimentation des rôles*** **Initiative — poursuite des buts**	***Anticipation du succès*** **Travail — compétence**	***Vision de soi dans structures sociales*** **Identité — fidélité**
Acquisitions du jeune par sa participation :				
— La *concentration* et l'*efficacité* vécues assurent une *continuité*. — Les *techniques compensent* la *coupure temporelle* de l'activité divisée en périodes. — *Conservation affective*. — Sécurisation par le faire. — Capacité de supporter un certain *délai*.	*Expérience vécue* et *prise de conscience* — des *choix* à faire dans les domaines où le jugement tient compte des conditions de la réalité — du *code* et des *lois* à observer — des *limites* qu'imposent les lois inorganiques des outils. *Discrimination* en vue d'une *décision* dans l'exécution des tâches.	*Exploration* et *exploitation* : de nouveaux buts, de nouvelles démarches qui *valorisent* — à ses propres yeux, — aux yeux des autres. Les *buts*, déjà valorisés par le milieu et les pairs, lorsqu'ils sont *poursuivis* et *atteints*, *stimulent l'initiative*.	*Participation émotive* à la tâche individuelle, ce qui entraîne : — la concentration sur le processus de réalisation pour en acquérir la *maîtrise*, — la *conscience* de la *relation* entre le *succès* encouru après l'effort, et la *satisfaction* personnelle ressentie.	Coïncidence entre : — *comment le jeune se voit progresser* à travers les étapes (le fait d'être *acceptable* comme *membre* du groupe), sans infériorité, et *comment il vit dans le groupe* (le fait *d'être accepté* comme membre du groupe). — Bipolarité.
Composantes de la structure intrapsychique du moi à la deuxième étape :				
Acceptation lucide du *temps vécu* selon les *normes* de l'*activité* (commencer et finir à temps). Le passé commence à exister (conservation affective).	Le jeune *s'affirme comme exécutant* qui a décidé d'agir selon les conditions de réalité.	*Attrait* dirigé vers des buts qui ont une valeur exogène : — *Initiatives*, fondées dans la réalité, pour atteindre ces buts. — *Démarche active concrète* selon les conditions de réalité, orientée vers un but sanctionné.	— *Participation* de la pensée intuitive articulée pour en arriver aux schèmes opératoires concrets. — *Participation émotive* se concrétisant dans un sens d'efficacité (le jeune se sent contrôler la situation).	*Participation vécue à la tradition du groupe* auquel on appartient : le vécu des valeurs affirmées par les pairs et confirmées par les adultes.

Tableau 7 Production : 3e étape — Actualisation par la situation rééducative

Perspective dans le temps **Confiance — espérance**	***Affirmation de soi*** **Autonomie — vouloir**	***Expérimentation des rôles*** **Initiative — poursuite des buts**	***Anticipation du succès*** **Travail — compétence**	***Vision de soi dans structures sociales*** **Identité — fidélité**
Propriétés de l'activité : Plus longue durée : *plusieurs périodes* de *production* dans la poursuite d'un *objectif à long terme* ; raffinement dans l'usage des techniques pour une production de meilleure qualité ; faire appel à des expériences vécues dans un passé assez éloigné. *Organisation* de l'activité : 1) Selon les *limites* de temps (*normes* objectives) ; 2) Le *délai* entre les périodes pourra se *prolonger* si nécessaire ; 3) *Organisation du temps* à assumer par le jeune lui-même — *régularité*.	*Propriétés :* L'activité qui exige une *démarche technologique* plus *complexe* pour une production de *qualité*, — une *discrimination* plus *accentuée* des moyens, — une *planification* plus *adéquate* pour atteindre le résultat attendu. Elle comporte des tâches : 1) individuelles, 2) de groupe, 3) pour le groupe (fonction officielle). *Organisation :* — *Choix multiples de matériaux* et de *techniques*. — Le *jeune* doit *assumer l'organisation adéquate* des techniques connues et nouvelles. — Coopération avec les pairs.	*Propriétés :* L'activité offrira des *rôles* bien définis comme des *exigences* qui répondent à des *expectatives* : — *d'ordre* (code et tradition), — du *groupe* (tâches de groupe, tâches pour le groupe), — dans des *situations exceptionnelles*. — Elle exigera un partage de tâches en interaction avec d'autres membres du groupe (compétition) dans une performance de jeux. *Organisation :* Assez *souple* pour permettre une *participation responsable* à l'irréversibilité des conditions de réalisation, — la *découverte* dans les interactions avec les pairs, des *initiatives* personnelles.	*Propriétés :* L'activité doit offrir les *possibilités* : — de mettre à profit les *habiletés acquises* et les *techniques maîtrisées*, — de *stimuler la découverte* de nouvelles techniques et de nouveaux agencements « moyens-but » pour une production de qualité supérieure, — selon des *normes* qualitatives (dépersonnalisées) dans une tâche individuelle de groupe et pour le groupe. *Organisation :* *Objectifs poursuivis* seront en regard de *critères dépersonnalisés* dictés par des *normes qualitatives*.	*Propriétés :* L'activité devra *encourager* — l'exactitude, la précision, la véracité, — la concentration et la régularité (sens du devoir), — la *coopération* avec les pairs, — la découverte d'*aptitudes personnelles*. *Organisation :* Confirmation officielle (sanction) des valeurs de rendement et des normes qualitatives atteintes.

Tableau 8 Production : 3e étape — Aspect rééducatif de l'activité et interactions rééducatives

Perspective dans le temps **Confiance — espérance**	***Affirmation de soi*** **Autonomie — vouloir**	***Expérimentation des rôles*** **Initiative — poursuite des buts**	***Anticipation du succès*** **Travail — compétence**	***Vision de soi dans structures sociales*** **Identité — fidélité**
Planification anticipée des phases successives dans l'exécution de l'activité. *Généralisation* de cette nouvelle configuration dans une *méthode de travail* par *évaluation*, après la situation, du *temps* dans la *planification* et dans l'*exécution*. *L'ÉDUCATEUR :* *stimule les initiatives* du jeune en *faisant* appel aux *conditions* de *réalité* (organisation de *son temps*) à travers : — entretiens sur-le-champ, — entretiens à thèmes. *LE JEUNE :* *Initiatives* et *choix* dans l'*organisation de son temps* : organisation *personnelle* selon la *réalité objective*.	— *Évaluation, avant la situation*, des moyens susceptibles d'être employés. — *Choix* des éléments les plus adéquats. — *Décisions* qui auront leurs implications dans l'exécution effective. — *Évaluation après la situation*, et *nouvelles hypothèses* posées. *L'ÉDUCATEUR :* *centre* sur la *tâche*, fait *prendre conscience* au jeune de tous les *éléments* de *réalité* en cause pour une production qualitative. — Entretiens à thèmes. *LE JEUNE :* *vit* et *prend conscience* de toutes les *phases d'exécution* pour une « *affirmation de soi* » au travail.	*Mise en valeur* des *aptitudes personnelles* exprimées dans des rôles structurés en regard d'*exigences* imposées : — par la *nature* de la tâche, — par le *bien-être* du groupe, — par la *règle du jeu*. *L'ÉDUCATEUR :* attire l'attention sur l'*aspect personnel* dans l'exécution des tâches et la *responsabilité* individuelle dans les initiatives. — Ses interventions visent une *participation responsable* dans la tâche. *LE JEUNE :* *expérimente ses aptitudes personnelles* à l'intérieur de *fonctions et de tâches définies et structurées* par la tradition et la technologie, — *l'initiative personnelle*.	L'*objet réussi* selon des critères objectifs de normes qualitatives. — La découverte de ses aptitudes personnelles selon les qualités de sa production — formation du sens de compétence. *L'ÉDUCATEUR :* *s'affirme comme compétence et aide* pour stimuler le jeune. *LE JEUNE :* recherche — la *qualité* dans son travail, — l'*évaluation objective* du résultat selon des critères qualitatifs, — la formation d'un *sentiment d'efficacité*, — la *compétence*.	Le *rendement* et les *aptitudes particulières* dont il est conscient *impliquent* des *responsabilités* que le jeune assume dans des fonctions officielles qui sont à la portée de son expérience acquise. *L'ÉDUCATEUR :* s'attache aux *valeurs de rendement* (précision, exactitude, véracité) et au *sens du devoir*, dans les tâches individuelles, de groupe, pour le groupe. *LE JEUNE :* *expérimente et prend conscience* de son *rôle d'exécutant*, de *collaborateur*, de *représentant* de *l'autorité* (assumant la *responsabilité* encourue) dans une fonction officielle.

Tableau 9 Production : 3e étape — Actualisation du développement de l'ego

Perspective dans le temps **Confiance — espérance**	***Affirmation de soi*** **Autonomie — vouloir**	***Expérimentation des rôles*** **Initiative — poursuite des buts**	***Anticipation du succès*** **Travail — compétence**	***Vision de soi dans structures sociales*** **Identité — fidélité**
Acquisitions du jeune par sa participation :				
Choix des moyens en regard de leur *qualité* et agencement efficace de ces moyens dans une *planification, exécution* et *évaluation* selon des critères — *temps disponible* — adéquation des moyens au but poursuivi dans le temps disponible — aussi dans « temps libre ». — *Sécurisation* par la *maîtrise* et l'*organisation* d'un *invariable* : le *temps objectif* — se situe dans le temps : *routines*.	Expérience de *planification, exécution*, évaluation et modifications en regard : — de ses habiletés — de l'objectif poursuivi — des apports de l'éducateur *compétent*, — des exigences du groupe. — *Affirmation de soi* dans une *œuvre extérieure*, en accord avec l'ordre intérieur et l'ordre extérieur (fonction synthétique du moi).	Mise en œuvre de ses *aptitudes personnelles* — dans les démarches technologiques — dans la qualité de la production — dans les rôles officiels — dans l'organisation des temps libres — dans la compétition à travers les tâches. — *Partage* des *responsabilités dans la réalisation efficace* d'une tâche.	*Sentiment d'efficacité vécu* sous plusieurs aspects : — planification réaliste des tâches — attention soutenue (concentration) dans la réalisation comme déterminant un succès ; — coopération dans des tâches de groupe et pour le groupe, — point de départ d'une véritable compétence, recherchée avec les « maîtres qui enseignent et les pairs qui collaborent ». — Point de départ pour un choix professionnel qui concrétisera l'identité dans le monde du travail.	*Coïncidence* entre : — les *aptitudes particulières* dont le jeune a pris conscience (les valeurs du travail, l'organisation personnelle) et — les *opportunités* du milieu qu'il sait saisir (responsabilité dans tâches, coopération et collaboration) perfectionnement personnel. Identification : — à un rôle — dans le monde du travail.
Composantes de la structure intrapsychique du moi à la troisième étape :				
Dans la poursuite d'un objectif (futur), capacité de vivre un *délai*, un *imprévu* et de se réorganiser dans le *temps disponible*.	Autonomie dans les choix à l'intérieur des tâches en regard : — des limitations extérieures — des responsabilités impliquées — des habiletés à investir. Le jeune choisit, décide, exécute, évalue (méthode de travail).	Discernement vécu et intériorisé entre : — la représentation anticipée d'un rôle ou la planification « sur-le-champ » d'un rôle, et, — les aptitudes personnelles impliquées dans ce rôle. Participation émotive (créée par l'efficacité reconnue et qu'il se reconnaît) vécue dans une responsabilité (individuelle, de groupe, pour le groupe).	*Recherche active* de la *compétence* dans la planification d'un rôle dans les tâches individuelles, de groupe et pour le groupe, dont l'aspect subjectif est le *sentiment d'efficacité* qui tient lieu de motivation.	*Loyauté professionnelle* manifestée dans : — une méthode de travail, i.e. intériorisation des valeurs (de précision, exactitude, véracité, sens du devoir), — une *organisation personnelle* pour agir sur le milieu du travail.

Tableau 10 Personnalité : 4e étape — Actualisation par la situation rééducative

Perspective dans le temps **Confiance — espérance**	***Affirmation de soi*** **Autonomie — vouloir**	***Expérimentation des rôles*** **Initiative — poursuite des buts**	***Anticipation du succès*** **Travail — compétence**	***Vision de soi dans structures sociales*** **Identité — fidélité**
Propriétés de l'activité : suscite — des rôles qui comportent des *occasions d'affirmer* : — des valeurs qui engagent l'avenir — manifestation d'une *fidélité* à un *engagement idéologique* (irréversible) ; — la configuration nouvelle face au *temps présent* d'un *passé* perçu dans sa vérité historique (non fataliste) et d'un avenir en accord avec cet engagement idéologique — incarné dans un rôle dans la société actuelle extra-institutionnelle. *Organisation* : Permet une *organisation* personnelle — du travail dans le temps objectivement défini (conditions de réalité), — de son temps libre (loisirs).	*Propriétés* : Le champ d'action sera assez étendu pour engager au : — *choix d'objectifs* en regard d'une hiérarchie de valeurs intériorisées dans sa vie personnelle ; — *choix d'une carrière* selon ses aptitudes personnelles dans sa vie professionnelle ; — *choix de l'identité sexuelle* par une accentuation de sa propre virilité en regard des connaissances acquises sur les différences psychologiques entre les sexes ; — selon son *style personnel*. *Organisation* : Encourager à assumer des *responsabilités* dans l'institution pour se préoccuper graduellement des responsabilités qui *dépassent* le *cadre institutionnel*.	*Propriétés* : Le champ d'action sera assez vaste pour offrir au jeune des occasions d'une *prise en charge responsable* : — des valeurs optées, incarnées dans l'agir, — de son rôle de modèle pour la rééducation de ses pairs, — de ses limites dans les tâches et les performances, — de rôles officiels, — de rôles dus à l'initiative personnelle. *Organisation* : Encourager graduellement une participation dans certains rôles — à des *structures sociales extrainstitutionnelles* — dans divers domaines (culturel, loisirs, travail, politique).	*Propriétés* : Permettre une certaine intégration des tâches maîtrisées et des aptitudes professionnelles dans des secteurs définis du monde du travail pour aboutir à un choix professionnel. — Le familiariser avec l'éthique de la production qui tient compte des exigences économiques, — les lois du monde du travail, — les valeurs prônées dans le milieu choisi. *Organisation* : Que l'organisation favorise les situations qui permettent d'effectuer le contact le plus authentique avec le secteur choisi dans le monde du travail.	*Propriétés* : *Ouverture* du *champ d'action* qui stimulera une vision de *sa réalité* dans le monde du travail, — une redéfinition des tâches actuelles en regard de la carrière choisie — une vision de soi avec son style personnel, ses valeurs intériorisées, ses préoccupations individuelles, en confrontation avec l'autre sexe, dans une projection provenant des expériences vécues et des options posées pour une préparation immédiate à l'avenir. *Organisation* : Retrait graduel du soutien institutionnel pour que le jeune assume la responsabilité de son choix professionnel et de son style personnel, quel que soit le milieu.

Tableau 11 Personnalité : 4ᵉ étape — Aspect rééducatif de l'activité et interactions rééducatives

Perspective dans le temps **Confiance — espérance**	*Affirmation de soi* **Autonomie — vouloir**	*Expérimentation des rôles* **Initiative — poursuite des buts**	*Anticipation du succès* **Travail — compétence**	*Vision de soi dans structures sociales* **Identité — fidélité**
Constance des attitudes personnelles, i.e. *engagement* dans les tâches en regard des valeurs attribuées — à la tâche — à la participation active selon ses potentialités. *L'ÉDUCATEUR :* *échanges interpersonnels* au niveau des attitudes profondes suscitées et exprimées dans des situations qui impliquent des valeurs vis-à-vis desquelles il y a option — et qui engagent *l'avenir.* *LE JEUNE :* *Projection* dans la *vie future* en *continuité* avec la vie actuelle.	Un *échec* dans la *réalisation* ne met pas en cause la *valeur personnelle* du jeune qui est intériorisée — s'affirme dans une discrimination pensée et agie du possible, de l'inévitable, de l'accidentel, selon les limites imposées par la situation. *L'ÉDUCATEUR :* *échange avec le jeune des propos interpersonnels* par lesquels le jeune est soutenu dans une attitude personnelle d'affirmation de lui-même dans une perspective de vie à l'intérieur de la société actuelle (processus historique). *LE JEUNE :* *prend une position personnelle* et d'*ouverture* aux autres pour un enrichissement plus grand de sa personnalité.	*Implications* des aptitudes des *choix* et des limites personnelles dans les *rôles*, face aux engagements de *personne à personne* qui sous-tendent la *projection de soi* dans *l'avenir.* *L'ÉDUCATEUR :* à travers des *échanges*, recherche des *implications futures* dans la réalité sociale, des buts poursuivis et des options faites. *LE JEUNE :* *projette dans l'avenir plus ou moins immédiat l'expérimentation*, les rôles vécus (dans des conditions protégées) en internat, et les options faites dans un milieu qui le soutient. Les interactions sous forme d'échanges engagent le développement et l'épanouissement de la personnalité du jeune.	L'*objet réussi* et les *échecs vécus* en regard de la compétence et des valeurs de rendement *deviennent* les éléments pour une évaluation de plus en plus objective des aptitudes et des limites personnelles, de la compétence acquise — base pour un choix professionnel dans le monde du travail. *L'ÉDUCATEUR :* Par des échanges et l'intérêt, qu'il porte à ces propos, il confirme les valeurs de travail affirmées par le jeune. *LE JEUNE :* *intériorise* une *éthique professionnelle* ou occupationnelle —met en relation cette éthique avec le *plan collectif économique*.	Extraire les « *éléments généralisables* » des expériences vécues en milieu institutionnel pour envisager un programme de vie future — dans la poursuite de l'expression de son style personnel — dans la carrière choisie. *L'ÉDUCATEUR :* *Échange* avec le jeune sur la « transition » actuellement vécue entre l'institution et la société. *LE JEUNE :* S'affirme comme personne ayant intégré son passé et son *expérience institutionnelle* dans un choix de *style de vie* adéquat aux opportunités du milieu, aux aptitudes et valeurs personnelles.

Tableau 12 Personnalité : 4e étape — Actualisation du développement de l'ego

Perspective dans le temps **Confiance — espérance**	***Affirmation de soi*** **Autonomie — vouloir**	***Expérimentation des rôles*** **Initiative — poursuite des buts**	***Anticipation du succès*** **Travail — compétence**	***Vision de soi dans structures sociales*** **Identité — fidélité**
Acquisitions du jeune par sa participation :				
Constance dans une perspective envisagée (provenant des options et des valeurs intériorisées et *engagement vécu* dans le temps) ; valeurs et fidélité dans le temps, loyauté. *Sentiment d'être identique à soi-même* dans le temps et sens de l'identité de sa personne dans la structure sociale, de son *rôle* dans la société.	*Affirmation de ses options personnelles* dans une attitude de constance vis-à-vis : — des perspectives poursuivies — des responsabilités des pairs — des échanges avec l'adulte — des échanges avec l'autre sexe — de la réalité sociale future. *Identité sexuelle et sociale* : — affirmée par des options intérieures en regard des valeurs, — confirmée par la créativité, l'intégration et l'intégrité dans la réalité sociale.	*Constance authentique* dans — la responsabilité face aux idéaux d'action, — la responsabilité vis-à-vis des pairs, — la transmission de l'expérience, — l'option de valeurs et les conséquences impliquées, — son engagement comme personne. *Intériorisation d'une liberté d'agir* adaptée aux conditions irréversibles.	*Compétence* et sentiment de compétence : — identité dans le monde du travail s'exprimant par la créativité et la formation d'un style personnel ; — identité à soi-même, face aux pressions du milieu — initiatives — transmission de l'expérience acquise ; — autonomie face aux modèles d'identification personnelle et professionnelle.	*Coïncidence* entre le *style* personnel et l'expression de créativité (dans la vie professionnelle et dans la vie personnelle) et les opportunités du monde extérieur offertes et recherchées (conditions de travail, perspective de vie familiale à organiser). Identité positive du moi.
Composantes de la structure intrapsychique du moi à la quatrième étape :				
Engagement vécu et confiance en soi : — recherche active de moyens à intégrer à sa perspective idéologique, — moyens offerts par le contexte socio-culturel — inspirés par la polarisation idéologique.	Le jeune face à l'avenir : — *veut ce qui* est *possible*, — renonce à ce qui est impossible, — sait qu'il a accepté l'inévitable.	Les buts poursuivis *s'intériorisent dans des idéaux d'action* (dimension du vécu dans la société) en fonction des valeurs et des aptitudes vécues dans un style personnel. Prise en charge des implications professionnelles et personnelles qu'il se propose dans la société.	*Compétence* dans un *choix professionnel* qui concrétise l'identité dans le monde du travail et dont l'aspect « intégration à la *réalité socio-économique de sa réalité personnelle* » est assuré par le sentiment de compétence. Les conditions de travail n'affectent pas l'identité personnelle.	*Authenticité* comme personne face aux personnes et aux situations. Fidélité à un *style personnel* et à la *carrière* en *perspective*. Polarisation idéologique.

• 8 •

Perspectives

Basé essentiellement sur l'actualisation des forces vitales du moi autonome, notre processus de rééducation a pour objectif majeur de faire surgir ces forces quel que soit le handicap de l'enfant concerné : handicap physique, affectif, cognitif ou social. Nous avons défini le moi comme étant un organe de maîtrise active, non seulement pour protéger l'individu contre des stimulations trop fortes provenant soit de l'intérieur de l'organisme, soit de l'entourage, soit encore des deux à la fois, mais aussi comme organe capable d'intégrer les capacités d'adaptation et de productivité de l'individu.

Quel que soit le genre d'inadaptation dont souffre l'enfant handicapé, il existe inévitablement et par définition un déficit paralysant les forces vitales du moi. En nous efforçant d'actualiser ces forces, nous parviendrons à édifier progressivement les structures intrapsychiques d'un moi autonome chez le jeune.

Que les carences soient affectives ou cognitives, la paralysie des forces du moi n'est presque jamais telle qu'elle empêche totalement l'individu de participer activement au monde qui l'entoure. Nous chercherons donc à rassembler tous les éléments nécessaires à la constitution d'un milieu rééducatif afin de faire appel aux forces d'adaptabilité et de productivité susceptibles d'être sollicitées chez le jeune inadapté. Il nous faudra éveiller et maintenir une tension active dans le moi du jeune.

La sollicitation doit se faire par rapport à deux angles sous lesquels la réalité peut être envisagée. Rappelons-les brièvement : d'abord, la réalité phénoménologique, c'est-à-dire le monde de l'expérience des phénomènes ; ceux-ci doivent être perçus avec le minimum de distorsion et le maximum de validité coutumière, en accord avec la technique et la culture du milieu de vie. Ensuite, l'actualité, c'est-à-dire tout ce monde qui sollicite l'activité partagée avec d'autres individus actifs et cela avec le minimum de manœuvres défensives et le maximum d'activation mutuelle.

L'activation mutuelle, rappelons-le, est le nœud de la question. En effet, les forces du moi, à chacun des paliers évolutifs, emploient tous les moyens dont elles disposent pour vérifier la réalité. Elles dépendent toujours du réseau d'influences mutuelles à l'intérieur duquel la personne est incitée à l'activité, tout comme elle y incite les autres.

Toujours en voie de développement, quels que soient son rythme de croissance psychologique et le niveau atteint, le jeune inadapté peut continuellement être aidé à intégrer les expériences auxquelles il est confronté, si nous savons l'alimenter de façon appropriée à ses capacités d'adaptation et de productivité.

Pour déterminer la nature de l'alimentation à fournir, l'éducateur doit d'abord, à l'aide de l'observation engagée et en s'appuyant sur l'apport des membres de l'équipe pluridisciplinaire, poser ce que nous appellerons un diagnostic psychoéducatif portant sur quatre points :

— Situation du jeune par rapport au temps ;
— Ensemble des capacités dont il dispose pour être les points d'appui du développement des forces de son moi ;
— Combinaison des pulsions et des défenses ;
— Capacités de contact avec autrui.

Ce diagnostic devra se renouveler périodiquement de façon à ce qu'on puisse déceler l'accession du jeune à la phase finale de chaque étape. On pourra s'assurer que les composantes structurales ont bien été intériorisées, en vérifiant que leurs éléments typiques se manifestent de façon constante dans le vécu quotidien.

Le processus de rééducation par l'actualisation des forces du moi consiste justement dans le développement des quatre composantes rappelées ci-dessus. Ce développement s'opère d'une étape à l'autre ; il englobe, répétons-le, les structures cognitives, les valeurs, les idéologies et l'identité.

Le fait de poser le diagnostic psychoéducatif permet à l'éducateur de découvrir au jeune une identité positive et de formuler les objectifs à poursuivre à chacune des étapes de rééducation, d'une part en fonction du niveau de développement atteint par le sujet, d'autre part en fonction de son degré de capacité de participer activement et de façon appropriée au monde ambiant.

Rappelons que notre processus de rééducation comporte quatre étapes aux buts bien précis :

L'étape d'acclimatation durant laquelle le jeune, bien encadré, commence à découvrir ses possibilités corporelles à travers des activités comportant des objectifs à court terme.

L'étape de contrôle au cours de laquelle les activités favorisent la découverte de la relation de cause à effets, avec ce que cela implique de possibilités d'action sur les éléments inanimés. À travers une meilleure perception de la continuité temporelle, se développe la capacité de se représenter sa propre action. À cette étape, également, débute l'apprentissage de la vie en groupe.

L'étape de production qui doit permettre le développement des capacités intellectuelles lesquelles doivent opérer des associations et expérimenter la réversibilité. Ainsi s'acquiert une véritable compétence. Le jeune devient en même temps capable d'assumer certaines responsabilités dans son groupe de vie.

La quatrième étape voit le développement d'un style personnel chez le jeune, qui devient ainsi capable de s'intégrer en tant qu'individu original dans une communauté et d'y tenir sa place de façon autonome.

Ainsi définis à propos de la rééducation des adolescents délinquants, les objectifs de la rééducation peuvent être généralisés et servir de point de repère à l'éducateur désireux d'organiser un milieu rééducatif en accord avec les caractéristiques particulières des différents genres d'enfants inadaptés. En effet, pour l'éducateur, le nœud central du processus de rééducation consiste dans la mise en place des conditions propres au milieu institutionnel : qu'il s'agisse des structures de l'internat ou de l'externat, de l'organisation des activités, de l'implication des éducateurs, tout doit être en accord avec les intérêts et les élans décelés chez le jeune inadapté au moyen du diagnostic psychoéducatif.

Il nous faudrait maintenant esquisser des généralisations afin d'ouvrir des perspectives nouvelles, préludes à des études et des recherches plus poussées et plus systématiques du processus rééducatif appliqué aux différents genres d'enfants, d'adolescents et même d'adultes inadaptés [48].

Puisque le travail de l'éducateur consiste surtout à actualiser les forces d'adaptabilité et de productivité, nous devons nous attacher principalement à étudier les répercussions des diverses inadaptations-types sur le moi, considéré en tant qu'organe de maîtrise active de l'individu. Le moi doit se protéger contre les stimulations trop fortes provenant soit de l'intérieur de l'organisme, soit de l'entourage, ou des deux à la fois. Comment le moi d'un inadapté parviendra-t-il à se protéger de ces stimulations internes ou externes excessives ? L'éducateur devra-t-il intervenir pour l'aider ? Comment ? Autant de questions qu'il faut se poser avant de pouvoir envisager de solliciter les forces d'adaptabilité et de productivité de ces inadaptés.

---

48. Une application à l'individu normal serait également féconde.

Il faut nous demander aussi s'il existe des contre-indications à l'action éducative en tant que pourvoyeuse de défis pédagogiques faisant appel aux forces du moi, et quelles sont, au contraire, les indications d'une telle action.

Nous référons le lecteur aux travaux de l'équipe de Genève, plus particulièrement à ceux de Barbel Inhelder et à ceux de Vinh Bang, sur les dysfonctionnements des structures cognitives, dysfonctionnements qui se retrouvent chez tous les enfants inadaptés. Ces auteurs ont établi une échelle basée sur l'analyse génétique des mécanismes opératoires. L'étude des paliers successifs de développement montre à la fois la solidarité et les décalages entre les divers processus évolutifs ; ainsi peuvent être situés les phénomènes normaux et les phénomènes pathologiques régissant la pensée et cela en relation avec la construction génétique dans son ensemble [49].

Dans l'évolution cognitive de l'enfant normal il existe un synchronisme entre la capacité de concevoir les notions de quantité physique telles que : celle de substance (vers 7 à 8 ans), de poids (vers 9 à 10 ans), de volume (vers 10 ans), et la capacité d'effectuer des opérations, par exemple d'inclusion logique. Cette échelle, établie grâce à la passation par de nombreux sujets d'épreuves de conservation, est finement articulée dans ses différentes composantes du fait qu'un même mécanisme opératoire structure, progressivement et dans un ordre constant, les divers contenus perçus ou perceptibles. Pour permettre l'analyse sur le vif du déroulement des processus de raisonnement logique, les épreuves doivent susciter de la part du sujet un réel effort d'adaptation et soulever un problème dont la solution nécessite la construction d'un groupement d'ensemble. En effet, les opérations consistent en la constitution d'ensembles ou de groupements

49. Le professeur Ajuriaguera tient grandement compte, lui aussi, de la construction génétique normale dans l'interprétation des phénomènes pathologiques.

devenant progressivement plus élaborés au fur et à mesure que le sujet dépasse l'action sensori-motrice pour aller vers la pensée abstraite.

Mais rappelons que, selon les termes mêmes de B. Inhelder, « pour que la pensée puisse s'orienter dans l'espace et dans le temps, il faut des points de repère, autrement dit des *systèmes de permanence* ». Or, s'ils imposent tôt ou tard, avec une nécessité évidente, certains principes de conservation, ces systèmes ne se construisent que progressivement par l'interaction de l'expérience et de la déduction. Cette élaboration occupe normalement la période où l'enfant est âgé de 4 à 12 ans.

La référence à ces notions fondamentales permet d'établir, à travers les indices que cherche à repérer le diagnostic psychoéducatif, si un fonctionnement cognitif est anormal ou retardé. Il faudra tout particulièrement considérer non seulement l'opérativité — ou façon de résoudre les problèmes par des groupements opératoires — mais aussi l'existence ou l'absence de représentation symbolique — ou pensée figurative — ainsi que les interrelations entre ces deux aspects.

Il nous faudrait maintenant aborder successivement chaque type d'inadaptation et considérer comment le handicap se répercute sur le moi de l'enfant : tout d'abord, voir comment le moi est atteint dans son ensemble, puis comment sont touchées les structures cognitives : enfin noter les effets de l'inadaptation par rapport au développement de l'identité positive du jeune.

L'enfant névrotique

Tentons tout d'abord une application concernant *l'enfant névrotique*. Selon la conception psychanalytique, l'enfant névrotique est en proie à un conflit entre les trois instances psychiques : le ça, le moi, le surmoi. Ce conflit intrapsychique provoque l'organisation d'une structure déviante qui se décèle par des tendances à former une entité pathologique s'exprimant par de l'anxiété provenant soit des instincts, soit du surmoi et par des mécanismes de défense spécifiques.

Le moi névrotique doit se protéger contre un envahissement provenant de stimuli internes trop forts. Pour ce faire, une partie de l'énergie psychique est mobilisée afin de maintenir les mécanismes de défense destinés à protéger le sujet contre une angoisse insupportable. Le noyau pathologique provoque donc un déficit paralysant des forces autonomes du moi. Toutefois, des conditions privilégiées, offertes par un milieu rééducatif, pourront faire appel à ces forces vitales et permettre leur développement malgré le déficit existant.

En ce qui concerne l'aspect cognitif, selon B. Inhelder, tout semble se passer chez l'enfant névrotique comme si les troubles affectifs ne parvenaient à perturber ni le noyau opératif ni l'activité adaptative en tant que telle. Tout de même, on trouve, au cours d'un raisonnement par ailleurs normal, des « oscillations exagérées entre deux types successifs de raisonnement ». On peut considérer qu'il s'agit d'un symptôme d'inquiétude, d'indécision ou de peur de se compromettre ; mais on ne trouve pas de distorsion de la représentation du monde. Il suffit donc de se rappeler que l'enfant névrotique présentera des fluctuations dans le fonctionnement des schèmes cognitifs et non pas un décalage vertical qui affecterait les structures cognitives.

Quant au cheminement de l'enfant névrotique vers la découverte de sa propre identité, tout ce qui a été dit à propos du jeune délinquant peut être repris. Qu'il nous suffise de rappeler que, pour encourager l'acquisition graduelle d'une identité de plus en plus différenciée, la relation établie entre l'enfant et l'éducateur revêt la plus grande importance. Pour faciliter l'établissement et le développement de cette relation psychoéducative, l'adulte devra être attentif au genre de relation transférentielle que l'enfant aura tendance à reporter sur lui. L'adulte devra adopter en connaissance de cause une attitude qui ne vienne pas réalimenter les conflits en renouvelant ce qui se passait entre l'enfant et ses parents. La relation psychoéducative aidera le jeune névrotique à vivre des expériences vraiment correctives en ce sens que sa participation actuelle lui fera clairement distinguer le présent du passé.

L'analyse de la relation transférentielle ne devra être réellement exploitée que dans des entretiens individuels conduits par un spécialiste habilité à assumer des psychothérapies. Entre les murs d'une chambre pressurisée, comme dirait Redl, le jeune pourra acquérir la capacité de maîtriser son conflit intrapsychique, surtout s'il bénéficie parallèlement de conditions rééducatives privilégiées permettant l'actualisation des forces de son moi. La relation transférentielle étant assez souvent l'occasion de faire surgir, dans la personnalité du jeune, des éléments régressifs, il est préférable que les entretiens psychothérapeutiques aient bien lieu avec une personne qualifiée.

L'enfant prépsychotique et psychotique

Considérons maintenant le cas des *enfants dits prépsychotiques et psychotiques*. Il faut d'abord constater que leurs forces autonomes d'adaptativité sont paralysées par leur pathologie du fait que leur moi ne réussit pas à se protéger contre des stimulations internes trop fortes. Les deux facettes sous lesquelles la réalité devrait être envisagée sont affectées : d'une part, la réalité phénoménologique est perçue avec toutes les distorsions causées par des états affectifs dominés par des craintes de toutes sortes ou par les manifestations de besoins égocentriques ; d'autre part, il persiste une indifférenciation entre soi et le monde extérieur, c'est l'adualisme dont parle Baldwin, si bien que se développent des mécanismes de retrait autistique, ou encore que s'établit un lien symbiotique global avec l'entourage. Selon les termes d'Inhelder[50] : « ces enfants tendent à assimiler de façon ludique et égocentrique les informations reçues et à les altérer selon les besoins et les craintes qui les dominent par une sorte d'indiffé-

50. *La psychiatrie de l'enfant*, Paris, 1969.

renciation plus ou moins durable entre les processus affectifs et cognitifs ». La carence de la structuration intrapsychique des forces du moi explique des difficultés en raison desquelles seuls les pourvoyeurs deviennent significatifs pour ces enfants.

Inhelder, étudiant plus particulièrement les altérations du raisonnement chez ces enfants, souligne que le dysfonctionnement de l'adaptation au réel se manifeste tant au niveau de l'opérativité qu'à celui de la représentation symbolique et surtout dans les interactions entre ces deux aspects. Les symboles et les signes sont confondus entre eux et confondus avec la réalité ; la créativité est réduite en dépit du fait que le sujet vit dans un monde imaginaire.

Des perturbations existent aussi en ce qui concerne l'opérativité. L'enfant psychotique peut difficilement se décentrer de sa propre activité et de sa propre pensée pour se placer au point de vue d'autrui. Il accède à peine aux notions de conservation. Bien qu'il utilise avec une certaine aisance les opérations logiques, certains éléments de ses raisonnements sont immatures et demeurent au niveau préopératoire.

Toujours selon Inhelder, l'analyse des structures opératoires d'un groupe de jeunes psychotiques a mis en évidence quelques phénomènes paranormaux qui ne sont réductibles ni à la symptomatologie cognitive de la débilité mentale, ni aux troubles de la fonction sémiotique, ni encore aux déficits sensoriels, tout en ayant quelques traits communs avec l'une ou l'autre de ces déficiences.

Les particularités cognitives de ces sujets semblent relever de troubles relationnels au sens large du terme et peuvent affecter aussi bien les interactions du sujet avec ses partenaires humains que ses relations avec les objets et les séquences causales du monde physique. C'est indifféremment à ces interactions et à ces relations que ces jeunes attribuent des significations irrationnelles ; là se manifeste leur adualisme.

Ces constatations doivent nous permettre d'indiquer quelques pistes pédagogiques. Il faudrait en tout premier lieu faire acquérir à l'enfant psychotique les notions *de conservation physique* et cela au moyen d'activités organisées de telle sorte que leur cohérence puisse être perçue. Vécues avec régularité, les notions de temps et d'espace s'intérioriseront graduellement et deviendront des systèmes de permanence indispensables à la pensée.

Pour que s'opère l'intériorisation qui s'élabore chez l'enfant normal entre 4 et 12 ans, une suralimentation doit être procurée au psychotique dans un cadre privilégié spécialement conçu pour cette rééducation.

À l'étape d'acclimatation, l'organisation du milieu doit surtout permettre de faire découvrir la permanence des objets inanimés. L'acquisition d'une certaine maîtrise de ces objets s'accompagnera de la perception de l'ordre spatio-temporel.

L'éducateur devra adopter une attitude bienveillante, être disponible et pourtant faire preuve d'une certaine fermeté de façon à favoriser la perception de la stabilité. Celle-ci compensera graduellement les fluctuations et les discordances qui caractérisaient la pensée du jeune psychotique.

En raison des difficultés de décentration d'un tel jeune, l'éducateur devra toujours partir de la production personnelle de l'enfant comme médiateur de ses interactions avec autrui.

La relation interpersonnelle proprement dite devra tout d'abord être vécue dans une psychothérapie conduite par une personne qualifiée.

L'enfant débile mental moyen

Si nous envisageons maintenant quelques-unes des modifications qui s'imposent pour adapter notre processus de rééducation à la *débilité mentale*, nous devons tout d'abord nous demander de quelle façon une débilité profonde et une débilité moyenne[51] paralysent l'actualisation des forces autonomes du moi.

51. Rappelons que B. Inhelder a étudié essentiellement le niveau de la débilité moyenne. Lorsqu'on parle de « débilité » sans ajouter d'adjectif, il s'agit d'une déficience moyenne (Q.I. autour de 0,60).

Le développement intellectuel d'un déficient mental, en raison du manque de mobilité de ses schèmes opératoires, demeure plus longtemps fixé aux stades rudimentaires de la pensée : stade sensori-moteur, puis symbolique, puis stade des opérations concrètes. Inhelder souligne le fait que nous ne pouvons rien savoir à l'avance quant à la courbe de croissance psychique d'un sujet débile [52]. Elle poursuit en notant que nous disposerons de points de repère précis le jour où nous connaîtrons les conditions d'équilibre particulières à chacun des stades du développement intellectuel.

L'éducateur doit donc s'ingénier à favoriser chez ces enfants cette logique opératoire qui caractérise chacun des stades du développement cognitif puisque cette logique se rattache, par toutes les transitions existantes, aussi bien aux niveaux inférieurs qu'aux niveaux supérieurs pour aboutir finalement au raisonnement formel hypothético-déductif.

Les propositions pédagogiques auxquelles l'éducateur devra confronter l'enfant doivent *tenir compte des normes de construction des structures cognitives* du stade où le sujet est parvenu. Il faut se souvenir qu'il y a continuité entre l'opération sensori-motrice et l'opération logique ; toutefois, une plus grande mobilité s'observe dans l'opération logique et la réversibilité s'acquiert. Le sujet devient capable de coordonner ses actions successives au moyen de la réflexion.

La maîtrise d'un travail adapté à ses possibilités permet au déficient mental de développer la conscience de son identité. Cette maîtrise pourra être acquise progressivement par le débile mental moyen ou profond dans la mesure où l'éducateur saura faire appel à ses capacités d'observation dans des activités individuelles. Ainsi, le sujet pourra parvenir à s'exercer aux opérations logiques et se départir par là même de l'aspect subjectif de sa perception du monde et accéder à une certaine objectivité.

52. *Le diagnostic du raisonnement chez les débiles mentaux*, Delachaux et Niestlé.

Si le milieu rééducatif parvient à présenter à l'enfant débile une alimentation externe qui respecte son rythme de croissance, ce jeune sera amené à une plus grande ouverture vers le monde extérieur d'autant plus qu'il se reconnaîtra une certaine compétence et qu'il deviendra capable d'une certaine aptitude à opérer des généralisations au niveau concret. Il dépassera donc l'égocentrisme du raisonnement infantile.

Un programme rééducatif qui s'inspirerait de toutes les caractéristiques énumérées ci-dessus pourrait éventuellement nous faire découvrir un jour que l'enfant débile n'est pas celui qui plafonne au niveau des opérations concrètes mais qu'il est susceptible de parvenir à utiliser les schèmes opératoires formels dans certains domaines qui l'intéressent particulièrement.

Notre processus de rééducation peut s'appliquer à bien d'autres catégories d'enfants :

Ceux qu'une *carence affective ou cognitive* — ou les deux à la fois — a handicapé au point que leurs forces autonomes d'adaptabilité et de productivité ne sont pas développées. Un programme apportant une suralimentation faite de stimuli adéquats comblerait les décalages observés dans leur développement.

Ceux qu'atteint un *handicap sensoriel* : sourds, muets, aveugles, pourraient bénéficier également d'une rééducation s'inspirant du processus décrit dans cet ouvrage.

L'essentiel est que tout sujet soit aidé à intégrer ses forces de productivité et d'adaptabilité afin d'en venir progressivement à jouir d'une autonomie maximale.

• 9 •

Le processus éducatif

Cette nouvelle édition nous donne l'occasion d'aborder l'épineux problème de l'éducation auquel il eût été précoce de nous attarder dès la première parution. Mais, depuis ce temps, la poursuite de nos recherches, appliquées non seulement au domaine de la rééducation des jeunes inadaptés mais aussi à celui de la formation des éducateurs, nous a permis un réel approfondissement de la réflexion épistémologique. Cette avancée dans la recherche et dans l'expérimentation a permis la création d'une nouvelle discipline : la psychoéducation.

La discipline psychoéducative repose essentiellement sur les sciences psycho-sociologiques et il va sans dire que son application présuppose l'intégration d'un cadre de référence théorique précis. Or, lorsqu'on envisage concrètement le processus éducatif, deux éléments de ce cadre théorique s'avèrent indissociables : le développement intégral de l'individu, d'une part, et le milieu mouvant dans lequel évolue celui-ci, d'autre part.

Dans le cadre de cette nouvelle discipline, l'éducateur est convié à intégrer les concepts psycho-sociologiques nécessaires à la formulation d'un modèle théorique efficace. C'est à la lumière de ce modèle théorique que l'éducateur colligera, formulera, puis analysera les observations qu'il tire de son propre champ d'application. On sait, en effet, comme le suggère Laurence Kubie [53] qu'une analyse soutenue des faits d'observation objectivement recueillis demeure le gage de tout progrès en éducation. Cette analyse permet, en effet, de clarifier les processus en cours et de dégager les conditions génératrices de succès ou d'échecs.

L'éducateur doit donc pouvoir se référer à une conceptualisation théorique qui respecte à la fois l'unité de la personne (compte tenu de ses dimensions physique, affective, cognitive et sociale) et le milieu complexe où celle-ci s'enracine (compte tenu de ses dimensions historico-géographique, économico-politique et socio-culturelle). L'éducateur est dès lors amené à concevoir l'homme comme un être à la fois dynamiquement tendu vers son unité et irréversiblement tributaire des processus historiques contemporains.

Une telle conceptualisation suscite chez l'éducateur une lucidité constante à l'égard de l'évolution socio-génétique de son milieu. Entre autre, l'éducateur développera une attention toute particulière aux structures sociales qui favorisent ou qui entravent les échanges entre les générations et dont émane, par ailleurs, tout un ensemble de valeurs face auxquelles les jeunes auront à opérer soit leur adhésion, soit leur rejet. Ici, nous nous permettons de rappeler quelques données du chapitre 2 où nous exposions l'importance de l'échange mutuel entre les générations pour l'actualisation des forces vitales du moi autonome en milieu rééducatif. Nous affirmions alors que cet échange entre les générations puise directement sa source dans l'esprit qui anime les institutions où s'implante le processus rééducatif. Or, on ne peut faire l'économie de cet esprit-là où s'opère un processus éducatif.

---

53. Laurence S., Kubie « How can the Educational Process Become a Behavioral Science ? » from *Learning for Love to Love of Learning*, Essays on Psychoanalysis and Education Rudolf Ekstein and Rocco L. Motto, Brunner/Mazel Publishers N.Y., 1969.

C'est l'esprit émanant des institutions sociales, à quelque niveau qu'elles soient, qui éveillera et maintiendra chez les adultes comme chez les jeunes le désir d'un échange mutuel où chacun trouvera de nouvelles chances d'évoluer. Il importe donc que l'éducateur puisse porter un regard critique sur les institutions socio-économiques, socio-politiques et socio-culturelles de sa communauté quitte à promouvoir la même lucidité chez les jeunes.

De la même manière, on peut établir un lien étroit entre le processus rééducatif et le processus éducatif pour ce qui a trait aux systèmes de valeurs implicitement offerts à la jeunesse. En effet, l'éducation, tout comme la rééducation, vise essentiellement à promouvoir chez le jeune le développement d'une autonomie personnelle de laquelle jailliront ses choix et son agir. Toutefois, l'autonomie personnelle n'a de sens que dans la mesure où elle est dynamiquement orientée par un ensemble de valeurs librement choisies et existentiellement expérimentées au cours du processus éducatif. Aussi, vers la fin de son adolescence, le jeune doit-il pouvoir opter lucidement pour les valeurs qui inspireront ses choix et ses engagements fondamentaux, que ce soit aux plans professionnel, interpersonnel, éthique ou politique.

Il n'est pas inutile de rappeler ici que l'acquisition de l'autonomie repose essentiellement sur le développement harmonieux de toutes les structures intrapsychiques ; l'évolution des structures cognitives, l'intériorisation des valeurs, le choix de l'idéologie et la formation de l'identité en constituent les garanties proximales. Le développement de ces structures intrapsychiques, tel qu'exposé au cours des chapitres antérieurs, jalonne les stades du processus éducatif lui-même : nous faisons référence ici aux lois de la séquence épigénétique du moi autonome. Nous devons cependant souligner que la formation de ces structures dans le moi est directement proportionnelle à la qualité des processus d'apprentissage vécus par le moi. Et, en revanche, tout processus d'apprentissage trouve son axe dans l'adéquation des stimuli qui visent l'actualisation du moi de l'apprenant.

Il est donc primordial, en éducation, d'ajuster les appels de l'entourage éducatif au stade de développement qu'on veut stimuler. Ce travail de cohérence, si l'on peut dire, exige que les éducateurs soient conscients des affinités qui sont comme en attente dans le moi du jeune selon le stade d'évolution qu'il présente. Car ces affinités constituent elles aussi une alimentation dite interne. Et, bien sûr, le dynamisme interne s'avère beaucoup plus efficace chez l'individu normal que chez les jeunes inadaptés que paralyse plus ou moins partiellement une intense vie fantasmatique.

L'alimentation du moi autonome, prodiguée par le milieu, peut revêtir une extrême diversité allant de la simple stimulation sensorielle à toutes les expériences possibles qu'une société favorise, pour éveiller en chacun de ses membres, la participation à son organisation et la communion à ses idéologies.

Nous avons déjà exposé auparavant ce que nous croyons être une alimentation adéquate de l'affinité idéologique des jeunes en milieu de rééducation. Il en va de même pour le processus éducatif. Celui-ci requiert un milieu où les structures et l'organisation sociales offrent à la jeune génération le témoignage de valeurs sociales, humaines et culturelles susceptibles de provoquer son adhésion et manifestent un réel souci de remettre sans cesse en question son système de valeurs à mesure que les jeunes y intègrent leurs énergies. Nous proposerons, à la fin du présent chapitre, quelques interrogations relatives à cette essentielle interaction qui doit s'instaurer entre l'adolescent et sa communauté.

Le processus d'actualisation des forces du moi autonome en contexte de rééducation a été abondamment décrit dans les chapitres antérieurs. Qu'il nous soit permis maintenant d'esquisser rapidement les acquisitions majeures qui échafaudent le moi autonome durant les stades caractéristiques du développement intégral de l'individu. Pour ce faire, nous réutiliserons le concept d'unité fonctionnelle tel que décrit par Erikson (voir p. 48). Ce précieux concept donne une cohérence remarquable au développement du moi, en ce qu'il ressaisit les multiples synthèses successives que celui-ci effectue à travers l'intégration des expériences significatives vécues à chaque niveau de développement.

Semblablement au milieu rééducatif, le milieu éducatif doit être organisé de telle façon qu'il interpelle constamment les forces d'adaptation et les forces de productivité inhérentes au stade de développement que présente le jeune éduqué. Il va sans dire que l'individu normal fera preuve d'une participation beaucoup plus active que l'individu souffrant d'inadaptation. Il saisira plus naturellement les occasions offertes par le milieu d'engager et de maintenir sa participation. À mesure que le jeune avance dans les stades de son développement, il manifeste un éventail plus varié de stimuli internes, grâce aux intérêts du moi qui augmentent, se stabilisent et se nuancent de plus en plus, donnant ainsi une orientation particulière et dynamique à tout le processus d'apprentissage. Mais ce processus d'apprentissage sera d'autant plus fécond que le milieu éducatif prodiguera les stimuli externes correspondant aux affinités du moi et renforcera, dans une sorte de continuité cohérente, toutes les structures intra-psychiques du moi autonome.

Notre conceptualisation du processus éducatif se fonde précisément sur cette démarche cohérente que doit poursuivre le jeune et qui engendre des synthèses renouvelées à chacun des stades de son développement.

Loin de donner une analyse complète de ce que pourrait être le processus éducatif, nous proposons, dans les pages qui suivent, quelques aspects du cheminement de l'individu vers son autonomie, en soulignant au passage les exigences que pose ce cheminement au milieu éducatif, que celui-ci soit incarné par la mère ou par la famille, par l'école ou par la communauté sociale où il s'enracine. Bien sûr, cette brève synthèse du développement d'un moi autonome tire sa source de tout ce qui a été élaboré au cours des chapitres antérieurs.

Le cheminement individuel vers l'autonomie commence au moment où l'enfant vient au monde. L'identité personnelle, si lentement édifiée, s'enracine dans cette expérience originelle qui relie l'enfant à sa mère. Rappelons que l'unité fonctionnelle, qui constituera le premier terreau de l'identité, consiste dans la coïncidence de deux sentiments fondamentaux : être à l'aise dans son corps et se sentir bien dans l'univers maternel. Déjà apparaît la nécessaire interaction entre les stimuli internes (concrétisés chez l'enfant par l'exercice de certains modes d'organes tels que recevoir passivement, capter activement) et les stimuli externes (concrétisés chez la mère par la disponibilité, la réponse aux urgences, la présence stable et l'amour qui se révèle au jour le jour digne de confiance). Cette coïncidence originelle entre les affinités du nourrisson et les réponses que lui donne sa mère échafaude la première composante de l'identité qui demeure, à ce stade, unipolaire. On pourrait dire de cette première composante qu'elle consiste chez le bébé dans l'impression globale que son existence est bonne à vivre.

Durant ce tout premier stade, l'acquisition d'un moi autonome démarre à travers l'actualisation du corps agi : les interactions significatives entre la mère et l'enfant passent en quelque sorte par le dialogue des corps vécus. La mère crée tout naturellement les conditions nécessaires pour solliciter la participation active de son enfant. Durant sa première année de vie, elle lui offre toutes sortes de stimuli qui interpellent ses schèmes sensori-moteurs. Ce sont là les premiers schèmes cognitifs. Leur exercice et leur intégration progressive fondent tout le développement ultérieur des structures cognitives. Par ailleurs, les conduites sensori-motrices, dûment stimulées par la mère, contribuent largement à l'établissement de l'image corporelle. Grâce à l'expérience du corps agi, l'enfant en vient à préciser les limites de son propre corps en interaction avec le corps de l'autre. Ce premier pas vers la configuration de l'image corporelle dessine une part importante de l'image et de la représentation de soi qui se compléteront au fur et à mesure de l'existence. Cette aptitude à distinguer les représentations de soi de celles d'autrui, selon les données perceptuelles objectives, se raffinera de plus en plus durant les étapes ultérieures du développement. Il va sans dire qu'elle conditionnera l'établissement progressif de l'identité personnelle et la capacité ultérieure d'établir des relations significatives avec autrui.

Le deuxième stade de développement comprend encore toute une série d'expériences sensori-motrices vécues à travers la participation du corps agi. Mais ce faisant, l'enfant devient graduellement capable d'intérioriser les points de repère temporels et spaciaux qui scandent ses actions. Le milieu stimule cette intégration spatio-temporelle en assignant à l'action de l'enfant des délais de courte durée et à ses mouvements un espace défini. Ainsi, le jeune enfant, à partir de ses expériences quotidiennes, apprend à se situer dans le temps et dans l'espace grâce au cadre stable que lui offre son milieu. Il se forge une représentation mentale du temps et de l'espace en vivant des démarches simplifiées vers un objectif : allumer la lumière, monter un escalier, ouvrir un tiroir.

Dans la mesure où ses pourvoyeurs déploient une réelle cohérence dans leurs comportements et organisent de façon stable la vie de la maisonnée, l'enfant parvient à intérioriser des points de repères, ou des systèmes de permanence qui lui procureront une image cohérente du monde extérieur. C'est également durant ce stade que le jeune enfant découvre, toujours en faisant, la relation de cause à effets avec tout l'éventail d'actions possibles que cela suppose dans l'univers des jeux et des choses. Le développement du langage contribuera largement à l'acquisition d'une plus grande autonomie, car si le langage sert à communiquer il n'en demeure pas moins l'agent central de la structuration de la pensée.

Mentionnons, enfin, que le deuxième stade aboutit à l'approfondissement du sens de la bipolarité. L'enfant manifeste un vif intérêt à marquer son indépendance par rapport aux adultes significatifs quand il peut maîtriser lui-même son action. Bref, l'enfant découvre sa façon individuelle de maîtriser l'expérience tandis que le milieu déploie une stabilité cohérente dans la présentation des points de repère qui jalonnent la vie quotidienne de la maisonnée. C'est dans cette coïncidence entre les découvertes de l'enfant et les conditions du milieu familial que réside l'unité fonctionnelle du deuxième stade.

Au troisième stade, l'enfant consolidera et affinera les acquisitions du deuxième stade. Respectant presque naturellement l'ordre spatio-temporel qu'il a intériorisé, l'enfant s'affirme de plus en plus lui-même dans ses actions et se différencie encore plus nettement de son entourage familial. Il éprouve une évidente fierté à faire des choses par lui-même, à maîtriser certains outils et à se débrouiller tout seul là où maman était jadis l'exécutante. En retour, il réclame le regard des personnes significatives sur ses innombrables réalisations qui recèlent d'ailleurs parfois un haut degré de créativité. Dans la mesure où le milieu familial répond à ces affinités du moi et valorise ces nouveaux pas vers l'autonomie, l'enfant devient capable d'une plus large ouverture au monde extérieur, tout en continuant à ressentir comme bonne son existence qu'il circonscrit de plus en plus nettement. Assuré de la permanence de ses pourvoyeurs et de l'amour dont ils témoignent malgré ses prises de distance, l'enfant peut maintenant, en toute sécurité, élargir son éventail de relations significatives. Aussi les compagnons de jeu prennent-ils une plus grande importance à ses yeux. Avec eux, il accroîtra son autonomie en exerçant son initiative à travers ce vaste univers d'essai qu'est le jeu.

À la fois habité par une intense vie fantasmatique et une imagination que les parents trouvent parfois trop fertile, l'enfant de ce stade a une prédilection pour l'expérimentation des rôles. À travers le déguisement, à partir d'outils improvisés, par le biais de scénarios bizarres, il découvre, comme de l'intérieur, les rôles qu'il voit assumés par les adultes. La moindre paire de souliers empruntée aux parents, la moindre construction érigée en bloc de bois suffiront à déclencher ce jeu complexe des rôles interchangeables où les enfants essaient de se sentir papa ou maman, bâtisseur ou médecin, chasseur ou matelot. Et pendant ce temps, ils affrontent les lois inorganiques inhérentes à l'univers technologique déjà présent dans leurs jeux.

Selon la qualité des systèmes de permanence (points de repères en matière de temps, d'espace et de causalité) que lui procure son milieu, l'enfant exerce ses schèmes cognitifs préopératoires et fait preuve d'une pensée intuitive de plus en plus articulée. L'unité fonctionnelle de ce stade réside dans l'apprentissage de la collaboration qui coïncide évidemment avec la rencontre assidue des compagnons de jeu.

À l'âge scolaire, vers six ans, l'enfant se trouve suffisamment équipé pour faire face à de nouvelles modalités d'insertion sociale. Il est maintenant en possession d'une expérience complexe qui lui a permis d'intégrer ses premiers modes d'organe : recevoir et capter, retenir et laisser-aller à bon escient. Il a déjà fait l'apprentissage d'un certain pouvoir décisionnel et il sait de mieux en mieux tenir les commandes de son propre corps. Maintenant capable de se concentrer sur une tâche, il s'invente spontanément une logique d'action qui respecte les dimensions objectives du temps, de l'espace et de la causalité.

Un peu à l'étroit dans son milieu familial, il éprouve le désir d'élargir son champ d'expériences. Il passe du côté des grands et s'attache à d'autres adultes, ses maîtres, qui lui dévoileront les secrets de l'univers technologique : il apprend peu à peu à lire, à écrire et à compter. Il s'attaque à de nouveaux projets qui le familiariseront avec d'autres outils dont l'expérimentation lui révélera d'autres lois : entre autres, la fonction de l'outil, la résistance de la matière, le respect des autres, l'efficacité d'une certaine discipline. Son identité s'affermit grâce à l'expérience du succès qu'il devient d'ailleurs capable d'anticiper. Il acquiert le sens de l'efficacité et découvre ses aptitudes en réalisant des projets, en déployant sa dextérité à travers les jeux, les sports et les multiples travaux qui font la trame de sa vie quotidienne.

Bien sûr, tout ce cheminement vers une plus grande maîtrise de ses aptitudes, vers une autonomie de plus en plus vécue, vers une découverte de sa propre identité dépend de la qualité du milieu éducatif. Et cette qualité réside essentiellement dans l'adéquation des interactions que le milieu scolaire institue entre l'enfant et l'adulte, entre l'individu et le groupe, entre l'apprenant et les techniques d'apprentissage, entre les affinités du moi et les défis qu'on lui présente. On sait qu'un enfant évolue dans un milieu scolaire adéquat quand il manifeste la joie d'apprendre, quand il aime travailler. Mais autant l'école peut actualiser le moi autonome, autant elle peut retarder l'éclosion de ses forces vitales. C'est le triste sort que réserve aux enfants l'école où le régime disciplinaire réduit l'expression personnelle, où le conformisme empiète sur l'apprentissage, où la concurrence contredit la saine évaluation des actions vécues, où la mémorisation étouffe la découverte. Le défi que l'école est appelée à relever réside essentiellement dans la manière dont elle organise les conditions de l'apprentissage et dans la diversité des expériences qu'elle offre aux virtualités du moi de l'enfant. Et les intérêts du moi qui manifestera l'enfant nous diront si les promesses de l'école ont été tenues ou déçues.

Vers la fin du cycle élémentaire, l'enfant a déjà parcouru un long cheminement vers la maturité de ses structures cognitives. À travers la réalisation de multiples activités, il maîtrise de mieux en mieux les techniques apprises. Il opère des choix qui lui permettent de vérifier à la fois l'adéquation des moyens utilisés par rapport à l'objectif poursuivi et la logique de l'exécution. Il expérimente la durée temporelle et organise l'espace. Quand on lui pose un problème à résoudre ou un travail à faire, il recourt à un raisonnement logique pour comprendre l'objectif et s'y adapter, pour planifier des séquences de travail, pour construire des « groupements » d'ensemble ordonnés à la solution du problème ou à la réalisation du projet. Quand l'enfant se montre capable de généraliser ces diverses opérations, il manifeste l'acquisition des nouveaux schèmes cognitifs techniquement appelés schèmes opératoires concrets. Ces schèmes opératoires permettent à l'enfant de diversifier ses stratégies d'apprentissage pour aboutir au même objectif. Une fois l'objectif atteint, il est également capable de renverser l'ordre de la séquence causale pour revenir à l'hypothèse initiale : il est capable de réversibilité.

On dit souvent de l'enfant de cet âge qu'il est poète. Il enrichit, en effet, les représentations de soi et du monde extérieur de toute une pensée figurative symbolique issue de stimuli internes complexes et subtils.

Par ailleurs, cet imposant cheminement cognitif, conjugué à de multiples expériences de solidarité, conduit l'enfant à découvrir les normes du groupe. Il développe effectivement un vif intérêt de participation au groupe. Il aspire à y être reconnu comme un membre utile et unique, ce qui l'amène à intégrer rapidement ses traditions et son code. Il assume de nouveaux rôles à mesure qu'il est reconnu et apprécié par les autres. Puis, vient ce temps où il choisit un ami qui prendra les traits d'un modèle et sera le médium privilégié de son insertion au groupe. Cette nouvelle relation significative lui permettra de faire un pas de plus vers l'intégration sociale.

Bref, à ce stade, les forces du moi de l'enfant seront adéquatement actualisées dans la mesure où celui-ci pourra expérimenter l'appartenance au groupe car, c'est de celui-ci qu'il attend la reconnaissance officielle de sa valeur personnelle et de la qualité de son *membership*. C'est dans la coïncidence de ces facteurs d'appartenance et de reconnaissance que réside l'unité fonctionnelle de ce stade.

Nous pourrions prolonger dans l'adolescence cette application du processus de rééducation au domaine de l'éducation. Mais cela demanderait une répétition quasi textuelle du septième chapitre déjà consacré à l'étude du moi de l'adolescent. C'est pourquoi nous nous limiterons, dans les paragraphes qui suivent, à proposer quelques interrogations relatives aux conditions de vie du milieu éducatif impliqué dans le développement de la personnalité adolescente.

Plusieurs auteurs, intéressés de près ou de loin à l'éducation de la jeunesse, ont entrepris le procès de la société ou celui de l'école [54]. Si l'optique du présent ouvrage ne s'inscrit guère dans une ligne analogue, nous ne pouvons pas éviter de tenir compte

---

54. Nous tenons à citer ici cette phrase de J. Drouet parce qu'elle a l'avantage d'englober l'univers socio-culturel auquel s'ouvre précisément le moi de l'adolescent : « L'image de la civilisation adulte tout entière ne brille pas particulièrement aux yeux des plus jeunes ni par le succès sans ombre des réussites politiques ou sociales, ni par la qualité des relations interpersonnelles, ni par la cohérence de l'organisation économique de la planète, ni, d'ailleurs, par la conformité des mœurs avec l'idéal de la bonne tradition. » J. Drouet, *École et sexualité*, Éditions ouvrières, p. 99.

du fait que la société occidentale se montre peu propice à l'actualisation des forces du moi de l'adolescent. Nous pensons, avec Peter Blos, que la société a livré en quelque sorte la jeunesse à elle-même. Et, à l'instar de beaucoup d'autres, nous sommes en mesure d'observer que cet isolement de la jeunesse dresse de sérieuses pierres d'achoppement à l'horizon de son développement psycho-social.

À la lumière de toute la conceptualisation sous-jacente aux chapitres antérieurs, nous portons à l'attention des éducateurs ces quelques interrogations qui mettent en cause la qualité de l'interaction adolescent-société.

— L'adolescent trouve-t-il dans les institutions sociales qui forgent sa communauté les opportunités qui actualiseront les affinités typiques de son moi, telles que, par exemple, l'exercice de responsabilités personnelles, la découverte de ses aptitudes, l'appartenance soutenue à un groupe de pairs, la reconnaissance de son unicité, l'exercice de sa créativité, l'approfondissement de son style personnel, autant d'expériences qui favoriseraient l'éclosion de son autonomie ?

— L'esprit qui anime les institutions sociales transmet-il un appel impératif à poursuivre et à vivre des valeurs fondamentales et universelles, telles que la justice, l'honnêteté, le travail, la solidarité, l'amour, le savoir ?

— L'adolescent a-t-il des occasions précises de vivre un authentique échange avec la génération qui le précède de manière à y consolider son espérance fondamentale et à y déployer les nouvelles forces de croissance qu'il détient ?

— Le jeune peut-il puiser dans sa communauté de vie une idéologie digne de ses espoirs qui puisse orienter son devenir, rendre cohérente sa recherche éthique et stimuler son cheminement intellectuel ?

— La communauté où s'enracine le jeune lui donne-t-elle une reconnaissance officielle de sa valeur propre et lui inspire-t-elle la certitude qu'elle a besoin de puiser à ses forces vives ?

— L'adolescent reçoit-il de sa communauté le témoignage d'une coexistence féconde des sexes féminin et masculin, le témoignage de l'assumation harmonieuse des différences et des originalités qui marquent les sexes, le témoignage de relations interpersonnelles propice à l'épanouissement mutuel des couples réunis par l'amour ?

Ces interrogations soulèvent le problème de l'interaction adolescent-société mais elles sont loin de les résoudre. Elles soulignent toutefois la réalité suivante : c'est à l'adolescence qu'un individu s'éveille à son enracinement social et qu'il développe l'impétueux désir de déployer ses forces neuves et d'engager son autonomie envers les structures sociales qui constituent le sol de son devenir. Ces interactions doivent se situer à plusieurs niveaux puisque le jeune devient capable d'ouverture aux pairs, aux adultes, aux personnes de l'autre sexe, aux institutions socio-culturelles, aux idées, aux valeurs et à l'histoire de son époque.

C'est finalement toute l'organisation sociale qui est appelée à procurer aux jeunes l'alimentation adéquate de ses forces vives. La société qui néglige de reconnaître ces multiples affinités de la jeune génération ou qui escamote l'expérience d'un constant échange entre les générations risque d'aboutir au tarissement de ses propres forces et à l'éclatement de celles de la jeune génération. À ce titre, les interrogations ci-haut formulées, jointes aux questions et aux inquiétudes de beaucoup d'autres, se veulent un appel aux éducateurs de tous ordres afin qu'ils élucident leur projet éducatif à la lumière des forces qui ne demandent qu'à émerger du moi de l'adolescent.

Conclusion

L'élaboration du processus de rééducation que cette étude a tenté de faire s'avérera une aide précieuse pour l'éducateur qui, par une participation engagée aux événements de la vie quotidienne, s'implique lui-même dans le processus de rééducation des jeunes. L'éducateur qui sait désormais quel genre de participation convient le mieux à telle ou telle étape de rééducation se trouvera alors en possession d'une certaine sécurité puisqu'il connaîtra les modalités susceptibles d'être utilisées pour répondre le plus favorablement possible au fonctionnement psychologique typique du jeune, selon l'étape d'évolution atteinte par celui-ci. L'éducateur qui aura pris connaissance du déroulement du processus de rééducation sera dès lors suffisamment prévenu pour être mieux en mesure de maintenir une certaine distance psychologique, tout en demeurant disponible au jeune. Ce faisant, l'éducateur pourra s'observer lui-même dans les interactions rééducatives qu'il vit avec le sujet et, par le fait même, stimuler chez lui cette capacité d'observation de soi-même qui constitue le tout premier pas vers la modification de ses conduites inadaptées.

La sécurité que peut apporter, d'une part, la connaissance des éléments généralisables du processus rééducatif, et, d'autre part, celle de la séquence de son déroulement, constitue un point d'appui essentiel à l'acquisition de la maîtrise dont doit témoigner l'éducateur dans sa participation engagée aux événements de la vie quotidienne du jeune. Ce point d'appui s'avérera non moins essentiel à la manifestation de cohérence avec lui-même qui devra se traduire dans toutes ses actions journalières et qui contribuera à déclencher le processus rééducatif chez le jeune puisque ce déclenchement ne peut se produire que lorsque ce dernier a pu acquérir une certaine aperception cohérente du monde extérieur.

Suggestions de lecture

*Livres

Alain, J. (1989). *Devenir libre un appel à la croissance*, Montréal, Fides.

Bloom-Feshbach, J., Bloom-Feshbach, S. and Associates (1987). *The Psychology of Separation and Loss*, San Francisco – London, Jossey-Bass Publishers.

Erikson, E.H. (1963). *Childhood and Society*, New York, Norton, 2nd Ed. ; traduit sous le titre de *Enfance et société*, Neuchâtel-Paris 1976, Delachaux et Niestlé.

——(1964). *Insight and Responsability*, New York, Norton ; traduit sous le titre de *Éthique et psychanalyse*, Paris 1971, Flammarion.

——(1968). *Identity, Youth and Crisis*, New York, Norton ; traduit sous le titre de *Adolescence et crise, la quête de l'identité*, Paris 1971, Flammarion.

——(1985). *The Life Cycle Completed*, New York, Norton.

Frankl, V.E. (1979). *Man's Search for Meaning – An Introduction to Logotherapy*, a newley revised and enlarged edition (1962) of From Death Camp to Existentialism, trad. Ilse Lasch, New York, Simon & Schuster, A Clarion Book.

Guindon, J. (1969). « Le processus de rééducation du jeune délinquant par l'actualisation des forces du moi » dans *Contributions à l'étude des sciences de l'homme*, n° 7, Montréal, Centre de recherches en relations humaines.

——(1982). *Vers l'autonomie psychique de la naissance à la mort*, Paris, Fleurus.

——(1992). *Prendre sa vie en main, l'enjeu de la vingtaine*, Montréal, Médiaspaul.

——(1993). *La formation humaine intégrale des candidats au presbytérat*, sous la direction de J. Guindon, Montréal, Médiaspaul.

Houde, R. (1991). *Le temps de la vie : le développement psychosocial de l'adulte selon la perspective du cycle de vie*, Chicoutimi, Gaëtan Morin éditeur.

Légaut, M. (1980). *Devenir soi et rechercher le sens de sa propre vie*, Paris, Aubier.

Levinson, D.J., Darrow, C.N., Klein, E.B., Levinson, M.B., Mckee, B. (1979). *The Seasons of a Man's Life*, Toronto, A.A. Knopf.

Levinson, D.J. and Gooden, W.E. (1985). « The Life Cycle » dans *Comprehensive textbook of Psychiatry/IV*, Baltimore, H.I. Kaplan et B.J. Sadock, p. 1-13.

Mahler, A., Pine, F., Bergman, A. (1975). *The Psychological Birth of the Human Infant – Symbiosis and Individuation*, New York, Basic Books ; traduit sous le titre de *La naissance psychologique de l'être humain*, Paris, 1980, Éditions Payot.

Piaget, J. (1959). *La naissance de l'intelligence chez l'enfant*, 9e éd., Neuchâtel, Delachaux et Niestlé.

——(1964). *Six études de psychologie*, Genève, Gonthier.

——(1975). *L'équilibration des structures cognitives – Problème central du développement*, Paris, Presses Universitaires de France, Édudes d'épistémologie génétique XXXIII.

Rulla, L.M., Imoda, F., et Ridick, J. (1978). *Structure psychologique et vocation – Motivations d'entrée et de sortie*, Rome, Presses de l'Université Grégorienne.

Sheehy, G. (1976). *Passages*, New York, E. P. Dutton & Co. Inc. ; traduit sous le titre de *Les passages de la vie adulte*, Montréal 1978, Presse Sélect ltée.

——(1981). *Pathfinders*, New York, William Morrow and Co. Inc. ; traduit sous le titre de *Franchir les obstacles de la vie*, Paris 1982, Pierre Belfond.

* Articles

Desmarais, M.-M. (1989). « L'actualisation des forces vitales humaines, un chemin de développement social », dans *L'Église canadienne*, 22 (24), Québec, La Revue l'Église canadienne inc., p. 747-752.

——(1992). « Un engagement social dans un projet collectif selon le processus d'actualisation des forces vitales humaines », dans *La vie sans frontières*, Montréal, IFHIM, p. 31-38.

Mailloux, N., Lavallée, C. (1960). « Les attitudes sociales du jeune délinquant et le travail de la rééducation ». *La Revue canadienne de criminologie*, 2, 185-196.

——(1962). « Genèse et signification de la conduite antisociale ». *La Revue canadienne de criminologie*, 4, 193-211.

——(1962). « Les aberrations du développement psychosocial et la personnalité du délinquant », *Contributions à l'Étude des Sciences de l'Homme*, 5, 138-157.

——(1946). « Mécanismes de défense caractéristiques des groupes de jeunes délinquants en cours de rééducation ». *La Revue canadienne de criminologie*, 6, 119-132.

Mailloux, N., (1964). « Le fonctionnement du surmoi chez le délinquant habituel ». *La Revue canadienne de criminologie*, 6, 133-138.

* Articles parus dans la revue ***SANS FRONTIÈRES les forces psychologiques***, publiée par l'Institut de formation humaine intégrale de Montréal.

Alain, J. (1986). « La représentation de soi, un concept-charnière », 1(1), p. 33-41.

——(1987). « La vie adulte et ses passages », 2(2), p. 11-28.

—— « Les phases de vie adulte et les forces psychologiques », 2(2), p. 29-35.

——(1988). « Les phases de vie adulte et la représentation de soi », 3(1), p. 24-48.

——(1991). « En manque de défis », 6(1), p. 25-39.

—— « Un processus de formation humaine intégrale », 6(2), p. 3-27.

——(1993). « La personne et son entourage », 8(2), p. 3-13.

—— « La relecture et les schèmes cognitifs », 8(2), p. 14-23.

Amyot, D. (1986). « Intégration de la sexualité », 1(1), p. 15-22.
——(1987). « Intégration de la sexualité », 2(1), p. 24-32 ; 2(2), p. 3-9.

Beauchamp, R. (1995). « L'hostilité et l'accès aux forces vitales », 10(1), p. 3-14.

Corriveau, J. (1989). « Le diagnostic et l'identité de soi », 4(2), p. 3-14.

Corriveau L. (1986). « Autonomie fonctionnelle et autonomie psychique », 1(1), p. 23-32.

Corriveau, L., Lévesque, J. et Poirier, P. (1990). « L'actualisation des forces vitales humaines en salle de classe », 5(2), p. 3-18.

Guindon, J. (1987). « L'identité de soi et ses facettes », 2(1), p. 3-23.
——(1988). « Les étapes d'une phase de vie adulte », 3(1), p. 3-23.
——(1989). « L'identité individuelle et les phases de vie adulte », 3(2), p. 13-27.
——— « Phase de vie de la quarantaine et solitude », 4(1), p. 3-8.
——— « Phase de vie de la cinquantaine et second souffle », 4(1), p. 9-16.
——— « Phase de vie de la soixantaine et réponse aux besoins de l'entourage », 4(1), p. 17-27.
——— « Phase de vie du spetuagénaire et contemplation », 4(2), p. 15-32.
——(1990). « L'octogénaire et l'accomplissement de sa vie », 5(1), p. 3-33.
——— « L'octogénaire et l'essentiel », 5(2), p. 19-35.
——(1991). « Les défis de la vingtaine », 6(1), p. 3-24.
——(1992). « La formation humaine intégrale et ses répercussions sociales », 7(2), p. 3-18.
——(1993). « L'identité vocationnelle », hors-série n° 1.
——— « Le développement de la personnalité et l'éducation », 8(1), p. 23-32.
——(1994). « Les indices de la force de l'amour », 9(1), p. 3-8.
——— « Les traits culturels dans le développement de la personne », 9(2), p. 3-15.
——(1995). « Construire la force de l'amour », 10(1), p. 15-31.
——— « Psychologie et psychoéducation », hors-série n° 2.
——— « Une nouvelle discipline, la psychoéducation », hors-série n° 2.

Kilimnik, H. (1992). « Le développement de l'identité psychosexuelle », 7(1), p. 3-28.
——(1993). « L'identité psychosexuelle et le deuxième niveau d'organisation psychique », 8(1), p. 3-22.
——(1994). « L'identité psychosexuelle et le troisième niveau d'organisation psychique », 9(1), p. 9-22.

Savoie, A.-M. (1988). « Les forces psychologiques et les schèmes cognitifs dans le développement de la personnalité », 3(2), p. 3-12.

Table des matières